UIDE TO THE ECONOMY AND HOW WE CAN FIX IT

房價
為什麼越打越高？

WHY WE'RE GETTING POORER

倫敦政經學院經濟學家
教你看懂當代七大社會問題背後的經濟脈絡

Cahal Moran

卡哈・莫蘭——著　林敬蓉——譯

第二篇　運作失能的經濟

第三篇 重新定義經濟局勢

序言

研究經濟學的絕佳時機

經濟危機對我的成年生活影響甚鉅。二〇〇七年至二〇〇九年，全球金融危機侵襲之際，讀高中的我剛開始學習經濟學。當時，我的經濟學老師說這場經濟衰退固然慘重，但是往好處想，現在正是「研究經濟學的絕佳時機」。對所有人來說，往後的十五年確實是學習經濟千載難逢的時刻。當時的危機引發七十年來最嚴重的經濟衰退，失業率飆升，生活水準下滑，無數企業關門大吉，我繼父的公司也不例外。全球各地的民眾就連取得食物等基本生活物資都有困難。然而，跟之後發生的事情相比，這些難處似乎只是小巫見大巫。

從一九九〇年代開始，「歷史終結」（end of history）成為主流思想。冷戰落幕，西方的資本主義自由民主國家戰勝了共產主義。當時外界相信這個模式至少能成為各國的願景，並希望這會成為所有國家最終的目標。

歷史終結？

在一九九〇、二〇〇〇年代，英國和其他國家採用了成效似乎不錯的「第三種路線」：雖然推行資本主義，但是多了一層社會安全網，以防範資本主義帶來的負面影響。在二〇〇〇年代長大成人的我明白事情雖然並不完美，但是可以逐步改善，用不著推翻一切，重頭來過。舉例來說，某些國家只要能穩定成長，脫貧只是時間早晚問題，它們有朝一日也能加入富裕國家的行列。漲勢一來，眾人受惠。

然而，這場危機卻暴露出根深柢固的經濟問題，畢竟這些問題只是被一時的繁榮暫時掩蓋而已。綜觀二〇〇〇年代，英美兩國的銀行將抵押貸款借給無力償還的民眾，導致房價泡沫日益膨脹。光是這個問題就足以引發經濟衰退和種種難題，但是全球各地的銀行還用抵押貸款打造出形形色色的金融工具，導致情況雪上加霜。簡單來說，這實際上就是在賭屋主能否償還貸款，而且通常一次會對多筆抵押貸款下注。因此，泡沫破裂影響了整個金融體系；因為債權關係複雜到難以理清，大型金融機構也感到措手不及。雷曼兄弟就是一個著名的例子，該銀行在危機爆發的初期獲准申請破產；但這麼做卻引發一場大災難，導致唯一可行的辦法就是將公共資金挹注銀行，以維持銀行正常運作。

金融危機爆發後，西方各國實施撙節政策，盼能平衡政府預算。然而，這是誤判和誤導的行為——畢竟是危機先導致稅收崩潰，經濟衰退造成失業津貼支出飆升，因此政府預算才會失衡。英國在二〇一〇年刪減支出之前，經濟早已開始復甦，借貸也逐漸下滑。更何況撙節政策根本沒有達成平衡預算的目標：雖然政府表示到了二〇一五年，財政就會轉虧為盈，但是那年英國的債務仍占GDP比重的四．四％[1]。二〇一〇年，財政大臣喬治．奧斯本（George Osborne）雖然敦促民眾要趁「陽光普照時修理屋頂」（fix the roof while the sun was shining），但是他刪減教育預算的結果不僅導致學童發育遲緩[2]，而後肯特某間學校的屋頂還真的垮了下來[3]。撙節政策的影響力依然持續發酵，英國似乎陷入一種「厄運循環」（doom loop）：慘澹的經濟表現導致流通資金下滑，結果公共服務的預算進一步遭到刪減[4]。

歐元區也差不多在同一時期經歷了主權債務危機。現已停用的詞彙「歐豬四國」（PIGS）從前指的是葡萄牙、義大利、希臘和西班牙，這四個國家當時都面臨低成長和高負債的問題。由於歐洲整體經濟失衡的緣故，共享單一貨幣導致這些國家在二〇〇七年至二〇〇九年的金融危機過後仍難以調適。歐元就像是一道枷鎖，讓成員國無法各自推行政策。因此，外界認為這些國家必須採取比英國更嚴苛的撙節措施。結果，公共服務支出遭到大幅刪減，生活水準下滑，希臘甚至發生暴動。即使這些國家破壞了社會安全網，但債務卻不減反增，跟預期大相逕庭[5]。雅典得經歷一場浩劫，才能證明撙節政策既可悲又無效。當局最終低頭承認這些措施行不通，需要採用更靈活的做法。在歐豬四國當中，雖然有一部分的國家（主要是西班牙）近期表現得越來越好，但是歐元危機的影響力仍會持續數十年之久[6]。

自從一九四五年至一九七三年的「黃金時代」以來，許多西方城鎮歷經一九八〇年代產業消失，當地經濟停滯不前的窘境，導致發展相對沒落，而這個局面也導致上述的經濟災難更是雪上加霜。英國的雷克斯漢姆（Wrexham）面臨煤礦沒落的衝擊；美國底特律（Detroit）聲名遠播的汽車產業走下坡；法國北部的成衣產業外移。這種問題不只發生在富裕國家，巴西也從機械出口轉型成大宗商品（鐵礦、原油等）出口。印度的主要成長展現在不穩定的就業形態上：低薪的服務業工作；德里（Delhi）載送遊客的人力三輪車就是很典型的例子[7]。雖然其他國家顯著的成長（尤其是中國崛起）中和了這些趨勢，但是對某些地方依然影響甚鉅，因為機會越來越少，當地陷入了困境。

二〇一六年，這些被拋下的區域為自己發聲。英國民眾舉行脫歐公投，脫離全球最大的貿易區；美國選民把票投給唐納・川普（Donald Trump），而他承諾會把美國擺在第一位；兩年後，巴西選民也把票投給「熱帶版川普」（tropical Trump）雅伊爾・波索納洛（Jair Bolsonaro）。歐洲各國也出現類似的不安情緒：匈牙利的維克多・奧爾班（Victor Orban）自二〇一〇年勝選掌權至今，極右派勢力在歐洲各地興起，就連瑞典、荷蘭等進步國家也有這個趨勢[8]。二〇二四年，英法兩國雖朝左派靠攏，但極右派仍具有龐大的影響力。

上述政治局勢的轉變雖然會讓都市菁英分子感到震驚不已，但我認為這其實是低迷景氣下的政治惡果。雖然每個例子背後的複雜情況各不相同，但是這些例子的共同趨勢都是遠離全球化，改以國內人民為優先。至截稿時間為止，美國近期兩任總統分別是川普和喬．拜登（Joe Biden）。雖然兩人有著明顯的差異，但是他們都積極推行美國優先政策，尤其針對中國商品徵收關稅[9]。看樣子，全球化和自由貿易的舊時代已經結束了。

老舊工業重鎮的沒落只是不平等加劇的其中一環。英國新工黨（New Labour）的彼得．曼德爾森（Peter Mandelson）在一九九八年表示，他覺得「大家變得超級有錢也沒差，只要好好繳稅就行。」在一九八七年到二〇二四年間，全球的億萬富翁人數成長了二十倍，總財富更是翻了四十倍，從兩千九百五十億美元（約台幣九兆一千億元）暴增到十四．二兆美元（約台幣四百四十一兆元）。龐大的財富讓少數人得以左右經濟。全球首富（至截稿時間為止）伊隆．馬斯克（Elon Musk）看似一時興起地買下全球最重要的社群平台，照著自己的興趣跟理念營運。然而，我這一代卻有許多人恐怕永遠買不起一間房子；兩者之間形成了強烈的對比。不平等對世界的影響相當明顯，留意此事的人都看得一清二楚；就連曼德爾森本人都為此感到懊悔[10]。

長期危機

雖然事實讓人感到不快，但是自從我出生以來，這個世界一直有著不平等和貧困的特徵；無論用哪種合理的指標衡量，全球大部分的人口都生活在貧困之中。過去數十年來，只有少數國家（絕大部分在東南亞）成功躋升「富裕」地位。許多拉丁美洲國家雖然整體成長不少，但是經濟發展似乎尚未起飛，在全球貧困人口中占據一定比例。盧安達等漠南非洲（Sub-Saharan Africa，指撒哈拉沙漠以南的非洲地區）國家雖然有所進展，但仍面臨廣大的營養不良問題。以前我跟大部分的人一樣，認為這類的貧窮是殘酷且無法改變的背景環境；但現在我認為這是全球經濟體系失靈所致。二〇〇七年至二〇〇九年危機下的衝擊、失敗的對策，以及面對這些問題的政治作為，漸漸讓我無法自滿。因為這些事件在在顯示，穩定的經濟成長和西方的必勝心態一時之間掩蓋了根深柢固的問題。難道我經歷的穩定時期只是全球經濟風暴中的寧靜片刻？富裕的中產階級慶祝繁榮之際，全球各地民眾和我的同胞是否也一樣在困境中掙扎？如果因應全球金融危機的方法能幫助我們防範未然，也能讓目前的經濟體系適用於所有人的話，也許我會繼續相信那套進步的說詞；但是從現狀看來，我們似乎變本加厲地支持錯誤想法。

英國歷史學家喬治・馬爾科姆・楊恩（George Malcolm Young）曾表示，若想了解一個人，就要看看對方二十歲時的世界局勢。迄今我的人生遭遇了太多重大事件，甚至讓我覺得自己永遠都停留在二十歲。金融危機的經驗促使我大學專攻經濟學，也在那裡遇見想法與經歷相似的一群同儕。我們組成了「後金融危機經濟學研習社」（Post-Crash Economics Society, PCES），探討學校為何沒有教導我們如何面對這一場改變人生的金融危機。我們在二〇一四年針對曼徹斯特大學（University of Manchester）的教育現況提出一份報告，批評經濟系的課程過於強調抽象的數學理論，不僅與現實世界脫節，學生也無法習得大學教育理應給予的批判性思考技巧[11]。

課餘之暇，好奇心讓我接觸了許多作者，他們不僅將危機的責任（合理地）歸咎於銀行家，也歸咎於經濟學家[12]。雖然有一部分的批評過頭了，但也有一部分的指責是合理的，畢竟經濟學喜歡展現出自以為是的形象。《蘋果橘子經濟學》（Freakonomics）等暢銷書主張經濟學能揭開「萬物隱藏的一面」，而且經濟學家的想法也能應用在犯罪、教育和種族歧視等領域。由於經濟學大致上都解答了自己領域的重要問題；因此，雖然經濟學「有趣的問題嚴重短缺」，但仍不失為一套絕佳工具[13]。但是大轉折來了——《蘋果橘子經濟學》是在二〇〇六年上市，書中幾乎沒有提到即將爆發的金融危機。確實，萬物都有隱藏的一面。

雖然我滿腹牢騷（但或許正因如此），我決定留在曼徹斯特繼續發展經濟學職涯。我跟隨仰慕的作者腳步，將「後金融危機經濟學研習社」的報告集結成冊，並於二〇一六年上市。《經濟學制度》（The Econocracy）這本書調查了各家大學的課程，並主張經濟教育對所有人都很重要。我們身處於極度重視經濟及其表現的社會，政治辯論的核心議題也少不了經濟成功與否。除此之外，由於經濟專家的地位舉足輕重，經濟學本身的觀點也具有一定的影響力。某種程度上，二〇〇七年至二〇〇九年金融危機的起因可以追溯至我們所學的經濟管理概念。

凜冬將至

從那時起，很多事情都不一樣了；經濟學界也開始審視自身的弱點。然而事實令人黯然神傷，全球學子依然對教育感到失望。在二〇二四年，曼徹斯特大學的後金融危機經濟學研習社發表一份報告，紀念最初的報告已經發表了十週年，這讓我覺得自己變老了。然而，報告指出課程改變不多：內容依舊過於抽象、狹隘，而且忽略了我們面臨的許多危機[14]。本書的其中一個目的就是希望能實事求是、有理有據地為這群學子解釋經濟學；我也希望多年前要是能擁有這樣的資源就好了。畢竟，解釋景氣不佳的經濟是一項永久的大難題。金融危機過後，有一個打趣的說法就是詢問：「你指的是哪一場危機？」

大家可能一下子就忘了在二〇二〇年初，澳洲大規模的野火占據了新聞版面；像這類的事件全球各地每年都會發生。由於全球均溫上升，各地高溫致死的人數節節攀升。由於全球氣候搖擺不定，極端天氣事件越來越常見：洪水、颶風和極端高溫和低溫都很有可能發生。隨著海平面上升，無數的海灣城市將會遭遇洪水來襲，許多太平洋島嶼可能都會消失。人類將受食物短缺、疾病、大規模移民和戰爭所苦。這些自然而然都會衍生龐大的經濟支出，妨礙成長並破壞全球居民的生計[15]。

二〇二〇年，新冠肺炎肆虐全球，這種新型病毒雖然神祕，但傳染力顯而易見，甚至足以致死。由於當時沒有疫苗，並且對新冠病毒所知甚少，全球採取史無前例的封城措施，半數的經濟體停擺，居民得在屋裡待上數月。全球大約九三%的勞工住在實施封城的國家[16]。這就意味著民眾的自由大幅受限，死亡人數飆破上百萬，恐懼與不安無以名狀，經濟損失高達數兆美元。疫情更是為社會安全網鬆散的國家帶來更大的衝擊，其中影響最明顯的就是印度[17]；而北非和中東的貧窮率前所未見地飆升，甚至在疫情前也不曾如此[18]。

全球走出封城陰霾後，由於疫苗已可廣泛取得，再加上政治不耐（political impatience）的情緒升溫，有些人覺得我們有望迎來景氣的強悍反彈；正如一九一八年西班牙流感（Spanish Flu）大流行後迎來「咆哮的二〇年代」（Roaring 20s）。然而，想重啟無力回天的全球複雜經濟，隨之而來的問題遠遠多於預期；不僅供應鏈癱瘓，全球各地也遭遇瓶頸。正如川普勝選和英國脫歐所示，種種情況顯示與我們組織全球經濟的抉擇方式有著根深柢固的關聯。由於一切看似行得通，商品生產及運輸的瓶頸隱藏了許多年；然而，一旦遭受嚴峻考驗，這些問題便隨之曝光。我們雖然仰賴維持這些系統運作的工人，但是他們卻沒有得到應有的尊重；這種情況變得越來越常見。

回首過往，我發現人們對於歷史終結的看法總是過度樂觀。另一個對我影響深遠的事件是二〇〇三年的伊拉克戰爭。當時這件事情備受反對，現在大家多半視其為一場失敗。二〇二二年，俄羅斯入侵烏克蘭的舉動提醒了西方民眾，這個世界並不和平。然而，將此事件視為戰爭捲土重來其實是一種偏見：畢竟過去幾十年來，敘利亞、剛果和緬甸等國家都飽受嚴重的長期衝突。然而，強國之間戰爭再起的可能性（尤其是動用核武的後果）令人痛心疾首，中美雙方持續升級的「新冷戰」更是強化了這份擔憂。此外，以色列進一步入侵加薩，加劇中東及其他地區的緊張局勢，更是讓恐懼感不減反增。

戰爭不僅破壞了繁榮之道，更是超越衝突直接造成的重大傷害。由於全球經濟相當仰賴俄羅斯、中國周遭區域的穩定，這些衝突的後果將會無遠弗屆地影響各地。由於長期仰賴的石油、天然氣供應短缺，歐洲飽受對俄制裁的苦果。能源價格數次調漲，加劇了所謂的「生活成本危機」（cost-of-living crisis）。此外，由於烏克蘭是小麥的主要生產國，穀物價格隨之上漲，這對鄰近的中東和北非地區影響最嚴重[19]。即便物質生活水準未受影響，戰爭仍讓我們不禁思考，這種繁榮的依據從何而來。舉例來說，剛果的戰事相當嚴酷，數百萬人喪命，流離失所的民眾更是不計其數；然而，剛果卻依然能供應 iPhone 手機的原物料[20]。我們可能也會想問，為什麼剛果的頭條新聞比其他地區的戰事少？

我們很容易將每個危機視為獨立事件，並像工程師一樣用解決問題的心態面對。然而，我學到這些危機通常是環環相扣的。舉例來說，氣候變遷和不平等問題絕對不是各自獨立的議題。在歷史上排放量最高的國家，氣候變遷的損失往往最低；最窮困的國家明明並未排放大量溫室氣體，但是損失卻最慘重。這樣的歷史不公（historical injustice）令人感到痛心[21]。甚至個別來看，最富裕國家的排放量也遠超最貧困的國家[22]。豪華遊艇、私人飛機、各種科技商品、多處房產以及較高的消費水準，這些都是富裕國家的排放量比貧窮國家更高的原因。從這點來看，氣候變遷的解決方案也必須一併處理不平等的問題。

上述條列的威脅多到恐怕讓人感到絕望：金融危機、政治危機、全球疫情、不平等、通貨膨脹、戰爭、氣候變遷。但是我的用意並不是要讓你感到絕望，而是要坦誠面對這些問題，更清楚地了解問題所在，並期望能找出解決之道。不過，我們所生存的世界上也有不少正面的事物：全球貧困、健康和教育有所改善。綜觀人類歷史，嬰兒死亡率向來居高不下；然而，全球各地的父母如今能合理期盼孩子活過童年[23]。總之，變化不僅繁複且具備不同面向，我們需要仔細審視變化的複雜程度，以便去蕪存菁。這需要具備現實主義的精神，而非採取樂觀或是悲觀態度。

為什麼我們越來越窮？

我所謂的「越來越窮」到底是什麼意思呢？因為綜觀全球經濟，人們本不至於、也不應該這麼窮。全球經濟中反覆出現的反常動態，讓許多情況成為「擱置的利益」（money on the table）：這些情況若經濟設計得當，本可大幅改善。我一向對於挖掘經濟的設計缺失非常好奇，也想了解這些缺點如何實質地負面影響普通老百姓。我想透過這本書告訴你失衡不均的全球經濟如何讓普通人過得更糟，而且原因毫無道理可言。

經濟不均是因為人與人之間有著不平等的鴻溝，結果造成各式各樣的危害。跟我們深知沒那麼重要的工作相比，許多不可或缺的工作者卻不受重視。即使會對其他人造成負面影響，我們仍允許有錢人和大公司主導經濟。人們面臨階級、種族、性別等無數的經濟障礙，這些因素完全不在他們能掌握的範圍之內。綜觀全球經濟，大多數民眾仍一貧如洗，而我們對此採取的行動始終不足。只要能約束富人和有權有勢者，並扶助窮人和弱勢族群，就能處理經濟不均導致的所有問題；但是要如何具體做到這件事，眾人意見分歧。第一步的解決方案將著重於社會再製（social reproduction）：人們如何在「經濟」的內外部謀生度日。

除了發展不均之外，經濟也面臨失衡的問題。房市令人望而卻步，形成許多民眾難以接受的生活條件。貨幣體系叫人難以理解，缺乏透明度的結果導致政策制定不佳。我們缺乏合宜的體系能預期並管理大規模通膨，這也正是二〇二三年至二〇二四年「生活成本危機」帶給我們的深刻教訓。最後是脆弱不堪的全球貿易體系，由於該體系以剝削來鞏固根本並加以拓展，導致它更容易崩潰。這些問題影響著所有人，解決之道不僅要比重新分配金錢和權力更具體，也得致力於嘉惠所有人，富人與窮人皆然。

英國實施撙節政策的例子能清楚說明我們為什麼越來越窮。自從疫情以來，英國久病未癒的民眾人數創下新高，許多人也退出了勞動市場。這代表他們不再找工作，所以嚴格來說，他們甚至不能算進失業人口。如今，久病患者約有兩百五十萬人，等於每十三名勞工就有一位久病未癒[24]。這個現象背後有著各式各樣的原因，像是心理健康因素、長新冠後遺症（long Covid）以及居家工作引發的背痛問題。不論原因為何，這些情況的共通點就是需要專業治療，但是醫療體系卻無法提供充分的服務。

醫療保健的投資對於直接受益人而言，正面效果顯而易見。這種投資不僅能幫助重症、輕症患者，也能讓所有人都放心，知道他們有需要時都能得到幫助。除此之外，醫療保健點明了一個重要的事實，就是經濟和人類的目標並不互斥，這也是我希望讀者閱讀本書時能牢記的重點。「經濟學」太常跟「強制手段」（tough love）和「艱難抉擇」（making difficult choices）畫上等號，彷彿對經濟好的事情就不可能對人們有利。舉例來說，二〇一七年，時任英國首席大臣（First Secretary of State）的多明尼克・拉布（Dominic Raab）回應一名女性批評身障人士福利遭削減時表示：「我想避免做出艱難決策的事情有很多，我也想投入更多資金到醫療服務、教育等不同領域。但是，如果沒有強勁的經濟來創造收入，這些想法都只是天方夜譚[25]。」

但事實是，削減醫療和教育支出對於經濟而言，等於拿石頭砸自己的腳，更是讓病患和兒童的生活更糟糕。一項報告指出，由於離職、工作時數減少和醫療開銷之故，英國民眾一年平均花費兩千兩百英鎊（約台幣八萬六千元）的收入處理健康問題[26]。對此我做個背景補充：這大約占英國人民平均收入的七％；如果有這樣的加薪幅度，那得認真對待才行。按照拉布的說法，即使目標是擁有「強勁的經濟來創造收入」，但是低收入和失業的情況會導致福利支出增加，稅收也會下滑；因為民眾不是在薪資微薄的工作中掙扎，就是失業。

吝於醫療花費也會導致未來承擔更高的代價。例如：沒有好好治療感染，最終導致截肢。

證據顯示，英國的預防性護理支出下滑，但危機護理支出卻變高了。積極挹注資金以降低吸菸、酗酒，提倡安全性行為和哺餵母乳，這些都能減少民眾長遠的醫療需求。世界衛生組織（World Health Organization, WHO）也指出，增加心理健康的公共支出將能收穫四倍的成效[27]。然而，在資金不足的情況下，醫生和護理師最終只能採用「斷尾求生」的手段。因此，英國國民保健署（NHS）每削減兩億英鎊（約台幣七十五億元）的支出，最終卻多花十億英鎊[28]（約台幣三百九十三億元）。

這些情況不僅在英國等富裕國家發生。以盧安達為例，該國於一九九四年經歷一場極為嚴重的種族滅絕行動，導致一百萬人喪生。此外，這起事件也留下了長久的惡果：由於內戰期間強暴事件猖獗，性傳染病（STIs）因而廣傳；並且爆發霍亂等各種致命疾病。在這場悲劇之後，盧安達決定大力投資醫療保健，愛滋病等盛行的致死疾病病例驟降，經濟欣欣向榮，公債也還清了[29]。即使（或者說尤其）是難以想像的恐怖處境，挹注資金照顧人類基本需求也是最佳前進之路。

經濟學相關的錯誤迷思讓我們長久以來付出極大的代價。大眾普遍相信艱難時期在劫難逃的原因，一部分是基於這門學科的觀點，再加上政客鼓吹所致。二〇二三年，英格蘭銀行（Bank of England）的經濟學家休．皮爾（Huw Pill）表示英國人得「接受他們變窮[30]」的事實。自從我第一次對經濟產生興趣以來，我的目標一直都是揭穿這些論述。在很多情況下，你會發現這些論點源自一些經不起檢驗的想法和理論。透過本書我想提出最重要的問題就是：**現行的經濟架構是否不僅能幫助民眾生存，還能讓他們蓬勃發展**。

經濟重新想像

有一些人會認為這個問題簡直是無稽之談。對他們而言，經濟彷彿就是這樣，該發生的事情都會發生。經濟學時常被定義為「分配稀缺資源」的學科，這個說法暗示我們很難為這種與生俱來的稀缺性做點什麼，至少從短期來看，我們幾乎無能為力。因此，經濟本身就是無數的個體根據手上資源做出的決策總和，所以干擾這些決策就等同於擾亂現實，而這樣做不會有好下場[31]。雖然這個觀點相當極端，但是對於我們能否大幅改善經濟，大眾普遍抱持悲觀看法。也許很多人大致同意我的目標，也希望能看到一點變化，例如進行教育、醫療和住宅的合理改革等等。然而，他們也不願意過度破壞現狀，以免危及全球在過去數百年來取得的物質成就。

不論是完全不干預，或是稍加干預經濟，這兩種觀點都不正確；說穿了，這些看法甚至有點模稜兩可。然而，徹底研究經濟運作的方式之後，你會發現各種做法、法規和強大的機構交織形成複雜的網絡，經濟的形塑不僅是有意為之，也充滿變數。將現存的機構視為自然形成或無法避免的結果，這樣的想法是站不住腳的。我們可以了解這些機構如何成立，也能學一學怎麼改變它們。歷史上無數的案例指明，改善生活的經濟轉型並不會危害到現有社會中無庸置疑的優點。要明白這件事情最好的辦法，就是觀察經濟是如何形成的。

第一篇

發展不均的經濟

第一章

哪些人對經濟至關重要？財富如何創造？又落入誰的口袋？

「好吧，我買就是了，這麼做對經濟也好。」——美枝．辛普森（Marge Simpson）

時至今日，我們已經習慣以為「經濟」是一個獨立的領域。我們會在新聞上聽到經濟可能正在成長、萎縮、繁榮、崩盤、停滯或是疲軟。有人認為經濟是自主的，無論好壞，經濟都會照著自己的邏輯運作。我們聽說經濟表現不佳時，就明白這會影響我們個人的生活：工作的飯碗可能會不保，房價飆漲的程度讓人望塵莫及，或是公共服務預算遭到刪減。雖然事情出錯的時候，我們會想找出罪魁禍首，但經濟的日常變化跟運作方式對大多數人來說依然難以理解，甚至對絕大多數的專家而言也是如此。就連專家也無法斷定經濟衰退的起因為何，也無法斷言如何遏止衰退。現代的經濟不僅獨立運作，而且錯綜複雜又神祕莫測。除此之外，收入在人群中的分配也令人費解。如果大家時常懷念起過去單純的歲月，那也許是因為當時比較容易找出誰在敲你竹槓。

以這個角度看待經濟可說是史上頭一遭。源遠流長的文明都不認為經濟是獨立領域。甚至從最古老的中東文明到強盛的羅馬帝國，個人的經濟狀況與政治地位公開相連，毫無轉圜餘地：掌權者能獲得最大的利益，但底下的人必須雙手奉上。即使到了現代，我們可能仍覺得某地的某人正在利用我們，但是我們卻不一定清楚他是誰；在以前，大家卻都能看得一清二楚。

經濟的史前時代

「或勞心，或勞力；勞心者治人，勞力者治於人；治於人者食人，治人者食於人。」

——中國古老格言[1]

在歐洲的封建制度下，莊園領主對農奴擁有極大的權力。農奴會在田裡努力耕作、生產糧食（通常是穀物），然後他們必須將一部分的作物交給領主。領主享有崇高的社會地位，不僅一手掌握領地的管理權，也有權利向農民收取糧食。若是農民拒絕，領主通常也有軍隊和執法機制強行徵收糧食，甚至也有自己的法庭和審判權。在那個時代，老闆、統治者和有錢人三者之間並無區別。領主集結了三種身分於一身[2]。

古老帝國的皇帝、國王和蘇丹的情況也十分相似，他們都是位居文明金字塔頂端的人。由於他們擁有權力，糧食和其他商品（包含世界各地的奢侈品在內）都會到他們手上。不論是在田裡辛勤耕作的農民、旅居各地貿易的商人還是紡織衣物的匠人，都為統治者提供了所需的一切。無論是透過稅賦或是直接徵收，統治者皆有權獲得領土的部分收成，因而享有極高的生活品質。他們也憑藉武力和常備軍隊，維持明確的統治階級。宗教信仰和「君權神授」等觀念也讓統治者的權威在人民心中樹立正當地位[3]。

這種局面並非僅限於頂層階級向底層人民榨取財富。古時候的作家、神職人員和統治者等職業可以全心追求不與生計直接相關的活動[4]，資助來源通常也是來自下層民眾的工作成果。雖然這些人並未享有像統治者那樣的地位或奢華的生活，但他們還是過得更優渥且獨立，不需要做苦差事。幾千年以來，文明世界導致大量貧困的農民生產糧食不光是為了餬口，也是為了供應少數的特權族群，進而導致前者勢必得將一部分生產的糧食交給後者。

這並不代表農民以外的勞工都並不重要。大約在一萬年前，定居農業遍及全球，於是小麥、稻米或大麥（取決於你人在哪裡）大量生產。文字和會計的發明正是為了記錄穀物，以便進行生產、儲存與分送。這些資訊與物流管理對於維持經濟運作而言是必備的要素。相較於直接生產糧食的農民，大量的官僚、神職人員和統治者就算隨時停下工作，也不會帶來災難性的後果。那段時期最重要的勞工一直都是農民，因為他們生產了其他人直接仰賴的重要糧食。

舊世界有一個明顯的特徵，那就是剝削社會必要成員的做法相對透明許多。非務農者和其他從事重要工作的人都能直接從農民手中獲得農產品，並賴以維生。換言之，在早期的文明當中，人們的重要程度以及所得報酬、社會地位之間的分歧相當明確。不碰農事和戰爭的人往往享受著最奢華的生活。雖然武力和意識形態保住了統治者的權力，但他們榨取社會基本資源卻是顯而易見的事實。當時的經濟局面和政治權力是一體的；不過，自從經濟體系出現之後，一切變得有所不同。

經濟崛起

蓋．瑞奇（Guy Ritchie）於二〇二四年推出的電視劇《紳士追殺令》（The Gentlemen）當中，富有的美國毒梟史丹利．強斯頓（Stanley Johnston）表示他很喜歡英國的貴族，因為「他們才是真正的黑道。他們能擁有這個國家七五%的土地，而且都是偷來的。」這可以追溯到十一世紀征服者威廉（William the Conqueror）入侵英格蘭的歷史。在那之後，英格蘭變得比多數的歐洲國家更加統一。由於諾曼王朝統治期間集中掌管土地所有權，所以少數幾位領主能持有絕大部分的土地。時至今日，英國仍保有這項特徵，這似乎正好跟征服者威廉的用意不謀而合。除此之外，他開始分離經濟和政治權力：領主們並非自行執法，而是仰仗王權執行。

現在你可能會覺得，五百年前一個小國家的政治特質一點也不重要。但是從長遠來看，正是這些政治局勢造就現今所謂的資本主義[5]。

談到資本主義的問世，大多數的人都會想到十九世紀煙霧瀰漫的工廠，並將其視為英國工業革命的象徵。雖然這些工廠象徵經濟本質產生劇變，但是歷史學家艾倫・梅克辛斯・伍德（Ellen Meiksins Wood）卻主張早在幾百年前，資本主義就已出現在英格蘭的鄉間地帶。基於諾曼王朝留下的政策，中央政府會保護領主的財產，但是這群領主跟歐洲其他封建領主不一樣：他們不能隨意踏上領土，強行徵收額外的穀物。到了十六世紀，領主們逐漸意識到他們應該要提高土地的生產力才對。極其廣袤的土地似乎進一步激發這個動機，畢竟這樣一來，地主就能進行實驗，從規模經濟中獲利[6]。

由於英國領主與農奴的關係比較特別，近似於現代地主與租客的關係逐漸形成。當時的佃戶就跟現在的普通房客一樣，他們依照市場價格承租土地，倘若土地的市場價格上漲，地主就可以提高租金。隨著土地買賣越來越頻繁，佃戶也需提高生產力，賣出更多食物，這樣才能負擔得起租金。當時的情況就跟現在的工作一樣，他們也開始依賴市場上的所得來維持生計。就某種意義上來說，地主和佃戶的利益似乎是一樣的：雙方都想提高農業生產力，賺取更高的所得，收取更高的租金[7]。

拿同一時期的法國封建制度進行對照會更好理解。當時的法國保留了較老舊的制度：許多小領主會直接向農民徵收糧食。由於法國農民持有土地，不必租借，因此，他們不用擔心生產力必須提高才能付得起租金，因為他們可以自行耕種作物，也深知土地永遠不會被賣掉。他們真正擔心的反而是領主，因為領主若想取得更多糧食，可能就會單方面地調高徵收產量。反觀英國領主若想得到更多糧食，他們會逼佃戶提高生產力，這樣才能逐漸調漲租金。不過，他們並沒有得到中央政府的授權，不能像法國地主那樣直接壓榨租戶。換言之，法國地主的獲利方法是加大對農民的剝削力道，而英國領主的方法則是提高佃戶的生產力[8]。

如果英國領主只是提高生產力、剝削力道較小，這樣聽起來似乎比其他地方好一些，但事實並非如此。由於土地出售風氣盛行，導致許多農民第一次面臨無地可耕的窘境。他們只能在路邊徘徊，尋找能賺錢餬口的工作[9]。在最糟糕的情況下，當權者甚至直接下令禁止自給自足的生產方法，但這卻是世界各地絕大多數農民的工作模式。著名的圈地運動（Enclosure）甚至直接從農民手中搶奪土地加以謀利。一七二三年的《黑匪法》（Black Acts）對盜獵者處以嚴刑，進一步讓人民必須依照經濟體制賺錢和買賣以維持生計[10]。因此，我們最基本的需求——食物，首先受到市場操控。

市場興起

「市場」一詞不禁讓人聯想到民眾在農夫市集、古董拍賣會或股市等實體地點買賣的畫面。這些場所是人們進行交易的地方，這點不難理解。然而，如今「市場」的定義已經變得更廣泛，只要涉及買賣雙方往來，幾乎都可稱之為市場。市場關係已經擴及生活各面：像是購買食物、衣服、房屋、珠寶、假期、汽車等等。我們從市場獲得收入，並從其他市場購買必需品。「市場」基本上等同於「經濟」，每逢市場擴張，經濟也隨之而來。

廣義來說，市場自文明誕生以來存在至今，但是市場的規模和範疇在現代世界已然大不相同。以早期的文明來說，人們會在街頭市集上以物易物並討價還價。最典型的代表就是阿拉伯的街頭市集，其歷史可追溯至西元一千年。早期文明也有國與國之間的貿易，馬可．波羅（Marco

Polo）在十三世紀橫跨亞洲尋找絲綢和香料的旅程就是一個經典例子。事實上，他行經的蒙古帝國象徵著早期的全球化時代，國界之內產生了大規模的貿易[11]。根據人類學家大衛・格雷伯（David Graeber）的詳細解釋，即使是以狩獵採集維生的部落也會彼此貿易，不過這類的貿易通常是直接以物易物，沒有金錢往來。除此之外，這種貿易的頻率很低，而且也跟慶祝、性與暴力脫不了關係——有時三者甚至同時發生[12]。

隨著時間過去，英國鄉間經歷的變化最終造就了波蘭歷史學家卡爾・博蘭尼（Karl Polanyi）口中的「市場經濟」[13]。博蘭尼根據自己的觀察提出了三大買賣變遷：土地、勞動力與貨幣。由於這些買賣和早期的交易形式截然不同，因而造就了全新的市場經濟。在此之前，三者均未曾出現大規模的交易。土地多半憑繼承而來，畢竟土地是身分和財富的象徵，領主不會有出售土地的念頭，而是將其傳給子孫。農民通常只會歸於同一名領主管理，因此世代都是在同一塊土地上耕作。然而，市場價值成為衡量土地價值的標準之後，在公開的市場出售土地不僅逐漸為人接受，而且必要性越來越高。

由於土地易主，農民（甚至是領主）逐漸失去土地，因此他們開始尋找近似於現代工作的就業機會。因為他們無法繼續憑藉自給自足維持生計，所以他們得仰賴市場獲得收入。博蘭尼所謂的「勞動市場」開始發展，人們為了賺錢而工作，這樣才能負擔生活所需。大多數人被迫販賣勞動力的觀念其實相當新奇：從前領薪水的工作相當罕見，通常只有師徒關係等短期協議才會有工資。以鐵匠為例：學徒在年輕時領薪水工作，培養成為鐵匠的必備技能，長大之後就能獨當一面。在這數百年間，領薪水工作的情況逐漸從少數例外變成大多數人的生活常態，至今仍是如此[14]。

博蘭尼提出的另一項重要商品「貨幣」也跟土地、勞動力一樣，自然而然地在市場經濟中變得越來越重要，畢竟貨幣是促成這些交易的唯一管道。若是在某時某地得到了報酬，爾後在未來某一刻得用這筆報酬購買截然不同的商品，那就需要有一個能保值的穩定媒介。雖然早期的市場就使用貨幣交易，但是遠不如之後普及，直接以物易物依然相當常見。市場經濟崛起後，貨幣成為普遍的「衡量標準」，界定食品、時尚等商品的價值，並且持續擴及生活的新領域。以在家工作的潮流為例，近期的新發展是透過訂閱服務，讓你可以跟其他工作者一起開會，幫助你提高生產力。如今，市場無處不在，人們不僅會努力工作賺錢，甚至會為了更認真工作而付錢[15]。

市場經濟出現的確切時間、地點和原因仍然莫衷一是，其優缺點也是眾說紛紜。不過，有一件事可以肯定：只要市場經濟開始發展，那就真的停不下來了。這正是經濟成為獨立領域的時刻，並擁有一套自己的規則。古文明一手造就許多偉大的奇蹟（例如：金字塔、雅典等大城市），雖然有一些重要的科技發展，但是這段歷史的生活水準卻幾乎沒有改變。羅馬帝國雖然延續千年之久，但是初期的科技和人民所得跟帝國滅亡前相比，兩者並無多少差別。現代經濟的崛起讓一切有所不同，不僅大幅提高一般人的物質生活水準，也掀起大規模的動盪，並帶給許多人苦難。

資本主義經濟問世後，越來越難準確找出被剝削的受害者。古羅馬時期的民眾需要農夫生產的糧食，時至今日，大眾依然依賴他們。然而，跟過去相比，市場經濟讓情況變得更加複雜。如今農夫生產糧食是為了賣錢，我們則是工作賺錢以購買食物。現在的情況和領主農奴制大不相同，統治者不會直接且強制地剝削人民的資源。畢竟，如果我們認真工作賺錢來購買糧食的話，那究竟我們剝削農夫多一點，還是農民更剝削我們呢？若要釐清這個錯綜複雜的議題，我們不能只有單純考慮糧食的保存問題，更要進一步思考整個經濟體系的財富。

創造財富

經濟學家探討現代經濟如何創造財富時，最常見的答案是：財富結合了勞力、資本（機器與原物料）以及某種難以形容的不明事物——基本上統稱為「知識」。我們以烤蛋糕為例：你需要你自己（勞力）、食材和烹飪設備（資本），以及食譜或作法（知識）。「勞力」和「資本」比較好理解，畢竟我們看得見；但是「知識」卻帶有一種神祕感，而這也正是為什麼奶奶做的蛋糕總是比你做的好吃的原因。從統計分析來看，勞力、資本和知識對經濟成長的貢獻程度大致相仿[16]。

想釐清經濟學家延續了數百年的激烈辯論，深入探究這些類別是個不錯的好方法。早在十四世紀，阿拉伯學者伊本・赫勒敦（Ibn Khaldun）就指出，「一群人合作的成果能滿足的需求遠超他們所需的好幾倍[17]」。這句話的基本見解就是**專業分工**：只要將一項任務切割成不同的部分，人們的生產力會高於獨自作戰、一個人完成所有工作。正如赫勒敦所言，沒有人能夠獨自種植並收穫所需的所有小麥，但若是有的人耕地，有的人收割，有的人製作工具，那麼集體的生產力就能遠超過他們自身的需求。因此，赫勒敦很早就發現「勞力」在創造財富方程式當中的重要性。

十八世紀，蘇格蘭經濟學家亞當・斯密（Adam Smith）提出一套專業分工的理論，跟赫勒敦的見解相似，但是內容更細緻。由於觀察到英國工業資本主義興起的現象，亞當・斯密指出「勞力分工」會奏效的原因有好幾個[18]。第一個原因是「做中學」：如果工人反覆做某項任務，他們對此就會更加熟練。如果你拿自己第一次在酒吧倒酒的情況跟一年後的表現相比，你就會明白了（不過，要是你的表現跟我一樣糟，上完第一天班可能就會被開除了）。第二個原因是「切換任務的難度」：即使工人熟稔多項任務，舉凡倒酒、運送酒桶、記賬、整潔、管理酒吧樣樣行，但是這些工作加起來會形成龐大的負擔，還不如分工處理輕鬆得多。

第三個因素最重要，也就是促成勞力分工的「設備」。這時我們就要談到財富方程式的「資本」。以經濟學來說，資本的定義是一個頗有爭議的話題，不過我們可以先把資本想成「物品」就好，也就是工具、設備、原物料、機器和建築等等。十八世紀初期的工業化時期出現了幾項開創性的發明（新的資本種類），改變了工人的工作方式，因而大幅提高生產力。

舉例來說，一七六五年問世的珍妮紡紗機（Spinning Jenny）讓紡織工人可以同時操作八個紡錘，每個紡錘都能紡織一段跟自己高度相等的棉花，將其撚成紗線，紡錘的數量後來甚至變得更多[19]。工人不僅擁有操作機器的能力，也能持續使用這些設備，這不僅造就了先前難以想像的龐大生產力，並且也讓人類可得財富大幅成長。而珍妮紡紗機讓工人能坐著工作這一點或許也不無影響。

隨著英格蘭從農業社會轉型成工業社會，資本變得越來越重要。持有資本的企業家會雇用工人生產商品，再賣到市場。舉例來說，棉紡織業的企業家會付薪水給工人，請他們幫忙生產布料，再銷售到英國和其他區域。

他們可以將布料銷售額和必要成本（包含薪資、珍妮紡織機等設備、工廠、土地租金，以及用掉的棉花或羊毛）之間的差價納為己有。倘若差額為正，他們就能賺取利潤。許多企業家在這段過程中變得越來越有錢，地主（許多人是前封建領主）則是靠出租土地賺錢；但勞工卻時常苦撐，做著一份危險、枯燥乏味、薪資微薄的工作。

知名的經濟學家卡爾・馬克思（Karl Marx）針對資本主義的成因提出一項重要觀察。他指出企業家通常會把利潤拿去投資以擴展業務，這樣將來就能賺更多錢。馬克思將這套理論稱為「M－C－M'循環」，M是最初的事業投資資金，C是拿來銷售的商品，M'則是商品的銷售額，而且金額（但願）比M高出許多[20]。從許多面向來看，M－C－M'雖然把獲利形容得很複雜，但是重複投資獲利的致富之道卻是歷史上獨一無二的現象。資本家不間斷的擴張和M－C－M'循環正是市場經濟有別於過往時代的原因。之前停滯的物質生活水準開始穩定上升，年復一年地持續提高。

早期經濟學家探討的問題是：究竟是什麼造就市場經濟激發出暴增的財富？即使相隔了一百五十年，亞當・斯密和馬克思兩人卻自然而然地得出相同的結論——工人。勞工跟古代的農民一樣，他們日復一日辛苦工作，生產眾人所需的商品。十九世紀，馬克思的搭檔弗里德里希・恩格斯（Friedrich Engels）造訪了英國的曼徹斯特，震驚的他在《英國勞工階級狀況》（The

Condition of the Working Class）一書中進行比較。他認為，企業資本家（除了持有工廠之外，什麼也沒做）就像土匪一樣明目張膽地剝削勞工，藉此大撈一筆[21]：

說真的，（農民）不是人類，而是工作機器，服務著主導歷史的少數貴族。工業革命只是把情況推向終點，導致工人淪為純粹的機器，奪走他們最後一絲的獨立空間，這也迫使他們好好思考，要求生而為人應得的地位。

在經濟學界，財富從何而來（或是從誰而來）的問題引發了永無止境的辯論。馬克思、亞當．斯密和恩格斯都認為財富來自工人，但批評者主張資本家也能創造財富[22]。資本家似乎跟寄生蟲沒兩樣，他們就像經濟體系頂端的巨大吸塵器，吸光他人創造的財富。不過，根據馬克思的M－C－M'循環，資本家的功用乃是推動經濟發展。正如馬克思和恩格斯所言，資本階級「成就的偉業遠勝埃及金字塔、羅馬水道橋和歌德大教堂」[23]。因此，問題是：若要維持並擴張這些豐功偉業，資本家積累的財富是必要的嗎？賺大錢的人究竟是推動財富成長和投資的引擎，或者只是在榨取他人財富？

《冏男四賤客》的剝削理論

英國喜劇《冏男四賤客》（The Inbetweeners）裡的青少年西門正在跟朋友傑伊爭論該誰舉辦派對。西蒙對傑伊說：

「我認識你十年，從沒見你辦過派對。」

傑伊答道：「胡說八道，去年我的生日派對就是我辦的啊？」

「那是你媽辦的。」

「對，不過是我監督的。」

看完這個橋段之後，會思考資本主義經濟所得分配的人大概屈指可數，但我就是其中之一。傑伊的話道出一件大家都心知肚明的事情：監督者、老闆和持有人常常會拿自己沒做的事情當成自己的功勞。這種功勞可能只是一聲讚美，或是像傑伊這樣替自己謀求角色，又或是轉化成他們在「監督者」一職得到的收入或財富。雖然傑伊的監督地位只活在他的心裡，但是現代經濟卻給予少數人明確的特權，足以讓我們合理控訴他們在榨取其他人的財富。

最清楚明瞭的例子就是土地。土地並非由誰所生，而是依你的立場而定，你可以稱土地為神的恩賜或是大自然的贈禮。人類需要土地才能生活、耕作、從事職業或追求理想（海盜和太空船除外），基本上要是少了土地，什麼事情都做不了。農業經濟時代盛行的觀點是價值源自土地本身。雖然領主和土地生產毫無關聯，但是他們圈出世界的一隅，決定誰可以住在那裡，還有居民需為此付出多少代價。正如哲學家尚雅克．盧梭（Jean-Jacques Rousseau）在一七五五年表示[24]：

文明社會真正的創始者就是第一個圈地的人，他不僅心血來潮地宣稱「這是我的」，而且還找到一群單純的人相信他。倘若當時有人拔出木樁或填平溝壑，並對眾人大喊：「別聽這個騙子的話。地上的果實是屬於大家的，土地並不屬於任何人，要是忘了這件事就糟了！」許多的罪行、戰爭、謀殺、苦難與恐怖就不會降及人類了！

從古代封建領主再到現代資本主義，土地所有權一直都是保障收入與權力的一大關鍵。歷史上的經濟學家一致同意這是土地獨有的特質。亞當．斯密也指出，「地主……喜歡收穫不是自己播種的產物[25]。」繼承亞當．斯密思想的大衛．李嘉圖（David Ricardo）也特別強調地主引起的問題，他認為地主會要求提高租金、壓榨工人和工業資本家[26]。亨利・喬治（Henry George）也在十九世紀末寫道，土地所有權是資本主義的一大問題，倘若不著手處理，窮人將永無翻身之地[27]。換言之，地主就像好比《囧男四賤客》的傑伊：稱自己有「監督」的功勞，但其實什麼也沒做。

由於經濟從領地貴族把持變成由工業主導，規則變得不一樣了。許多地主依然有權又有錢，但土地不再是唯一受到強大法律保障持有者收入的資產。法律學者卡塔琳娜・皮斯托（Katharina Pistor）曾寫道，資本主義誕生的第一步是法律明定為「資本」並加以保障。在別具意義的歷史沿革下，先前適用於土地的法律迅速轉移至工廠、辦公室的所有權，如今甚至擴及金融資產和創意點子。雖然我們之前描述資本主義和市場經濟的發展時，乍看似乎是自然發生且避無可避的結果，但其實這是審慎決策之下的產物[28]。

資本不是只有「物品」而已，也許還包含了我們建立的法律和規矩，讓人可以掌控這些「物品」。雖然這聽起來可能有點抽象，不過皮斯托以自由工作者為例，從日常生活的角度進行說明。自由工作者曉得自己就是一間公司；成為公司的持有人就代表他們的收入不再是薪資，而是股息。既然是一人公司的股東，那麼他們在多數國家的稅賦也會變得比較低[29]。自由工作者實際的工作內容並未改變，他們仍持續拍照、寫書或創作 YouTube 影片。但是，他們的法律身分和所得金額卻變得完全不一樣了。成為資本家通常會得到新的特權，而且好處不只如此。

有時資本家得到的特權並不容易察覺。亞當．斯密提出的「勞力分工」是人們學會提高生產力的其中一個原因，除此之外，還有珍妮紡紗機等一連串開創性的科技創新。不過在某些情況下，專業分工可能並非造福大眾，而是嘉惠資本家。亞當．斯密和年代更早的赫勒敦一樣，他認為講究勞力分工是基於科技效率的考量。大家或多或少都發現專業分工能讓他們投入較少，但產出更高。這樣的專業化分工造就了更偉大的技巧和新科技。人們逐漸聚集形成一間公司，每個人擔任的角色各不相同，但這樣對他們來說更好：因為他們的生產力更高，所以會賺得更多。根據這項觀點，專業分工帶來美好的附加效果，也就是創造財富來造福他人。

美國經濟學家史蒂芬．馬格林（Stephen Marglin）所著的知名論文《老闆做什麼？》（What Do Bosses Do），強烈反對亞當．斯密的勞力分工論點，因為該理論忽略了資本家在組織裡所扮演的角色。馬格林指出，許多例證顯示，獨立的家庭手工業所採用的方法和早期工廠的做法相比，生產力絲毫不遜色。因此，早期的資本主義在生產上加諸各種法規限制（例如一個家只能有幾台織布機），迫使工人進工廠上班。比起提高效率，資本企業的用意是提升勞工的整體工作量，進而提高整體利潤。因為資本家持有生產商品，也能將其銷往規模不斷擴張的市場，他們就能將利潤再次投資，進一步擴大生產規模[30]。

換句話說，資本主義並非重在提高技術效率，而是更講究掌控生產過程和大批勞工。此外，特權並未僅止於此。隨著資本主義產生變化，公司的性質也有所轉變。到了十九世紀，有限責任法更加普及：萬一公司倒閉，貸方能追討的金額受到該法限制。現在看來可能很奇怪，但是在之前，經商失敗的資本家可能會被強制收回住宅，甚至被關進債務人監獄。如今，皮斯托所謂「從自由工作者轉型的公司」可能經歷完全相反的命運：由於取得公司的身分，他們不僅更容易借錢，也享有更多的信用管道，甚至法律給予新保障，能防止債權人上門討債[31]。

經濟學家張夏準（Ha-Joon Chang）指出了令人諷刺的史實：猛烈批評資本主義的馬克思竟然支持有限責任法，並將其視為「資本生產的最高成就」。若能保障資本家免遭重大損失，他們當然會更願意投資並承擔風險，進而推動了創造財富的引擎。然而，崇尚資本主義的大老亞當．斯密卻反對有限責任法，因為他認為管理階層會過度冒險，拿其他人的錢去賭博[32]。他這麼說確實也有點道理，畢竟在有限責任和其他保障之下，高盛（Goldman Sachs）等許多現代公司時不時會做出魯莽的決策。

事實上，有限責任公司原本是大肆剝削全球民眾、從中榨取財富的手段。英國東印度公司與荷蘭東印度公司是最早的幾家有限責任公司，並由君主直接給予特權。這些私人企業獲得母國政府的授權，成為早期殖民主義的先驅。除此之外，這些企業也掌管了印尼、印度等國家的土地，並且重整當地經濟好為自身利益服務。雖然當地人的工作情況並不完全跟奴隸一樣，但確實有異曲同工之妙[33]。被殖民國在殖民時期的經濟普遍衰退，並且經歷了人道悲劇[34]。

希臘經濟學家暨前政治家雅尼斯．瓦魯法克斯（Yanis Varoufakis）把昔日的榨取財富模式與現代的運算公司放在一起比對。他認為，像亞馬遜這樣把持「雲端」的公司就像以前的地主，每個人都得宣示效忠才能參與。如今你若想銷售商品，往往就需要有一個線上平台；如果你需要線上平台，你通常得使用Google、亞馬遜和社群媒體網站；若要使用這些網站，你就必須同意它們的條款並付費[35]。就跟土地一樣，持有大家都得使用的資源就意味著他不僅擁有榨取財富的權力，而且也能決定其餘的經濟架構。

我的重點並非針對奴隸制、封建領主、殖民主義和資本主義的現代所有權做出不當類比。我認為現代資本主義的演進基本上是不斷進步的，不僅有物質上的進展，也改善了舊有階層。其實《紳士追殺令》主要的故事就是講述上流的地主階級被迫接納市場經濟，並提高自家土地的生產力，只是手段相當不入流。類似的壓力也落在《唐頓莊園》（Downton Abbey）和《柏捷頓家族：名門韻事》（Bridgerton）的角色身上；這兩部影集的時代背景分別比《紳士追殺令》早了一百年和兩百年，劇中角色為了維持家族，必須積極管理大量的房地產。

正如皮斯托所言：「編寫資本法規的過程相當巧妙；少了它，世界就無法企及現今的財富水準。然而，這段過程卻隱藏在眾人視線範圍之外。」正是這個事實（規則被隱藏起來）導致「魚在水中不知水」。我們已經對這些規則習以為常，所以才會不明白它們在歷史上有多特殊。我們認為資本只是「物品」，但其實不止於此。

經濟學家蘇雷希・奈杜（Suresh Naidu）指出，數不清的法律條文小心翼翼地守護著現代經濟體系：公司所有權、住宅與土地所有權、版權和專利等智慧財產權、金融資產，除此之外，還有無數的規定讓某些團體在經濟賽場上占據優勢。另一方面，也有不少制度降低了富人對經濟產出的予取予求。大多數人都知道的例子包含：工會、國營事業和累進稅率[36]。「誰得到了什麼」以及「為什麼擁有」的規則充滿變數，我也希望你在閱讀本書時能將這個重點牢記在心。不過，這也自然而然地點出一個問題：我們能不能做得更好？

馬奎爾與市場經濟

二〇二二年底，迦納的國會議員以撒・艾當高（Isaac Adongo）對迦納的經濟表現感到不滿。他在一場國會演講上特別針對時任副總統馬哈姆杜・鮑伍米亞（Mahamudu Bawumia）；鮑伍米亞也曾擔任迦納中央銀行的副行長。非洲的口述故事不僅歷史悠久也饒富盛名，而艾當高也採用典型的敘事風格，展開一場創意十足的論證：他將鮑伍米亞比喻成英國足球員哈利・馬奎爾（Harry Maguire）。如果對足球不太了解的話，那你只要知道馬奎爾由於防守失誤成災，獲得「對手敬重，隊友驚懼」的稱號。艾當高批評道：「倘若對手進球失敗，馬奎爾還會幫他們得分」，他稱呼鮑伍米亞是迦納的「經濟版馬奎爾」[37]。

足球界是證明收入與表現不成正比的最佳典範之一。關注足球的人不難發現過去幾十年來，頂尖足球員的收入大幅上漲。俱樂部為了得到這些球員，簽約金也越飆越高。在我的青少年時期，西班牙皇家馬德里足球俱樂部（Real Madrid）曾於二〇〇一年以四千七百萬英鎊（約台幣十八億四千萬元）的天價簽下傳奇球員席內丁・席丹（Zinedine Zidane），創下足球員簽約金的世界紀錄。八年後，英國曼徹斯特聯足球俱樂部（Manchester United，簡稱曼聯）用八千萬英鎊（約台幣三十一億四千萬元）簽下了接近傳奇地位的球員克里斯蒂亞諾・羅納度（Cristiano Ronaldo），打破這項紀錄。接著，皇家馬德里在二〇一三年再次打破紀錄，以八千六百萬英鎊（約台幣三十三億七千萬元）簽下了傳奇色彩沒那麼濃厚的加雷斯・貝爾（Gareth Bale）。從那時起，情況開始失控，目前的紀錄保持人是內馬爾（Neymar），他在二〇一七年轉會到巴黎聖日耳曼足球俱樂部（Paris Saint-Germain）的簽約金將近兩億英鎊（約台幣七十八億五千萬元）。現在我們常常看到超過一億英鎊（約台幣三十九億元）的轉會費，內馬爾的紀錄被打破只是時間早晚的問題。二〇一九年，馬奎爾以八千萬英鎊（約台幣三十一億四千萬元）從萊斯特城足球俱樂部（Leicester City）轉會到曼聯，打破了防守球員轉會費的世界紀錄。

節節飆升的轉會費和高昂的球員薪資真的能提高品質嗎？大家都知道內馬爾、羅納度和萊納爾．梅西（Lionel Messi）等球員都非常優秀——其中最出色的是梅西，他在二〇二一年免費轉會到巴黎聖日耳曼，結果每週卻只領一百萬英鎊（約台幣三千九百萬元）的薪水。不過，不同球員的素質實在很難比較，畢竟大家各有優缺，角色不同，也身處在不同的球隊和聯賽。況且，不同年代的球員更是難以相比；從我年輕時開始看比賽以來，足球比賽已經變了許多。我們很難確切得知像席丹這樣的球員若是加入現在的比賽，情況會是如何。他一定還是很厲害，這點無庸置疑；不過，他能輕鬆加入像曼徹斯特城足球俱樂部這樣的隊伍嗎？席丹雖然被公認為史上最偉大的球員之一，但是他的轉會費卻以比馬奎爾少了三千三百萬英鎊（約台幣十二億九千萬元）；也許，這就說明了技巧和薪資不成正比。（馬奎爾最近進步不少，艾當高甚至向他正式道歉，稱他如今是曼聯的「重要球員」。）

二〇〇三年可說是足球市場的錢財分水嶺。當時俄羅斯的超級富豪羅門．阿布拉莫維奇（Roman Abramovich）買下英國的切爾西足球俱樂部（Chelsea FC）。阿布拉莫維奇身為億萬富豪，他有能力為俱樂部挹注大把資金，因此，這也吸引了許多球員和教練加入。切爾西雖然原本就表現不錯，但無法穩定搶下爭霸門票，但是從那時起，切爾西不僅屢次登上英格蘭超級足球聯賽（Premier League，簡稱英超）的冠軍寶座，也囊括了其他賽事的冠軍。這段期間，切爾西揮霍資金無度，雖然網羅了一些好手，但是也招攬了不少像馬奎爾那樣的無用球員，而且近年來這樣的人甚至越來越多。切爾西與皇家馬德里在高額轉會費排行榜上並列第一。在世界排行前五十名的球員當中，這兩支球隊各自擁有七位，而且大約都砸了五億三千萬英鎊（約台幣二百零八億元）在這七位球員身上，平均每位的開銷是七千五百萬英鎊（約台幣二十九億元）。那麼，切爾西這七名七千五百萬英鎊的球員，真的有比四千七百萬英鎊的席丹更厲害嗎[38]？

我們可以將英國、西班牙、義大利的情況跟德國足球進行比對，後者採取的做法不太一樣。德國足球一流的品質不僅備受國際認可，國家隊也是角逐世界杯（World Cup）和歐洲盃（European Championships）的強者。雖然德國足球甲級聯賽（Bundesliga，簡稱德甲）無法與英格蘭或西班牙聯賽並駕齊驅，但是德甲不僅培育出頂尖人才，也名列為全球最頂尖的聯賽之一。德國在頂尖的轉會費市場上相當突出，因為他們沒那麼亮眼。德甲只有一位球員名列史上前五十名的轉會費排行榜，跟威爾斯、匈牙利、阿爾及利亞的情況一模一樣，但是這三個國家都不算是頂尖的足球強國。

那麼，德國足球為何如此不同呢？因為德國足球俱樂部的持有者不是億萬富翁，而是球迷。

德國的俱樂部遵守著所謂的「五〇＋一原則」，也就是球迷必須至少持有俱樂部五〇％的股份，此外再另加一股，進而持有過半股權。二〇一六年，多特蒙德足球俱樂部（Borussia Dortmund）的執行長表示：「德國觀眾長久以來與俱樂部的關係相當緊密。倘若觀眾覺得自己不再被當成球迷對待，反而被人視為顧客的話，我們遇到的問題就大了[39]。」這樣的做法優先考量球迷、俱樂部和社會群體，而非明星球員不斷飆漲的薪水（不過，德國頂尖球員的薪水當然也不少）。

德甲採用的準則與英超截然不同。德甲的球賽票價是全球最低，觀眾人數則是全球最高。不僅如此，球迷文化正面積極又活力充沛（但偶爾也有點像邪教團體）[40]。相比之下，英超的票價已經讓長期支持足球俱樂部的勞工階級無法負荷，所費不貲的設施、持有門票的中產階級和商務包廂占據的空間越來越多。觀眾人數下滑，足球文化隨之衰微。雖然英超是世上最頂尖的聯賽，但它也說明市場經濟做出的取捨讓人不太舒服：一個領域要對某群體成功奏效，付出的代價往往就是犧牲了其他事物和團體。

德國足球的例子證明我們可以用不同的方式建構重要產業。大家都曉得德甲和其他歐洲聯賽的球隊比賽時的水準不分軒輊。然而，其中一方的俱樂部持有者選擇砸錢在最佳球員身上、盡量哄抬票價、忽視了建立俱樂部的族群；另一方則是讓球迷持有過半的俱樂部股權，採用截然不同的準則來培育球員並回饋球迷，進而打造出更好的環境，而且足球水準依然不落人後。

為何德國人做得更好？

你也許會想，我岔出去討論現代足球是否只是隨意舉例，跟其他領域的經濟沒什麼關係？我舉這個例子是有原因的：德國經濟往往能闡明事情可以有所不同。德國的範例說明我們可以重構經濟的運作方式，不僅能嘉惠更多人，也不會危害創造財富的過程。自從第二次世界大戰以來，德國經濟大幅成長，如今更是全球第四大經濟體，不僅收入高、工時短、失業率低，而且跟美國相比，低薪勞工人數更少。觀察者時常困惑德國為什麼能做得「更好」，許多國家也希望效仿德國[41]。

德國的製造業聞名全球，擁有福斯汽車（VW）、西門子（Siemens）和BMW等家喻戶曉的品牌。這些產業遍及全國，不僅為民眾提供穩定的就業機會，也推動了經濟成長。德國企業很清楚自己的社會責任，不願意惡待勞工或當地社區。某位老闆被問及是否會賣掉公司換錢的時候，他表示這麼做不僅會讓他「胃痙攣」，還會被貼上「懦夫」的標籤[42]。雖然全球經濟放緩（撰稿時也是如此）往往會重創德國的製造業，但企業依然盡其所能地長久留住員工；員工也願意共體時艱，接受工時變短或薪資凍結等短期犧牲方案。員工、老闆及至整個德國都遵守著某種協議。

德國和其他北歐國家一樣，企業不僅以勞工友善氛圍著稱，企業和工會的合作也廣為人知。公司必須設有職工委員會，參與薪資、公司治理等日常決策。大型企業的公司董事會也保障了員工代表的席次，讓他們能定期參與重大決策。相比之下，英國或美國企業的股東掌握絕大多數的決策，員工也無法直接發聲。德國員工占國民所得的比例比大多數的國家更高，而且不平等的情況也低於國際水準[43]。

說到勞力，德國金融產業的做法也截然不同。大多數的銀行都是地方銀行，而不是像高盛這樣的超大型企業，其中許多銀行的持有人是客戶本身。這就是所謂的「信用合作社」，這類的銀行仰賴跟社區維持長久關係，以強化銀行借貸給企業和家庭的功能。在二〇〇七年至二〇〇九年的金融危機間，全球沒有任何一家信用合作社需要政府紓困，它們的借貸也比「一般」銀行的波動性更低，因而成為更可靠的成長引擎。信用合作社跟降低區域的不平等息息相關，這正是德國的一大特色。這也許會讓地理位置不平等的英美兩國民眾羨慕不已[44]。有鑑於影響深遠的東西德統一仍讓許多民眾歷歷在目，雖然兩者之間仍存著歧異和怨恨，但德國在平衡區域經濟的表現上已是相當優異。

當然，德國也有不少問題。雖然舉世公認德國人非常守時，但是德國七零八落的火車系統卻不具備這項特質（但是並沒有比英國的火車更慘）。此外，德國跟全球各國一樣，不穩定的就業環境已成燃眉之急，導致不平等的現象越來越多。有一部分的證據指出，德國的勞工友善政策正一點一滴地被侵蝕，甚至最近這幾年也有人批評，董事會的員工代表人數太少，股東和管理階層憑藉多數股份就能推翻勞工的決策[45]。最後，雖然德國的銀行體系獲得好評，但是該體系仍無法防止德意志銀行等大型德國銀行淪為全球金融危機的重大受災戶[46]。

話雖如此，德國模式的成功清楚顯示我們可以改變做法，而非將現行的市場經濟當成自然發生或無法避免的結果。雖然我們或許能慶賀資本主義在物質層面有所進展，而且最嚴苛的形勢似乎已成過去，但是我們仍面臨一個緊迫的問題：我們能否在維持高物質生活水準之餘，繼續改善人們的處境？希望德國的例子已經說服你相信問題的答案絕對是「能」。提到經濟，我們時常缺乏創意和想像力。雖然目前的安排方式讓人痛苦不堪又荒謬至極，我們仍學著接受。德國人也不願對現狀感到自滿，他們樂於指出國家的問題，這很有可能就是德國歷久不衰的其中一個原因[47]。

倘若經濟的安排方式可以調整，我們就能回來討論「哪些人不可或缺」的問題，並討論目前的安排是否讓這些人獲得回報。在古代的文明世界，農夫和相關職業似乎形成了經濟的命脈，他們生產著人人所需的物品。以前的國王和封建領主直接向農民徵收一部分的穀物，卻只給予一點點的報酬，很難不稱之為剝削。這種做法幾乎就像是黑道收取保護費的暴利行為，被壓榨的老百姓只能換得一點安全感。然而，現代經濟似乎比這更加複雜，我們能找出大家究竟在仰賴誰嗎？

到底是誰在產生經濟？

英國新冠肺炎大流行期間，民眾每週四晚上八點都會齊聚一堂，為國民保健署鼓掌。這個舉動傳達眾人對醫護人員的感謝之情：在疫情仍是一片未知的時候，他們孜孜矻矻地輪班與之對抗。國民保健署的工作人員勇敢地對抗高傳染性的致命病毒，甚至為了拯救受苦的患者，時常不顧安危地手無寸鐵超時工作。後來，民眾的掌聲不僅獻給處境相似的照護人員，也向全國每一位必要工作者（essential worker）致意。

我對於「必要工作者」一詞稍微有點執著。幾十年來，我們總得忍受著令人困惑的論點，爭辯何人何事對經濟來說最重要。其中最普遍的論點是將每個人的經濟地位和社會貢獻程度畫上等號。照著這個邏輯，錢賺最多的人最有價值：優渥的薪酬就證明了他們值得這份待遇。你大可將其稱之為所得分配的「應得」（just desserts）觀點。二〇〇九年，高盛執行長勞依德・貝蘭克梵（Lloyd Blankfein）回應外界指控員工薪資過高時便傳達了這個觀點[48]：

我常聽到有人說高盛的待遇更高，但大家卻沒有提到我們的人均淨所得是同行平均的好幾倍。高盛的同仁是全球生產力最高的一群人。

基於這個簡單的公式，高盛的薪資沒什麼爭議的餘地，畢竟結果不證自明。如果你想知道他們的員工產能有多高，可以去查一查他們的營收，看一看高產力保證的薪資有多高。市場會說明自己的價值。

事實上，貝蘭克梵發表這段聲明之後不久，美國政府就在金融危機時期給予高盛一千兩百五十億美元（約台幣三兆八千億元）的紓困資金，但這件事似乎沒什麼人注意到。這場危機直接重創像高盛這樣的銀行，高盛甚至因為不負責任的行為遭罰五億五千萬美金（約台幣一百七十億元）。他們貸款給無力償還的借款人，再將這些貸款重新打包成半詐欺性質的複雜金融工具，只有少數人能理解。等到全面崩潰的時候，全球經濟產出因此損失數兆美元。你可能會覺得，貝蘭克梵在計算高盛及其員工生產力有多高的時候，應該也要考量這個資訊才對[49]。

當然，不是所有人都相信貝蘭克梵的說詞。大家都曉得銀行家很容易引來大眾批評，而且在全球各地的調查中，銀行家一直都是最不受人信任的職業之一；反觀醫護人員往往是最受人信任的其中一項職業[50]。民眾對有錢人的看法變得不一樣了，許多人都覺得最富有的人不僅領太多，而且還沒有繳納相對應的稅金[51]。然而，到了緊要關頭，我們仍容許這些說詞繼續存在。高盛也許在經濟體系占有一席之地，但是要稱其生產力最高，恐怕自信心得夠強大才行。我們已經明白市場所得會反映出背後數不清的歷史、法律和政治勢力。事實是：在我們眼中對人類最重要的工作，其待遇甚至離最好的薪資相差甚遠。

新冠肺炎辦到其中一件了不起的事情是：大家很快就明白，高盛或其他投資銀行的員工和醫療體系的工作者相比，前者並非「必要」。「誰是必要工作者」的大哉問終究還是取決於誰能提供我們生存和運作所需的商品與服務。大部分的人都能不假思索地在清單上列出十幾項人類維持身心健康所需的基本商品與服務。我們不用仰賴投資銀行提供身體所需的醫療、食物、住處、衣物和交通；我們甚至不用靠他們滿足心靈所需的娛樂、社交、教育、使命感。我們會尋找其他途徑來滿足這些需求。

關於「誰是必要工作者」的定義仍有爭論空間，而且會根據時空和地點而有所不同。舉例來說，Netflix 算是比較新穎的平台，而且對某些人來說，與其稱 Netflix 是生活必需品，倒不如說是讓人放縱的娛樂；話雖如此，也有人聲稱 Netflix 的員工是必要工作者。我預期絕大多數的人都很感謝 Netflix 等串流平台在疫情期間仍持續運作。疫情剛開始，老師和學童接獲通知要待在家裡，但在迎來第二波封城之後，民眾卻希望學生不要離開學校太久。大家對於這些職務的看法不一很合理，但他們看待農夫的時候倒不至於意見相左。

雖然還有一些模糊空間，但高盛的員工顯然站在必要工作者這一邊。我們可以對比銀行業務和交易的基本功能與投資銀行的不同，後者負責幕後工作，專門投資、分配資金給不同的企業和資產。即使少了這個部分的金融產業，我們仍能取得所需物資。比起留意投資銀行員工的罷工行動，大家更容易注意到火車罷工——這麼說一點也不為過。我並不是要摒棄整個投資銀行產業，視其為可有可無，我只是想強調我們可能放錯了優先順序而已。

事實上，我們的優先順序可能徹底顛倒了：我們獎勵非必要的經濟領域，卻讓必要的經濟領域飢腸轆轆。一篇關於美國必要工作者的調查發現，前線工作者（也就是需要親自前往現場工作的人）的薪資居然比平均少一五％[52]。上述工作包含醫生、護理師、倉儲人員、公車司機、餐飲製備人員、商店人員、建築人員和農夫。在疫苗問世之前，這些工作者感染新冠肺炎的風險遠比一般人高。他們通常是教育程度較低的非白人移民，而且主要是男性——不過，請注意這項調查是針對有薪工作，疫情期間女性負責大量的無薪照護工作並未包含在內[53]。

如果這些工作者都待在家裡，一再觀賞漫威電影，每天都去公園踢足球，變成超級厲害的瑪利歐賽車達人（資料來源：純屬虛構），現代世界將會無法運作。食物不會生長，也無法供應給我們，這會帶來災難般的後果。除此之外，娛樂設施和居家健身器材也無法運送，這樣我們就得努力想辦法充實自我。醫療體系也會崩潰，導致更多人生病和死亡。經濟和社會終究仰賴的是這些職業，他們都是必要的工作者。即使在某些情況下，其他人必須停下工作，甚至從事這些職業的人身處極大的危險，他們仍是不可或缺的角色。

疫情期間，不僅許多非必要工作者被迫放無薪假，還有更多人居家「辦公」，想當然爾，許多人對經濟感到憂心忡忡。大多數國家的ＧＤＰ下滑了十位數，人們不禁思索在產業萎縮、工人忘記所學的情況下，經濟是否會迎來長期衰退。確實在某種程度上，幾乎所有人都得回到工作崗位上，但奇怪的是，我們明明很容易認出生活中不可或缺的工作者，卻還是讓他們領微薄的薪資並惡待他們。反觀有人放了好幾個月的假，並未直接造成影響，但我們卻似乎獎勵了這些人。疫情期間，古時候統治者與被統治者之間的相似關係再次重現，令人難以忽視。

複雜的經濟體系

正如拉布在前文序言中的評論，醫療等具有社會價值的活動在當代的「經濟」討論中時常被擱在一邊，彷彿這些資源是我們負擔不起的奢侈品。然而，亞當．斯密等古典經濟學家則一再強調，我們所仰賴的工作者應該獲得體面的薪資，才能讓他們更加茁壯。這不僅是關乎公平正義的問題，而是經濟的必備要素。衣食無憂的高薪工作者不僅生產力較高，經濟狀況也會比較好。在亞當．斯密的年代，薪資高才能讓家庭好好養育子女，進而帶來長遠的正面效益，因為孩子長大會成為生產力高的公民。這對於醫療、教育、照護等活動來說非常重要，雖然這些活動不屬於市場經濟，但是為其奠定了重要根基[54]。

在現代英國，醫生和護理師的薪水幾乎都是由政府支出負擔，因此，納稅人是否該付他們薪水以及付多少的問題自然浮上檯面。政府開銷不論用在何處都得經過嚴格的民主審查，這一點無庸置疑。然而，我再次發現大家對公共支出的關注不僅比例失衡，而且還遺漏了財富拼圖的關鍵區塊。雖然大家常常認為，領公帑的人是唯一從他人稅金獲益的對象，但事實並非如此。我們所有人都受惠於公共衛生、教育，公帑出資的道路和交通工具讓我們可以上班上學，而且多虧司法和法院體系等制度，讓我們可以過著和平的生活。無論你是醫生、建築人員還是金融人士，你都能享有這些福利。

我得強調，我並不是說只有像醫生這樣的必要工作者才能在經濟中占有一席之地。事實上，經濟環環相扣，不同人、不同組織和科技在其中相互依存，所以要將其中一方分離出來是不可能的。無論是高盛的員工、德國汽車工會的成員，或是國民保健署的護理師，我們瀏覽這些人的薪資時會發現，他們的待遇反映出令人費解的多重經濟勢力，交織著過去與現在。既然穩定提升的生活水準是眾人努力的成果，那麼同樣地，許多人面對的種種困境也是大家造成的後果。

因此，古代和現代必要工作者的相似之處也只能幫助我們了解一點概念。醫生和護理師非常努力地工作，讓大家可以好好活著；在疫情期間，他們的辛勞達到顛峰。不過，他們也得仰賴先進又昂貴的醫療科技，這些乃是出自全球各地的專業工程師之手；而醫護人員經營的醫院是建築工人蓋好的，他們使用的設備和原物料更是完全不一樣。就連醫護人員也依賴著彼此：醫生若是少了護理師的支持，也無法治療那麼多患者；而且醫生和護理師雙方都得仰賴行政人員的幫助，讓醫院正常運作。少了這些因素的運作，整個體系將舉步維艱，甚至有可能全面崩潰。

我們稍早談到神祕的「知識」也是成長的要素，而知識也帶來了更多問題。醫學就是最完美的例子：以前的發明主導著這個領域，而發明人身故已久，無法主張其應得權益。抗生素是醫學史上的一項重大發明，在抗生素發行之前，即使是輕微感染也時常奪人性命。亞歷山大・弗萊明（Alexander Fleming）意外發現盤尼西林（抗生素的重要原料）時，他拯救了無數性命，至今我們仍繼續使用他的發明。像弗萊明或是愛德華・詹納（Edward Jenner，史上第一支天花疫苗的發明人）這樣做出偉大貢獻的人不可勝數，但他們皆已身故，無法再主張權益。

說到底，我們可能無法完全明白究竟是什麼創造了財富，經濟的問世依然是一個謎團。我們只知道，財富創造既複雜又變化多端，而且如今依然分配不均。我們應理解財富創造是大家共同建立的過程，一切未成定局，人人都有權利享受成果。可悲的是，跟非必要的工作者相比，我們反倒不太獎勵維持經濟必要性能的工作者。忽視醫療等服務的重要性只會讓我們大家變得更窮。

倘若經濟能用不同的方式定義，那麼近年來，經濟已經變成超級有錢人和大企業主導的天下。他們不僅掌控多到不成比例的資源，而且似乎已經滲透了我們生活的各個層面。換言之，全球各地尋求的經濟形態似乎正好與德國模式恰恰相反。在下一章，我想帶領大家參觀現代全球經濟的制高點，並同時記取本章的重要教訓：**財富是大家一起創造的，而且根據我們所選定的價值觀，做事的方式可以截然不同。**

第二章

為什麼有這麼多億萬富翁？

超級有錢人如何影響我們

對於生長在一九九〇年代和二〇〇〇年代的英國人來說，成為百萬富翁是多數人眼裡遙不可及的理想。雖然我來自中產階級的家庭，家境富裕的朋友也比較多，但是他們父母的收入也沒有達到百萬富翁的水準，一年的收入大約都介在三萬到五萬英鎊（約台幣一百二十五萬到二百萬元）之間，最貴的房子大約值五十萬英鎊（約台幣二千萬元），而且還有一筆可觀的房貸在身。沒有人認識百萬富翁，如果有人碰巧遇到一位的話，還會把這件事情拿來說嘴一番。雖然很難想像擁有百萬英鎊（約台幣四千萬元）的滋味，但這也變成某種抱負。我跟當時大部分的孩子一樣，希望長大之後能當有錢人。

如今我還是沒有賺到第一桶金，但就算賺到了，現在這種事也不足為奇。百萬富翁的人數飛快成長：在二〇〇〇年到二〇二二年間，全球百萬富翁的人數翻了四倍，一共是六千兩百五十萬人，總財富也從四十一兆美元（約台幣一千三百兆元）漲到兩百二十二兆美元（約台幣七千三百兆元），成長速度遠比通貨膨脹更快。最近已經很少提起百萬富翁了，一面是因為人數暴增，另一面則是因為他們如今在經濟階梯的位置也變低了。雖然大部分的人還是很樂意成為百萬富翁，但這已經不再是重大成就了。如今億萬富翁和他們持有的企業一手掌握了經濟局勢。

我剛出生的時候，全球億萬富翁只有兩百七十三位，所有人的身價加起來值五千八百二十億美元（約台幣十九兆元）。到了二〇二四年，億萬富翁共有兩千七百八十一人，身價總值為十四．二兆美元[1]（約台幣四百六十六兆元）。倘若億萬富翁的身價成長速度跟通膨一樣，那麼他們的財富將會剩不到現在的十分之一[2]。你大概也料到美國的億萬富翁人數居冠，一共是八百一十三位；中國次之，一共是四百零六位；接下來依序是印度、德國和俄羅斯，這些國家的億萬富翁人數都超過一百位。雖然巴西排名第七，東南亞和中東國家也有不少人上榜，但是億萬富翁仍主要集中於西方國家。不過，東南亞和中東的億萬富翁人數也會隨著時間增加[3]。

大家也會發現流行文化的焦點逐漸從百萬富翁轉移到億萬富翁身上。一九九〇年代，《辛普森家庭》（The Simpsons）剛開播的那幾年，內糊（Springfield）的首富郭董（Mr Burns）時常被人稱為「百萬富翁」。想當然，他坐擁數百萬的財富，而且在某一知名集數，他在一場籃球比賽跟另一位「百萬富翁俱樂部」的成員打賭一百萬美金（約台幣三千二百萬元）。在千禧年之後不久，郭董就被改口稱為億萬富翁。二〇〇八年，郭董參加了一場「億萬富翁營」，馬克·祖克柏（Mark Zuckerberg）、比爾·蓋茲（Bill Gates）、理查·布蘭森（Richard Branson）等人物也有參與。那一集結尾的轉折足以說明一切：郭董的淨資產稍微縮水，略低於十億美元（約台幣三百二十億元），結果他受到處罰，被送往百萬富翁營，最後他大聲驚呼道：「乾脆殺了我吧。」

人們並不太了解百萬富翁和億萬富翁之間的差別。也許有一部分是因為人類比較缺乏理解龐大數字的能力，畢竟綜觀歷史，大家在日常生活中也不需要經手好幾百萬的金錢，數十億就更不用說了；也許還有一部分是因為以大多數的語言來說，這兩個詞長得很相似，所以我們就以為等級也很相近。然而，兩者的龐大程度其實截然不同。如果你大聲地從一數到一百萬，你只需要花上一週的時間；但是如果你要從一數到十億，你得花三十一年才數得完。成為百萬富翁僅僅代表你可以過著享受特別待遇的舒服生活；但是成為億萬富翁就代表你的權力和影響力勝過大多數的國家，而且生活在跟其他人完全不一樣的世界。

大家往往會誤解成為億萬富翁的涵義。這些人的淨資產並非以銀行戶頭裡的金額計算，而是綜合他們企業的市值、投資、財產以及私人的財富而得。評估財產和企業的價值總是困難重重，主要是因為價值天天變動，在股市甚至是每個小時都有變化：傑夫．貝佐斯（Jeff Bezos）（亞馬遜公司創始人及現任董事長）的財富曾在一天之內暴增一百三十億美元[4]（約台幣四千二百億元）。如果億萬富翁要變賣財產，並且全部換成現金的話，那就會是一段漫長且痛苦的過程。他們可能最後會發現自己身上的錢跟《富比士》（Forbes）富豪榜上的估值相差甚遠。這也就說明為何估值偶爾被人稱為「未實現收益」（unrealised gains）：這些都只是估算的金額，所以會比銀行帳戶裡的錢更難以捉摸。

我並不是要輕描淡寫他們超級有錢的事實。基本上，億萬富翁無論想得到什麼，他們都能拿到手，像是快速的私人交通工具，可任意前往世界各地、所到之處都有好幾棟私人住宅、美食和高品質的娛樂設施、其他有錢有權者的聯絡管道，以及一大批隨時滿足他們所需的員工。最後一點也許就是區分百萬富翁和億萬富翁最關鍵的因素。只要億萬富翁做出選擇，他們都能調動幾近無窮的資源，追求制定好的計畫，並且讓它成真；不論是商業、慈善，或是個人的異想天開皆然。

在這些情況下，未實現收益其實比偶爾展現出來的模樣更接近現實。馬斯克決定用四百四十億美元（約台幣一兆四千億元）收購推特（Twitter）的時候，他能用自身的財富作為借貸的抵押品。他的擔保資產和公司讓華爾街同意借他一筆難以想像的鉅款。當時喜劇演員崔佛・諾亞（Trevor Noah）對此評論道，政府威脅要向億萬富翁徵稅的時候，這些富翁都會說他們的財富尚未實現，根本沒錢。但是當他們想花幾十億來實現自己中意的點子，忽然間就變得「超級有錢」[5]。比起億萬富翁奢華的生活方式，我更想著重探討這個面向，畢竟這對你我的影響非同小可。

億萬富翁不好嗎？

億萬富翁的崛起是現代經濟最明顯的特徵之一。不論是貝佐斯和亞馬遜、比爾・蓋茲和微軟，又或是馬斯克和他數不清的計畫，億萬富翁和他們龐大的企業已經成為經濟不可或缺的一部分。我們每天都會用到他們的產品，並且在使用的過程中付錢給他們。我們不僅看到他們提出各種改革全球健康的計畫，也見證他們掌控了媒體和社群媒體平台，或是送人類上外太空。看樣子不僅是經濟，就連我們的日常生活也逐漸任由少數人擺布。我們必須問一句：這樣是好事嗎？

你可能從未聽過貝納德・阿爾諾（Bernard Arnault）這個人。他所累積的財富將近兩千億美金（約台幣六兆五千億元），時常登上世界首富之位。阿爾諾是知名時尚帝國路易威登（Louis Vuitton，簡稱ＬＶ）的老闆；而ＬＶ集團共計持有七十五個品牌，包含家喻戶曉的Dior、Stella McCartney和Tiffany & Co.。自從阿爾諾從一九八〇年代接管ＬＶ集團以來，該集團斥資五百億美元（約台幣一兆六千億元）收購數十個品牌，集團的營收也增加了二十四倍，阿爾諾的私人財富也水漲船高。ＬＶ集團的規模是德國最成功的汽車製造商賓士（Mercedes）的五倍大[6]。由於阿爾諾專門做惡意收購（hostile takeover），收購完再裁員數千人。這種好鬥的商業風格也讓他獲得「披著羊絨大衣之狼」（wolf in cashmere）的稱號。

法國紀錄片《謝謝老闆》（Merci Patron!）紀錄了法國北部一群被裁員的ＬＶ員工，以及他們採取爭取賠償，避免住宅遭強制收回的行動。他們的工廠關閉之後，有人甚至選擇輕生。看見那個區域變得如此荒涼，以及前員工有多麼無助，不禁讓人深深感嘆。在紀錄片較前面的片段，一對失業夫婦談到，他們「不吃東西」，但還是想辦法「在聖誕節做了三明治吃」。過去他們擁有穩定的工作，在ＬＶ集團的旗下品牌生產相對平價的服飾。然而，隨著全球富人與日俱增，阿爾諾將重心轉移至奢華商品，一面提高商品價格，一面將工作機會遷往海外。保加利亞的新員工生產著一件要價一千美元（約台幣三萬元）的外套，但他們生產一件外套的工資卻只有三十美元（約台幣九百八十元）。

某種程度上，阿爾諾的形象和像馬斯克這樣的人形成強烈對比，後者的爭議更加明顯。阿爾諾在法國相當知名，但如果考量到他時常和馬斯克在《富比士》富豪榜輪流坐上首富寶座，那麼他的名聲可說是比較低調了。馬斯克以他的怪誕計畫聞名於世，像是：太空旅遊，在拉斯維加斯底下開挖隧道，收購推特等等——這還只是其中幾個例子而已。跟馬斯克相比，阿爾諾顯得更加謹守本分且低調。從很多方面來看，他的故事就像是現代巨型企業常見的標準劇本：收購其他企業，把它們剝一層皮來賺取利潤，並在過程中壓榨員工和消費者。即使「披著羊絨大衣之狼」的手段更上一層樓，他和 LV 集團的故事也沒那麼令人震驚。

阿爾諾和馬斯克兩人乍看之下也許不同，但其實他們很相似。我們想到億萬富翁的時候，時常以規模大小衡量他們的財富和企業，但我會建議你從「掌控」的角度衡量二者。你在《富比士》富豪榜上看到那些難以理解的龐大數字，其實都是達成目標的一種手段。億萬富翁想要壟斷市場，打造自己的經濟帝國。這讓他們不僅可以掌控自家企業與員工，也能掌控整個產業，甚至範圍更加廣闊。他們對控制權的追求至終都會變成權力的追求，進而影響我們眾人。

我們很容易看出億萬富翁追求控制與權力，因為他們會先從自家企業開始。如果有看過電影《社群網戰》（The Social Network）的話，你就會知道祖克柏的臉書共同創辦人兼「好友」愛德瓦多．薩維林（Eduardo Saverin）發現臉書發行新股之後，他的股份價值下滑，但是祖克柏和公司其他人卻不受影響。薩維林遭人算計買了摻水股，導致他原本持有的龐大股份逐漸消失，公司的控制權落入祖克柏和其他人手中。

雖然其他億萬富翁不見得總是這樣暗算他人，但其中多數人能擁有現在的地位，往往都是做了大部分人眼中很失禮的行為。一九八四年，阿爾諾與另一位高階主管亨利・拉卡米爾（Henri Racamier）聯手推翻 LV 集團的老闆暨共同創辦人艾藍・舍瓦利耶爾（Alain Chevalier）。一九九〇年，阿爾諾歷經一場漫長艱辛的法庭大戰之後，也把前盟友拉卡米爾趕下台，自己成為整間公司的大老闆。如今他已掌權三十多年，而且似乎有意培養子女在他退休後接管公司。這是一場真實上演的《繼承之戰》（Succession）[7]。

馬斯克跟阿爾諾一樣，私下為了權力不擇手段，喜歡一人掌控大局。一九九九年，馬斯克的公司 X.com 和億萬富翁彼得・提爾（Peter Thiel）的公司 Confinity 合併。公司合併之際，提爾已經創辦了 PayPal，他們也決定新公司的名稱以此命名，一部分的原因是消費者以為 X.com 是色情網站（馬斯克因此學到教訓，真是好事一件）。即使董事會對馬斯克的表現相當不滿意，他仍緊抓著執行長的位子不放。後來，在一場「惡意的政變」當中，他被迫辭去執行長一職。然而，他仍持有公司龐大的股份，甚至 eBay 在二〇〇二年收購 PayPal 的時候，他帶著一億八千萬美金（約台幣五十九億元）離開公司，這筆資金幫助他買下了特斯拉（Tesla）[8]。

事實上，馬斯克並不是電動車公司特斯拉的創辦人，而是後來收購該公司的投資人。特斯拉汽車原本是馬丁．艾伯哈德（Martin Eberhard）和馬克．塔彭寧（Marc Tarpenning）在二〇〇三年共同創辦的企業，兩人皆發聲反駁馬斯克堅稱自己是創辦人的說詞[9]。由於在 PayPal 學到了教訓，馬斯克這次先把理解他、支持他的人擺在身邊，之後再想辦法掌控公司[10]。塔彭寧最終向馬斯克提出訴訟，控告他驅逐原本的創辦人。後來雙方在庭外和解，而且還達成一個奇怪的協議：馬斯克如今可以合法稱自己是共同創辦人，此舉徹底改寫了歷史[11]。這起事件的重點並不是馬斯克毫無成就或貢獻可言，而是他不僅相當執著於登峰造極，而且也堅持徹底掌控自己精心打造的計畫。

掌控之爭

掌控公司只是第一步。確立公司的控制權之後，接下來就是馬不停蹄地擴張。許多跨國企業的規模和業務範疇皆不停擴大，將無數的企業和業務納入麾下，直到徹底掌控整個產業。正如提爾本人所言：「只有輸家才會相爭。」臉書收購了 Instagram 和 Whatsapp，Google 收購了 Youtube 和安卓（Android），微軟買下了 Skype 和 LinkedIn，各自朝向業界巔峰邁進。這個現象並不僅限於科技產業。阿爾諾的LV集團是全球最大的奢侈品集團，占據二〇二三年四分之一的全球奢侈品市場。LV旗下的產品相當多元，有香水、服飾、包包、珠寶、化妝品和美酒。他們不僅掌控了百分之百的配銷通路，並且也對自家產品定價擁有百分之百的決定權[12]。

自從一九八〇年代以來，企業併購的相關法規已經鬆綁許多，因此，像阿爾諾的帝國這樣的例子變得越來越常見[13]。一九九〇年的電影《麻雀變鳳凰》（Pretty Woman）描述新舊資本家之間的衝突：老一輩的家族企業資本家（由拉爾夫・貝拉米〔Ralph Bellamy〕飾演）相信他的造船公司能打造更好的未來；但新一代的金融資本家（由李察・吉爾〔Richard Gere〕飾演）一心只想著致富，為了達成目標，他欣然收購多家企業，但是對這些公司的歷史和生產的商品毫不在意。正如在《謝謝老闆》紀錄片中，一位工會代表對阿爾諾的評論是：「他只是想把自己的公司搞得四分五裂而已。」

反壟斷法是為了防止寡頭企業過度擴張或濫用權力而生。在二十世紀，這些法規主要著眼於整體市場，調查某些公司是否過於龐大或是利用權力壓制競爭對手。道理很簡單：如果池塘裡的大魚太多，他們就會主導局面，不僅對小魚（例如你我）不利，甚至有可能會危害池塘的生態。保障經濟體系的健全就好比維護生態系的健康，不應讓任何一方主導全局。對於大公司來說，主導地位意味著市場大多數的交易都跟他們有關，他們可以抽手續費，壓榨小公司，用高價狠賺消費者一筆，並且剝削勞工。

十九世紀晚期，美國參議員約翰．休曼（John Sherman）成為最先提出反壟斷法的先驅。休曼主要瞄準的企業是石油和鐵路公司。石油的發現帶來了照明、溶劑和引擎方面的重大成就。同時，這也讓約翰．洛克斐勒（John D. Rockefeller）等持有者獲得龐大的財富和權力。洛克斐勒和鐵路公司達成特別協議，獲得大打折的優惠價格，大量的石油以火車運送。在克里夫蘭大屠殺（Cleveland Massacre）[14]中，他買下了該城絕大多數的煉油廠。最後，他控制了美國超過四分之一的石油產量[15]。

洛克斐勒的標準石油公司（Standard Oil）背地裡的越界行為包含操控價格、暗中監視競爭對手等等。《休曼法案》（Sherman Act）問世後，憑藉反競爭行為建立寡頭企業的標準石油被分成三十四家子公司[16]。不過，真正涉及利害關鍵的大問題並不是標準石油犯下的特定錯誤（但這些事情確實非同小可），而是該公司起初在市場上的主導地位。一八九〇年，休曼質問寡頭企業家的權力和控制權，總結了他的立場：

> 倘若我們無法忍受國王擁有至高無上的政治權力，那麼我們也不應容忍有人一手掌控生活必需品的生產、運輸和銷售。我們既然不願向帝王臣服，那麼也不應該屈服於貿易的獨裁

者，讓他有權干預競爭、操控大宗商品的價格。

這份理念基本上主導了二十世紀的壟斷規範。然而，在過去幾十年來，反壟斷法的邏輯已經徹底改變了[17]。如今監管機構更關切消費者是否能買到夠低的價格，比較不在意特定企業是否主導了產業。這個觀點認為反競爭行為會反映在遠高於成本、剝削顧客的價格上。由於競爭迫使企業必須調降價格，因此高價就代表公司根本不受競爭影響。倘若公司沒有提高價格，那就沒什麼好擔心的：競爭依然運作得好好的。

過度關注消費者物價的做法反而忽視了廣大的市場生態系。在主導市場的潮流之中，最明顯的例子大概非亞馬遜（Amazon）莫屬。該公司一手掌控著息息相關的多種產業，控制程度可說是前所未見。一九九〇年代，貝佐斯以線上賣書起家。有一張知名的照片是他在車庫中推著超市的購物車，裝運書籍訂單，那裡就是他剛開始的工作空間。這張照片常用來提醒大家，業界翹楚也是從白手起家做起，而且皇天定當不負苦心人。不管這種說法有幾分真實，也姑且不論貝佐斯的努力和精明到什麼樣的境界，亞馬遜顯然已經發展成不得了的大企業，遠遠勝過這張美化的照片。

法律專家琳娜·珂涵（Lina M. Khan）概述亞馬遜的成長策略時表示：「貝佐斯當初規畫公

司成長的時候，他似乎先畫出一張反壟斷法的地圖，再設計出順利繞過法律的路線[18]。」歷經二〇〇〇年代初期的快速擴張之後，亞馬遜開始銷售電子產品、玩具和工具。如今你想得到的產品，亞馬遜幾乎都有賣，而且也生產了其中不少商品，包含書籍出版在內。亞馬遜的串流服務、貸款業務和無與倫比的運輸及物流網絡更是不在話下。亞馬遜和LV一樣，部分能力靠自己發展而來，但大部分是靠收購其他公司辦到的。

貝佐斯早期選擇賣書的動機能幫助我們了解他希望亞馬遜如何運作。原因並不是他很喜歡書，根據他的說法，真正的原因是：「書籍的種類是最多的[19]。」全世界最大的圖書館大概可以收藏十五萬本書，但是網路書店的書庫可以容納數百萬本書籍。貝佐斯看到網路正以驚人的速度成長，再結合全球的書籍總量，網路書店的成長潛力將會無可限量。一九九七年亞馬遜成立之後，貝佐斯打造一座藏書完整的圖書館願景就已經實現了。亞馬遜每年的成長率均超過二〇％，這個數字相當驚人。

亞馬遜的商業模型相當耐人尋味。雖然亞馬遜成長驚人，但是公司長期以來只能賺取微薄利潤，或者完全賺不到錢。雖然我不是經營企業的專家，但是我能告訴你，成功的企業通常不會這樣。華爾街的分析師曾有很長一段時間認為貝佐斯正在蓋一座紙牌屋，但投資人卻還是繼續挹注資金。結果在二〇一〇年代的後半期，亞馬遜開始穩定獲得上百億的利潤。貝佐斯也從這個時期開始稱霸富豪榜，他的私人財富穩定維持在一千億美元（約台幣三兆二千億元）以上。二〇二〇年各國封城的時候，網路購物成為許多人唯一的選擇，於是亞馬遜的利潤暴漲。不過從那時起，亞馬遜的利潤已經回落到比較「正常」的水準了。

二〇〇八年，嬰兒用品供應商 Diapers.com（官網已關閉）迅速成長；這家公司的例子可以清楚說明亞馬遜支配市場的程度。當時亞馬遜提議收購 Quidsi，也就是 Diapers.com 和其他居家用品網站的母公司。Quidsi 走下坡的時候，亞馬遜創造出一套演算法，不僅可以追蹤 Diapers.com 的商品，還能把自家商品的價格自動調降到比他們更低，某些商品甚至比 Diapers.com 的價格低了三〇%。亞馬遜也推出「Amazon Mom」計畫，提供回購折扣和免費的 Prime 會員資格。Quidsi 最終承受不住這份壓力，答應亞馬遜的收購提案。結果亞馬遜迅速調漲價格，終止「Amazon Mom」計畫。Quidsi 最後也關門大吉[20]。

由此我們不難看出貝佐斯擴張公司規模和業務範疇的策略如何運作。潛在的競爭者不是遭到收購，就是被擠出市場，如此一來，從書籍、尿布到玩具市場，通通都是亞馬遜的天下。不少公司試圖跟亞馬遜競爭（例如：線上販售玩具），但是他們多少都得用到亞馬遜建立的基礎設施來打廣告或是運送商品。早期在亞馬遜工作的員工認為貝佐斯真正的目標並不是成立一家線上書店，或是成為線上零售商，而是打造出商業必備的「公用事業」。即使亞馬遜十幾年來獲利微乎其微，投資人仍持續下注，因為他們認為亞馬遜的策略至終會獲得回報。

毫無疑問，許多亞馬遜打造的基礎設施都令人驚嘆不已。二十年前，大家很難想像幾乎所有商品都能當天配送，也想像不到各式各樣的電影與節目竟能串流播放。更不用說這些都整合進亞馬遜本身的製造能力。然而，當初休曼設計反壟斷法的背景正是鐵路和石油大亨打造出驚人的基礎建設，他們負責的產業也大大地幫助民眾和經濟發展。休曼本人指出，這並不能為大亨持有的權力和掌控權提供正當理由。從這個面向來看，貝佐斯對「公用事業」的概念相當耐人尋味；畢竟大家通常都認為公用事業非常重要，不能允許私人毫無拘束地控制這些事業。

亞馬遜確實維持著壓低的價格，也提供消費者各式各樣的產品，符合了現代的反壟斷法要求。我們對亞馬遜的服務嘖嘖稱奇，但是卻不知道成千上萬的潛力創新可能都是源自像 Quidsi 這樣的公司，結果公司卻被人大肆收購，永遠無法自由發展。我們也不知道像 Jet.com 這種和亞馬遜平起平坐的競爭對手，事業發展的結局竟是被零售業的巨頭沃爾瑪（Walmart）收購。未來的經濟局勢恐怕只剩現存的大型企業在檯面上競爭。不過，有件事值得一提：就連沃爾瑪的線上事業也無法撼動亞馬遜在線上市場的地位。

美國和歐盟採取的反壟斷做法相當不同，歐盟較嚴格的規範讓許多大型科技公司感到惶惶不安。二〇二三年，歐盟通過了《數位市場法》（Digital Markets Act），迫使蘋果、Google 和亞馬遜等企業不能繼續在自家平台偏袒自家軟體，從應用程式、支付軟體到搜尋引擎，無一例外。歐盟的反壟斷負責人瑪格麗特．維斯塔格（Margrethe Vestager）呼籲「公平」的數位市場，並表示這些法規將防止大型的「守門人」（gatekeeper）企業削弱競爭[21]。珂涵本人也在美國帶頭發起倡議，盼能立法執行相似政策[22]。

馴服網路

一九七六年，微軟（當時還是新創公司）的創辦人比爾．蓋茲發表了一封知名公開信，向電腦界抱怨他和同事的作品並未得到足夠的報酬：根據他的計算，他們每小時的工資只有微不足道的兩塊美金。他們編寫出廣為使用的程式語言BASIC[23]，雖然他們把這個程式語言賣給某些人，但其他人卻立刻抄襲並免費使用。他稱未付費使用者為「愛好者」（Hobbyists），明言譴責他們的剽竊行為[24]。從那時起，比爾．蓋茲成功將軟體變成有利可圖的事業，他也因此成為全球首富。到了二〇一八年，貝佐斯才超越他登上首富寶座，在那之前的二十四年有十八年都是由比爾．蓋茲穩坐首富大位。比爾．蓋茲的成就大大揭示了過去幾十年來經濟（尤其是數位產業）如何被重新建構。

自從基本理念改變之後，美國的反壟斷法雖然顯得比較無力，但還是有一些針對大型企業的重大案件。其中一件最知名的現代反壟斷案件就跟比爾．蓋茲與微軟有關。一九九〇年代的微軟跟現代的科技巨頭情況相似，當時的微軟被指控其作業系統偏袒自家軟體。說得更具體一點就是Internet Explorer（一款惡名昭彰的網頁瀏覽器，微軟後來也放棄使用）被自動安裝為預設瀏覽器，而且很難更改設定。當時廣受大眾喜愛的競爭企業網景（Netscape，也就是Firefox的前身）屢次遭到排擠，而且其他公司也指出微軟向他們施壓，要求他們放棄使用網景。法院雖然裁定將微軟拆成兩家公司，但是這項裁定在喬治．布希（George W. Bush）總統任內被推翻，因此微軟從未分家。

科技業的例子能幫助我們清楚認識現代的寡頭企業及其背後的億萬富翁（我們這一代的石油大亨），這不僅是因為科技業很重要，最主要的原因是它的歷史和獨特的機制。網路一開始是美國政府於一九六〇年代建立，好讓學者和研究人員可以彼此分享資料。當時雖然大多數人無法使用，但網路基本上是花費公帑打造的免費內容分享平台。網路是為了特定目的而生：幫助一群致力改善人類生活環境的工作者能互相交流知識和資訊。

虛擬世界中，有一部分的自由是基於軟體擁有經濟學家所謂的「零邊際成本」（zero marginal cost）。製造某物的「邊際」成本指的是多生產一個單位的成本。舉例來說，製造電腦一定會需要實體零件和勞力，所以多生產一台電腦就得花更多錢。然而，換成製作軟體的話，雖然一開始會需要投入勞力和一台專用電腦，但是等到基礎軟體完成之後，生產無數個副本也幾乎不花半毛錢——就像複製和貼上檔案一樣。更何況不少社群都很樂意自願維護及更新軟體，至今仍是如此，現在也有許多免費開發和維護的程式供大家下載。（如果你以為我會列出這些免費程式，好讓這些程式停用的話，那你就想錯了。）

最初使用網路的學者其實不太想跟一般人分享這個工具，但你應該也不會為此感到訝異。隨著電腦越發普及，熱心的業餘人士不眠不休地開發出人人都能使用的軟體。不少熱衷分子都認為一九七〇年代到一九九〇年代是網路的黃金時代：大家自由分享程式碼、數據、檔案和軟體。全部都是「開放原始碼」（open source）：對所有人都是開放透明的。因此，任何人都能輕鬆地加以修改並調整。你不一定清楚究竟是誰負責管理某個程式，擁有電腦的人幾乎可以免費取得所有資料。網路和其他軟體都是集體開發與維護的資源，有點像是一座數位水池。由於當時網路是一項新科技，人們得具備較高的電腦技能才會使用，不過，最主要的理念就是將網路視為一個共同體，金錢在其中幾乎毫無地位可言。

但是比爾．蓋茲並不認為這是黃金時代，所以他才會寫下那封語氣激烈的公開信。結果這封信遭到網路社群駁斥，他們表示比爾．蓋茲低估了自己賺的錢，他會成名是因為大家免費分享BASIC，並強調他是透過美國政府資助的電腦開發軟體。話雖如此，我並不是要說一九七六年的比爾．蓋茲沒資格為自己的付出贏得報酬，重點是比爾．蓋茲透過這封信傳達的訊息以及他後來的做法。在那之後，他強硬地施加限制，確保微軟能掌握哪些人使用什麼服務，以及用戶何時需要付費。

智慧財產權：萬惡的根源？

正如經濟學家迪恩．貝克（Dean Baker）所言，我們若生活在網路開源的鼎盛時期，那麼微軟及其各式各樣的衍生程式都能免費複製並分享。若是如此，比爾．蓋茲就不可能像現在這樣有錢，所以他才會努力阻止別人這麼做。倘若少了法律開罰或監禁未付費就重製軟體的人，比爾．蓋茲就無法擁有現今控制市場的合法權力。雖然比爾．蓋茲看起來特別保護自家軟體，但是已故的史蒂芬．賈伯斯（Steve Jobs）和蘋果公司，以及賴利．佩吉（Larry Page）、謝爾蓋．布林（Sergey Brin）和Google的狀況也很相似[25]。

上述提到的限制就是所謂的智慧財產權（Intellectual Property，簡稱ＩＰ）。智慧財產權主要分成兩個類別：版權（copyright）和專利（patent）。版權的意義正如其名所示——防止民眾直接複製他人作品，其主要的應用領域是藝術界。紅髮艾德（Ed Sheeran）的排行榜熱門單曲《Thinking Out Loud》被拿來跟馬文．蓋伊（Marvin Gaye）的《Let's Get It On》比較時，紅髮艾德遇上了麻煩。大家沒想到這兩位歌手竟同時被人提起，本來也不應出現這種情況。兩首歌曲雖然有些相似之處，但法院最終裁定紅髮艾德並未直接抄襲，因為很多歌曲也使用了類似的和弦[26]。由於版權法需要證明某人直接抄襲他人作品，所以往往執法不易。

但是專利不太一樣。專利是為了保護實體發明而生，所以舉例來說，某位工程師如果發明特定形狀的汽車排氣管，那他就可以規定別人不能模仿他的設計。專利法和版權法最主要的差別是：專利不必證明抄襲行為是故意為之。只要排氣管申請了專利，你就不能使用相同的排氣管。因此，專利法比版權法更容易執行，而且專利已然成為企業帝國的一大支柱。專利也擴及軟體設計領域，這也正是比爾．蓋茲從事業獲利的其中一個管道。兩種類型的智慧財產權都有固定的保護期限，可從十年到一百年不等。自十九世紀專利的概念問世以來，兩者平均的保護期限也不斷延長[27]。

如果你認為智慧財產權法立意良善且不可或缺，自然再合理不過。畢竟，有人打造獨特的發明，或是辛苦創作出令人讚賞的藝術作品，豈不應該獲得報酬？但問題是：雖然理論上智慧財產權應保護弱者免受強者欺負，但實務上情況卻往往相反。令人諷刺的是，透過智慧財產權法化身為卡通大反派的就是迪士尼。他們不讓一名悲痛的父親把蜘蛛人（四歲兒子最喜歡的超級英雄）刻在孩子的墓碑上。迪士尼的理由是，把蜘蛛人刻在墓碑上就無法維護這個角色的「純真」與「魔法」[28]。雖然迪士尼最終在大眾的反彈聲浪中選擇讓步，但其實還有成千上百個相似的案例，受惠對象是企業，而非一般老百姓。

比爾・蓋茲是高智發明公司（Intellectual Ventures, IV）的主要投資者。微軟雖然有缺點，但確實有生產商品，而高智發明則是專門收購其他企業的專利，並向使用這些專利的公司收費。根據他們的說法，高智發明並不製造商品，而是投資「創意本身」。大家可能會誤以為這是傳統的投資，也就是為發明家和創新人才提供資金，但其實並不然。高智發明只是購買製造技術的法律許可，並出售或租賃給其他公司使用[29]。以專利索賠為由騷擾其他公司的企業就稱為「專利蟑螂」（patent trolling），而高智發明並不是唯一一家。以美國的專利案件來說，通常是公司使用了某些技術，結果被要求支付數十億美金。提出訴訟的公司甚至往往不是發明技術的公司，也沒有在使用這些技術[30]。

軟體有一個很有趣的現象：軟體的收費其實更加困難。因此原本的網路是完全免費的，建立有效的系統來防止人們下載軟體（除非他們付費）花了很長的時間。年過三十的人大概都還記得一九九〇年代和二〇〇〇年代網路上的貓鼠遊戲，當時公司再三試著強制插入廣告和付費牆，結果都被阻擋廣告並繞過付費牆的開源軟體破解。如今，平台管制更加嚴格，而且公司也成功讓大家付費購買音樂、軟體、影片、儲存空間、podcast、電子書，如果我們不掏腰包的話，也得忍著看完大量廣告。雖然還有一些開源軟體能繞過付費牆（前提是你知道去哪找），但是數量越來越稀少，而且不如之前有效。（幹嘛往下讀這行字？我都跟你說了，我不會講出這些軟體的名字。）

貝克估計智慧財產權大約讓美國人民花了一兆美元（約台幣三十二兆元），好購買軟體、藥品、肥料和殺蟲劑等等。這些商品都受到法律全方位的保護，禁止他人抄襲「配方」。因此，各行各業如今都有智慧財產權，但是智慧財產權徹底改變了科技產業。多年前，政府會資助電腦和電纜的硬體基礎設施，許多熱心分子致力於提供免費服務，盡可能給多一點人使用。但是現在，大家要使用重製零成本的服務，就得付錢給少數人和企業。我們因此變得更窮[31]。

為億萬富翁賣命

在一支尷尬的影片中，已故的賈伯斯坐在台上，身邊擺著一台電腦，他正試著打開攝影機，但似乎陷入了困境，後來有一名觀眾禮貌地建議他「滑動再放開」。賈伯斯回應他確實這麼做了，接著聳肩表示攝影機還是沒開。這時，他忽然把攝影機丟給（或者砸向）那位觀眾，對他說：「給你吧……我們就讓專家來看看他能不能打開。」賈伯斯對周圍的人（尤其是他的員工）暴躁無禮眾所皆知。這段影片中，他看起來很不耐煩。在展示會上因為科技無法正常運作而感到挫敗是人之常情，但是對無辜的旁觀者發火，這在大多數人眼裡是相當糟糕的人格特質[32]。

最知名的億萬富翁以不擅與人相處聞名。報導指出，比爾．蓋茲小時候是個相當自以為是的人，父親曾因為他對母親無禮而潑了他一杯水。結果十二歲的比爾．蓋茲回應：「感謝你幫我沖澡[33]。」幾十年後，比爾．蓋茲在微軟的反壟斷證詞上依然展現出類似的特質，假裝自己不知道「關切」和「支持」等日常用語是什麼意思，進而拖延時間[34]。接替比爾．蓋茲擔任微軟執行長的史蒂夫．巴爾默（Steve Ballmer）也是一名億萬富翁。據說某位員工跟他說他們要離開的時候，他甚至扔了椅子[35]。億萬富翁基本上都想掌控周遭的世界，也想控制那些拒絕聽從他們想法的人，不論是父母、對方的訴訟律師或是員工皆然。

馬斯克曾表示，賈伯斯在某一場派對上對他「非常無禮」，雖然賈伯斯的行為難以原諒，但這也讓人想到一句成語：「半斤八兩[36]。」馬斯克對待員工的方式極度不公平，甚至從他創立第一間公司 Zip2（某種網路黃頁）就是如此。公司獲得大筆投資後便迅速擴張，並開始招聘員工。報導指出，新進員工一看到 Zip2 的程式碼，便抱怨馬斯克寫的程式很笨拙，導致問題更難解決[37]。雖然他們在這方面的經驗比馬斯克更豐富，但他不喜歡他們更改程式碼，甚至常常不告知工程師就撤銷變更。他們形容馬斯克是個很難共事的人，因為他採取微觀管理又無禮，如果員工沒有工作到晚上九點，他會「非常生氣」[38]。

特斯拉對待員工的方式也罄竹難書。員工常常被要求平日和週末工作十二個小時，幾乎沒有休假，還得頂著龐大的壓力達成公司訂下的嚴格目標。全美最大的工廠就是特斯拉在加州佛利蒙市的工廠，一共雇用了一萬五千名員工和承包商。佛利蒙工廠寬鬆的安全標準廣為人知，也釀成多起重傷事故。在某一場事故中，三名員工被鋁擠壓機燒傷住院；另一起事故則是一名員工的手套被扭力扳手夾住，導致他失去一節指頭；還有一起事件是一名員工患有腕隧道症候群，結果動了兩次手術之後，再也無法搬超過五十五磅（約二十五公斤）重的物體。《富比士》的調查指出從二〇一四年到二〇一八年間，特斯拉一共有五十四起安全違規事件，美國其他大型汽車工廠的違規事件全部加起來則是十八起，相比之下，特斯拉顯得相當不妙[39]。

特斯拉的員工顯然難以掌控自己的命運，而且各種剝削傳聞在工廠滿天飛。很多人害怕如果達不到公司嚴苛的標準，工作飯碗將會不保。這些標準似乎對某些員工的要求更高：非裔美籍員工指出，他在特斯拉遭受言語歧視、威脅和偷竊等種族霸凌[40]。然而，最令人憤怒的是種族隔離的工作環境，這些員工更有可能被分去做體力活。有一起事件是只有非裔美籍員工被要求跪在地上刷洗特斯拉的工廠地板。特斯拉也因為性別和種族歧視而吃上官司，女性員工明明忍受著言語和身體騷擾，但是卻因為害怕職涯遭殃而不敢呈報[41]。據說馬斯克曾對一名空姐猥褻，後來付給她二十五萬美元（約台幣八百二十萬元）的賠償金[42]。

億萬富翁與市場經濟

由於億萬富翁及其公司收購了新產業與智慧財產權等新權利，他們往往更能從員工身上榨取金錢和創意，而這些員工幾乎沒有其他選擇。這導致進一步的剝削，畢竟員工雖然知道自己應該值得更好的待遇，但是他們得仰仗公司才能獲得收入並拓展職涯。電影《蜘蛛人：離家日》（Spider-Man: Far From Home）的反派角色神祕法師（Mysterio）實際上是個憤憤不平的無名科學家，因為東尼．史塔克（Tony Stark，即鋼鐵人）剽竊他的創意，卻將功勞歸給自己。同樣的，我們往往將蘋果產品歸功於賈伯斯，但隨著蘋果不斷成長，賈伯斯的實質貢獻也越來越少。正如喜劇演員比爾．伯爾（Bill Burr）所言，其實是一群「無名科學家」執行賈伯斯的命令，他只要隨便丟出一個想法，像是「我想把我的音樂歌單通通放進那支手機，快去做！」這群科學家便慌慌張張地想辦法。

我並不是要把員工被剝削的困境全都歸咎於公司高層的人格缺陷。當然，這些人往往對身邊的人態度惡劣，而冷酷手段可能也是他們在競爭中脫穎而出的原因之一。這類人在高層的比例或許比其他地方更高。然而，這些企業高層幾乎從未真正接觸過大多數基層員工，但全球市場競爭的壓力卻不斷落在員工身上。就算億萬富翁非常善解人意，這種情況依然不變。早在十八世紀，亞當．斯密就很擔心資本主義和勞力分工對工人的影響[43]：

> 在勞力分工的過程中，大多數民眾以勞力為生，他們只能做一些簡單的工作，通常只有一兩項……一生只做簡單工作的男人……通常會達到人類最愚笨無知的程度……他對自身工作這麼熟練似乎是……犧牲智力、社會美德和軍事專長換來的。然而，在所有進步文明的社會，貧窮的勞動階層（大部分的民眾）必然會落入這個處境，除非政府竭盡全力防止這個狀況發生。

當一台機器的小齒輪令人感到疲憊、枯燥又乏味。從亞當．斯密在一七七六年撰寫上述論點後，現在的情況依然如此。貝佐斯雖然不像其他億萬富翁那樣以人格缺陷聞名，但亞馬遜卻在遙遠的地區建立龐大的倉庫。這些倉庫有個不祥的名稱，叫做「配送中心」（fulfilment centres）。大多數的倉庫都位於尚未工業化的城市，那裡的工作機會並不多。英國記者詹姆斯·布拉德沃思（James Bloodworth）曾潛入英國魯吉利（Rugeley）一座小鎮的亞馬遜配送中心。觀察這些中心的運作方式，就能讓人明白亞馬遜令人匪夷所思的高效率是建立在員工的重擔之上。

布拉德沃思的報導指出，亞馬遜的員工被要求每天工作十個半小時，幾乎沒有足夠的時間吃飯。員工不僅受到嚴密監控，而且他們使用的平板電腦會設定難以達成的目標，要是沒有達標就會被訓誡一番。這份工作的員工流動率極高，而且大多數人通常在一年內不是被解雇，就是自行離職，根本拿不到正式合約。更慘的是，承諾時薪七英鎊（約台幣二百九十五元）已經夠低了，負責招聘的仲介業者Transline還扣除了一大筆令人費解的費用[44]。布拉德沃思的報導指出，即使他清楚自己只是做幾個月而已，但是在亞馬遜工作的日子，他的身體和心理健康雙雙惡化。然而，許多人卻是永無止盡地做著這種工作。

組裝蘋果產品的臺灣公司富士康（Foxconn）在二〇一〇年發生十八起自殺未遂事件，引發國際社會強烈反彈。從那時起，富士康就在工廠外面設置防護網，避免超時工作的員工想不開。雖然富士康登上了頭條新聞，但它並不是唯一一家西方科技公司的供應商：好幾家臺灣公司也提供了類似的服務，工作環境也十分相似。雖然蘋果因為這起事件淪為政治攻擊的箭靶，但富士康也是惠普（Hewlett-Packard，簡稱ＨＰ）、Nokia、亞馬遜、英特爾（Intel）、Google和微軟等公司的供應商。截至撰稿時間為止，維基百科的資料顯示富士康最近一起自殺事件發生在二〇一八年。賈伯斯曾形容富士康的工廠「相當不錯」[45]。

但是「工廠」一詞其實用得不恰當，因為中國和臺灣企業建造出龐大的綜合大樓，員工在那裡吃飯、工作和睡覺，沒有時間做其他事。他們通常會工作到精疲力盡，一再重複單調的任務，一再生產相同的零件。報導指出，他們甚至不能彼此交談或「咯咯笑」。員工雖然都住在公司宿舍，但是由於工作班次不一樣，所以他們很少交流，寧可運用有限的時間去睡覺——但他們依然睡眠不足。很多工作任務明明會讓工人接觸化學品和其他危險，但他們卻沒有得到應有的健康保險金，公司甚至不承認這件事。員工每天得組裝六千四百個手機零件，但他們的薪資低到連一支 iPhone 都買不起。不少員工都是從鄉下或其他國家過來的移工，他們的處境極度缺乏保障，幾乎沒有議價能力，永無止盡地被關在公司大樓裡[46]。

當你往供應鏈的下游探索，情況只是變得更糟糕。人們在可怕的工作環境下開採現代消費產品所需的重要礦物。最怵目驚心的是挖掘鈷礦，這主要是在尚比亞和剛果境內。鈷不僅是手機和筆記型電腦電池的重要原料，耳機、揚聲器和電腦硬碟包膜也需要用到。我寫下這句話的時候，我的身邊也環繞著鈷。剛果絕大部分的開採工作是中國或臺灣企業下令執行，這些公司是組裝 iPhone 和其他電子設備的廠商。

自一九九六年以來，剛果深陷內戰數十年至今，已造成大約六百萬人死亡，七百萬人流離失所。這場戰爭的根源其實可追溯至一九九四年的盧安達大屠殺，當時流離失所的胡圖族不得不跨過邊界。盧安達的圖西族政府（圖西族是大屠殺的加害者，而胡圖族是受害者）曾兩次入侵該地區：一次是一九九六年，另一次是一九九八年。從那時起，剛果即飽受種族和政治分歧所苦，交戰勢力控制著不同地區，政府只能努力維持整片領土的管轄權。剛果經歷短暫的相對和平時期之後，圖西族叛軍在二〇二四年控制好幾個省分，衝突再次爆發[47]。

實際上，鈷礦坑通常是叛軍把持，他們奴役當地居民，強迫婦女和女孩從事糟蹋人的性工作。剛果超過三分之一的鈷礦工人是七到十八歲的兒童，他們從事可能奪命的職業，每天的工資大約是二到四美元（約台幣六十四到一百二十八元）。像鈷這樣的礦物通常有毒，所以對未經訓練、裝備不足且過勞工作的礦工來說非常危險，而且這類礦物往往導致附近區域都會被有毒廢棄物污染[48]。然而，這種情況並不限於中非。二〇一一年，印尼邦加島的錫礦坑每週都會奪走一位礦工的性命[49]。

科技公司可能受到指責，他們用光鮮亮麗的外表掩蓋產品生產的黑暗真相。「雲端」這類的詞彙雖然會讓人聯想到各種點子浮在空中的美好畫面，但實際上，網路伺服器是位於全球各地倉庫的大型複雜電路系統，這些伺服器必須不斷進行冷卻，過程極度耗能[50]。中等收入國家一群薪資偏低、超時工作的勞工負責組裝產品，而貧窮國家的人民則開採產品所需的礦物；後者的工作環境相當接近（有時候根本就是）奴隸制。由於貧窮和中等收入國家的安全標準低、環保法規鬆散、薪資又低廉。西方公司藉此就將工作外包到這些國家，並對此視而不見。

這就帶我們回到上一章令人困惑的問題：我們到底在衡量創造出來的價值，還是被榨取的價值？英國學者約翰・史密斯（John Smith）指出，由於像蘋果這樣的西方企業跟富士康等公司保持距離，他們販賣 iPhone 的時候可以宣稱自己創造了龐大的價值。但事實上，他們以商品的半價購買成品，再轉手賣出。當然，這樣做對高薪的高層主管和執行長最有利，他們的收入大約占美國總薪資的三分之二。這也多少嘉惠了蘋果商店的零售業員工，雖然薪資不如高層豐厚，但是他們的薪水是組裝手機工人的好幾倍。最終所有利潤都列入美國的 GDP，該國的經濟影響力因此更龐大[51]。手機運抵美國之後，蘋果確實做了不少重要的事情，像是分銷、銷售與物流等等。但我們還是得問一問，真的有必要用商品半價購買 iPhone 成品，維持五〇％的利潤率？

LV 的阿爾諾外包工作並將商品賣給全球富人的策略，讓法國北部的前員工遭受嚴重影響。審慎檢視這些大公司的工作環境之後，我們看到這些工人深陷不幸的困境。由於民眾仰賴市場經濟獲得收入，因此跟薪資低、過勞、遭受惡待的工作相比，沒有工作更慘。魯吉利的亞馬遜員工很清楚這一點，所以他們很高興亞馬遜在那裡設廠——畢竟，有工作總比沒有好[52]。正如經濟學家喬安・羅賓森（Joan Robinson）所言：「在資本主義底下，唯一比被剝削更糟糕的事，就是完全沒被剝削。」當然，這絕不是為剝削辯護，而是呼籲必須全面改革全球各地工人所面臨的選擇。

億萬富翁的善行？

全球各地的工人別無選擇之際，富人的選擇卻多到讓他們可以隨心所欲而為。二〇二〇年，知名演員萊恩・雷諾斯（Ryan Reynolds）和羅布・麥克亨尼（Rob McElhenney）買下威爾斯足球隊「雷克斯漢姆足球俱樂部」。雷克斯漢姆足球隊是威爾斯最古老的足球俱樂部，也是全球最古老的職業足球俱樂部之一。該隊伍曾長期陷入困境，從原本爭奪歐洲盃的熱門隊伍，到後來一度降級離開正式足球聯賽。他們在球場內外的問題不斷，陷入財務和管理不善的困境。某一天，球迷響應了德國球迷的做法。他們試圖罷免一位將俱樂部推向破產的主席。俱樂部列入破產管理不僅違反了足球聯賽的規定，也讓雷克斯漢姆足球隊被扣十分，導致球隊降級，離開英國甲級聯賽（League One，簡稱英甲）（但令人困惑的是，甲級聯賽其實是第三級聯賽）。

早在工業革命時期，雷克斯漢姆就是著名的礦業及皮革工業城鎮。然而，由於英國工業在二十世紀下半葉逐漸沒落，該城遭受重創，至今尚未恢復。雷克斯漢姆足球隊的球場「賽馬場」（Racecourse）年久失修，不僅代表俱樂部走下坡，也象徵整座城鎮的沒落。然而，多虧了雷諾斯和麥克亨尼的投資，賽馬場已經翻新，球場周遭也重獲新生。截至撰稿時間為止，雷克斯漢姆足球隊已經兩度升級，贏得龐大的資金和尊重。當地人非常感激，球迷創作的應援歌充分表達了感謝之情：

距離市中心不到一英里，
著名的古老球場正凋零，
根本沒人投資過一分錢，
還好有死侍和麥克亨尼。

雷諾斯和麥克亨尼與本章其他人物有兩個不同之處。首先，這兩位「只是」持有數百萬的富翁，而非億萬富翁。雷諾斯的財富遠超麥克亨尼，收購也是由他主導。更重要的是第二點：他們兩位做這件事似乎是出於真摯的同情心和好奇心。誠然，他們替自己拍了一部紀錄片《歡迎來到雷克斯漢姆》（Welcome to Wrexham），記錄收購的經過，所以他們也不太可能讓自己被描繪成反派人物。但是毫無疑問，球迷非常喜愛他們。他們倆人從第一天就積極投入其中，也讓球隊在球場上獲得佳績。有一名球迷表示，他們「徹底改變」整座城鎮和俱樂部，當地旅遊產業蓬勃發展，甚至連英國國王也前來造訪。

《歡迎來到雷克斯漢姆》描繪出令人擔憂的事實：經濟一度繁榮的城鎮注定沒落，除非他們剛好得到少數富裕慈善家的關注。雖然看到雷克斯漢姆的球迷和居民重獲希望令人欣喜，但許多處境相仿的城鎮並未得到這種投資機會。據報導指出，雷克斯漢姆足球隊的明星前鋒奧利．帕爾默（Ollie Palmer）獲得「難以抗拒」的待遇，讓他離開前東家AFC溫布頓俱樂部（AFC Wimbledon）。此後AFC溫布頓也遭到降級，離開英甲的行列。雖然目前尚待觀察，不確定雷諾斯和麥克亨尼的投資是否讓雷克斯漢姆俱樂部和整座城鎮迎來長久的復甦。即使最理想的情況成真，大家也不應該只關注那些適合上電視節目的城鎮[53]。

綜觀歷史與全球各地，大家一直都在幫助窮人和需要的人。但是這些善行跟慈善事業並不一樣，後者屬於體制下的成果。慈善事業指的是設立或投資具有長期目標和策略的組織，像是「幫漠南非洲所有孩子做除蟲治療」、「清理大堡礁」，甚至是「幫助雷克斯漢姆足球隊重獲新生，在足球聯賽占有一席之地」（我得澄清一下，雷克斯漢姆足球俱樂部理論上是營利企業，但截至撰稿時間為止，它仍處於虧損狀態，所以這件事才會有一部分看起來像是慈善行為）等等。雖然慈善事業在北美蔚為風潮，但由於社會頂層人士的財富成長，慈善事業的影響力開始遍及全球。

舉例來說，過去幾十年來，許多貧窮國家的健康問題獲得明顯改善。這是因為比爾．蓋茲和梅琳達．蓋茲成立的比爾．蓋茲基金會幫了一部分（或是全部）的忙；而梅琳達也是億萬富翁。這份投資帶來的益處無庸置疑：他們致力於根除小兒麻痺，這種可怕的疾病會導致四肢萎縮。一九四二年出生的英國傳奇歌手伊恩．杜利（Ian Dury）即患有小兒麻痺，一直到他五十八歲去世時，富裕國家已經沒有小兒麻痺的病例。如今，貧窮國家也沒有小兒麻痺患者了。

然而，對於這間私人基金會掌控全球健康問題的程度，我們仍有理由表示懷疑。就算比爾．蓋茲基金會有一些正面成就，也不代表該基金會有好好善用資金。專家批評比爾．蓋茲基金會專門治療小兒麻痺，對腹瀉等疾病置之不理；雖然印度等國家更希望能解決這類疾病，但是這個請求卻遭到否決。治療小兒麻痺的公關效果更好，畢竟採用疫苗接種治療更容易。若要治療腹瀉，就得先徹底改變這些國家的公共基礎建設，才能讓供水系統和污水處理系統正常運作，但這並不是比爾．蓋茲基金會打算投入的。而且如此大規模的公共衛生行動卻未受到印度民眾的民主監督，這種情況可能導致更重要的健康議題被忽視[54]。

比爾．蓋茲顯然對公共衛生問題眼光獨到，而且據我所知，他的立意良善。其實在二〇一五年，他有一場廣為流傳的TED[55]演講。他在演講中呼籲成立一個全球疫苗應對小組，當時全世界要是有聽進去就好了。五年後新冠疫情爆發之際，我們並沒有全球合作的單位，雖然就像比爾．蓋茲所強調的，只要有一個小型組織就好，不至於花太多錢。這樣就會有研究團隊彼此合作、交流資訊、協調封城政策，並盡早派遣菁英小隊前往中國武漢的疫情中心，以了解病毒並遏止疫情擴散[56]。

雖然有洞燭先機的觀察，但是疫情爆發之後，比起分送疫苗到全球各地，比爾．蓋茲奠定數十年的智財權理念依然更勝一籌。事實上，第一款新冠疫苗並非來自私部門，而是牛津大學研究團隊的研發成果，他們並不打算從中獲利或申請專利。發明（比爾．蓋茲基金會所需的）小兒麻痺疫苗的美國生醫科學家約納斯．沙克（Jonas Salk），同樣拒絕申請專利或靠此獲利，他堅持這款疫苗是為了「大家」做的。但令人諷刺的是，比爾．蓋茲並不認同這份崇高的理念。他堅持將牛津疫苗透過製藥公司分送，而非免費分發；這跟他在軟體領域的做法不謀而合[57]。

原本不太花錢的事情再次被要求付費。結果一下子就產生了健康專家口中的「疫苗種族隔離」，二〇二一年，貧窮國家每一百人只有四劑疫苗，反觀富裕國家每一百人卻有一百三十三劑疫苗。貧窮國家幾乎沒人能接種疫苗，但富裕國家每個人平均可以接種超過一劑疫苗[58]。雖然情況逐漸改善，但是請注意，西方國家時常使用過去時態談論疫情，但如今疫情在貧窮國家仍是燃眉之急，而且還有一大群人尚未接種疫苗。以這個例子來說，控制思想所造成的後果遠勝於寡頭權力和YouTube討人厭的廣告插播。

對於這些指控，比爾．蓋茲堅稱實務比空談更難，因為貧窮國家根本沒有製造疫苗的基礎設施。但是這個說法經不起檢驗：從加拿大到孟加拉，許多機構堅稱只要獲得專利使用許可，他們就能開始生產疫苗[59]。比爾．蓋茲基金會主導了全球疫苗的應對措施，結果卻是極度不公且一敗塗地，造成無數人喪命，他們本應免於一死。這主要就是比爾．蓋茲的信念所致：他認為自己和他人應該要靠疫苗賺一筆。雖然他對新冠肺炎的態度已經不太一樣了，但是他所造成的傷害卻難以估算[60]。

表面上看似慷慨付出，但往往是為了創辦人的利益。這樣的行為其實還有另一種例子，就是把慷慨解囊變成某種避稅手法。二〇一五年，祖克柏宣布他和妻子普莉希拉．陳（Priscilla Chan）要將四百五十億美元（約台幣一兆四千億元）（等於他們所持有的九九％臉書股票）投入「陳．祖克柏倡議」組織。此舉雖然贏得許多人讚賞，但奇怪的是，該組織並非慈善機構，而是一間有限責任公司。既然是公司，那就代表能限制他們行為的規定不多，進而帶來比慈善機構更大的控制權和影響力。他們可以捐出該組織持有的臉書股票，進而降低臉書的應納稅款。在美國，捐款可以抵稅，所以祖克柏可以透過股票捐贈累積高額的稅收抵免[61]。想當然爾，比爾．

蓋茲基金會等機構也能這麼做[62]。

許多政府為錢所困時，億萬富翁靠著避稅和有利稅制延續財富和權力。根據研究人員埃瑪紐埃爾・薩澤（Emmanuel Saez）和加百列・祖克曼（Gabriel Zucman）的估計，如果對一千名億萬富翁的未實現收益徵收一次性稅款，我們就能獲得一兆美元（約台幣三十二兆元）。不過，目前的稅制並沒有對未實現收益課稅。若是對此課稅，《富比士》富豪榜上的數字就會忽然被稅務主管機關認定為實質財富，並適用於美國最高所得稅率（三九・六％），不過會分成十年徵收。薩澤和祖克曼認為，億萬富翁可以用其財富當作抵押品（他們收購公司時也是如此），並利用他們龐大的股票來繳稅[63]。

火箭升空

有錢人並非僅僅持有足球俱樂部，從事慈善事業和避稅而已，他們越來越常運用財富推動各種計畫，但看起來都跟他們致富的領域無關。其中最引人注目的就是想要創辦太空探險公司的億萬富翁。這個產業包含馬斯克的SpaceX、貝佐斯的藍色起源（Blue Origin）和布蘭森的維珍銀河（Virgin Galactic）——後者正是第一家成功進入太空的私人企業。他們的目標都是讓太空旅遊業變成盈利產業，最終去開挖小行星和其他行星的礦產。馬斯克特別強調他想要殖民火星，甚至死在那裡，並且強調「不是撞死的」。他難得開了一個不錯的玩笑。

雖然阿爾諾（在太空探險方面）行事低調，迴避這些炫耀行為，但他依然默默盤算著收購法國媒體。二〇一二年，時任法國總統法蘭西斯．歐蘭德（François Hollande）宣布最高稅率調整為七五％後不久，阿爾諾便申請了比利時的國籍。大眾因此認為他這麼做是為了減少應付稅款。於是《解放報》（Liberation）就在報紙頭版刊登阿爾諾的照片，標題寫著「Casse-toi riche con!」，大致的意思是「有錢的笨蛋，快滾啦！」阿爾諾似乎無法接受這種批評，所以決定起訴該報社，但他後來撤回訴訟[64]。

阿爾諾或許可以安慰自己一番，畢竟他對其他法國媒體頗具影響力，足以防止其他新聞媒體對他說三道四。阿爾諾曾買下法國主要報社《論壇報》（La Tribune），但由於他無法讓報社轉虧為盈，所以他賣掉《論壇報》並收購《回聲報》（Les Echos）。《回聲報》的記者表示，他們不能批評LV集團、阿爾諾，以及另一位媒體億萬富翁文森．博洛雷（Vincent Bolloré），因為阿爾諾與博洛雷有「不攻擊協議」，也就是不批評對方。然而，報社發表了一系列LV股東不樂見的文章，其中有一篇深入報導該集團與法國稅務主管機關之爭，而深受員工喜愛的主編尼古拉．巴雷（Nicolas Barré）因此離職，導致報社員工憤而反抗[65]。

阿爾諾與馬斯克再次殊途同歸，只是兩人的情況大相逕庭。阿爾諾的媒體收購計畫看起來經過精打細算，但馬斯克收購推特（Twitter）卻是荒謬至極，讓人不知從何說起。二〇二二年，馬斯克似乎不經大腦地在推特上發文，他願意用每股五十四・二美元的價格收購推特[66]。這個價格隱晦地對應到下午四點二十分：呼麻的人長久以來認為這是吸食第一支大麻的絕佳時刻。如果你想知道年紀超過十二歲，而且又沒有生活在二〇〇五年的人，會不會覺得這很有趣，我可以跟你保證答案是：「沒有」。至於「五十四」這個數字，有可能是呼應《富比士》報導的特斯拉安全違規次數。

因為一張迷因圖就發起收購計畫，這通常不是什麼良好的商業策略，但是這麼做確實能引發軒然大波，引來更多關注，這也正是馬斯克的專長。總之，他一下子就想撤回這筆交易，編出各式各樣的藉口，但是德拉瓦州法院裁定他必須履行收購協議。很不幸地，我以前是推特的長期用戶，所以我得眼睜睜地看著這個決定招致的後果，最後我崩潰地刪了帳號。馬斯克大刀闊斧地更改推特的運作方式（現在改名為X，真的越來越像色情網站的名稱），他明顯改變了你在平台上能找到的資訊——或者根本找不到，這要視情況而定。馬斯克跟阿爾諾一樣，他也想獲得自家產業之外的影響力。

上述所有例子都反映了在這個時代，我們更常看到億萬富翁掌控了人人相關的生活領域。

從全球健康、交通運輸再到新舊媒體，龐大的財富賦予他們買下一切的權力，這件事不容小覷。很多有錢人確實是真心想讓世界變得更好，故意製造災禍的捲髮子壞蛋只不過是幻想而已。但是，動機如何並不重要。在這世界上，億萬富翁跟我們的福祉關聯越來越深；也就是說，我們的福祉成為了億萬富翁利益的一部分。除非這些服務能由更民主的機構提供，否則一切相關決策都不會對大眾負起責任。

億萬富翁與氣候變遷

有一個令人憤怒的例子能說明核心功能交給有錢人管理會發生什麼事，這個例子就是SpaceX的衛星系統Starlink。俄烏戰爭期間，Starlink是非常重要的系統[67]。然而，馬斯克做了一個引起爭議的決定：他拒絕讓烏克蘭的無人機在克里米亞使用Starlink。攻擊俄羅斯軍事目標的計畫因而受阻。馬斯克認為這可能會導致衝突升級，所以否決了烏克蘭人使用衛星系統的請求。姑且不論在這個情況下，正確的行動方針究竟為何，這個例子已經說明我們把決策交給私人企業的後果。看樣子，億萬富翁不僅能當商業巨擘、媒體大亨、公用事業供應商和太空人，甚至還能當將軍[68]。

在億萬富翁之中，馬斯克極度自我中心（這件事千真萬確），因為他的使命顯然只圍著他一個人轉。貝佐斯買下《華盛頓郵報》（Washington Post）主要是因為他討厭另一位億萬富翁川普，但他和阿爾諾似乎還是把重心擺在拓展自家市場。他們兩位分別是物流之王和時尚之王，管理眾多相關產業，但馬斯克則是把凌晨三點想到的點子拿來試一試的「王者」。除了涉足特斯拉、SpaceX 和 Twitter 之外，馬斯克還成立了「無聊公司」（Boring Company）。這家公司在拉斯維加斯地底下開挖隧道，讓特斯拉汽車可以直接開過去，不必行經道路。原本的宣傳主打這是未來的交通方式，讓我們可以駕駛低排放車輛，像《機械公敵》（I, Robot）或《飛出個未來》（Futurama）在地下奔馳。

如果無聊公司的隧道聽起來很耳熟，那是因為它講的就是地鐵隧道，細心的讀者會發現這種交通工具早就有了。最主要的差別是地鐵上每立方英尺的空間能容納更多人。美國的城市以汽車為主要交通工具，高速公路上往往車滿為患。無聊公司雖然宣傳自己可以緩解這些城市的塞車問題，但事實上，拉斯維加斯的隧道最終變成龜速前進、空間密閉的死亡陷阱，甚至缺乏可行的逃生路線[69]。安全違規事件的報導層出不窮，隧道工人待在「會燙傷皮膚的化學污泥」環境下工作[70]。這個計畫的熱潮已經退去，在其他城市開挖隧道的計畫也慢慢作廢。甚至馬斯克本人好像也沒興趣了[71]。

目前還無法確定像馬斯克這樣的努力能否改變環境，阻止當地污染或氣候變遷問題。但是，像特斯拉這樣的公司有一個明顯的問題：如果大部分電力是從化石燃料而來，那麼電動車帶來的正面影響就被抵銷了[72]。如果只是把燃油汽車換成一台靠石油發電的電動車，這樣做毫無幫助。但是不管汽車是不是電動車，投資再生能源仍是不可或缺的。影響一個國家碳排放量的最大關鍵，就在於能源電網有多環保。不管是石油汽車還是電動汽車，公共交通工具的排放量都會比汽車更低[73]。

不過事實讓人不太舒服：電動車似乎不成比例地讓富人受惠，尤其是電動車不屬於改革方案的時候，情況更是如此。電動車的價格並不便宜。馬斯克曾表示 Model S Sedan 的定價是六萬九千四百二十美元（約台幣二百二十七萬元），撇開他一再開「有趣數字」的玩笑不談，這個價格真的很貴。二〇一八年的一項研究顯示，電動車僅在富裕地區降低空氣污染，而這些地區的收入大概等於或高於 Model S Sedan 的價格[74]。通常是有錢的白人買得起特斯拉，他們社區的空氣也變得更清新，但是附近的煤電廠仍在生產電力，導致工廠所在的貧困社區面臨更嚴重的空氣污染。

和公帑資助或監管良好的企業相比，億萬富翁的計畫會繼續帶來社會與環境的惡果。SpaceX 有一個習慣，就是發射火箭的時候都會爆炸，這些爆炸畫面往往會在社群媒體平台瘋傳。

但是嘲笑歸嘲笑，根據各方說法，這些爆炸事件是刻意「從失敗中學習」的策略，SpaceX 也確實一再改良火箭。他們達到了無人企及的里程碑，像是研發出可重複使用的火箭等等[75]。然而，這種「一路爆炸到成功」的策略和美國太空總署（簡稱NASA）小心翼翼、循序漸進的方式截然不同。SpaceX 甚至引起美國聯邦航空總署（Federal Aviation Administration）的關注，但馬斯克無視警告，繼續讓更多火箭爆炸[76]。他認為監管機關很無趣。接觸過一些監管單位之後，我能證實這是真的，話雖如此（或許是正因如此），我很慶幸還好有這些單位在。

火箭龐大的燃料用量留下可觀的二氧化碳足跡。事實上，SpaceX 不像NASA，它並沒有明定策略減少「太空垃圾」，導致這個問題越來越嚴重。廢棄的火箭零件繞著地球運轉，導致未來的太空旅行計畫受阻[77]。馬斯克選擇把發射場地設在德州的博卡奇卡（Boca Chica），這個地區向來有著各式各樣的瀕危野生動物，像是海龜、野貓和鶺鴒等等。然而，蓋火箭產生的噪音、廢棄物和殘骸導致當地的野生動物撤離該地[78]。居民也深受影響，SpaceX 甚至施壓要求他們搬走[79]，不過對他們來說，這個提議可能更有吸引力，畢竟火箭公司的測試可能會震碎家裡的窗戶[80]。

儘管馬斯克可能很難相信，但這個問題比他更重大。如果我們想踏出億萬富翁把持的經濟，我們就得重新思考自己對所有權和控制權的態度。億萬富翁及其龐大企業能對經濟造成影響的原因，其實跟富翁本身較無關聯，而是源自更龐大的經濟力量，不僅創造出這些富翁，也讓他們能掌控一切。他們固然出眾，但是就跟第一章一樣，我希望你能記得的訊息還是跟經濟整體架構有關。這正是我們在上一章遇到的挑戰：億萬富翁主導的經濟未能保護並照顧大部分的人。正如一句流行的現代格言所述：「每個億萬富翁都是政策失敗的結果。」

到頭來，指望億萬富翁及其帝國為社會與環境利益服務，就好比指望一匹馬做側空翻一樣。基本上，私人企業必須盈利，但這通常不是公共服務的目標，因此公共服務才會由稅金資助——畢竟這些服務往往會虧錢。雖然像特斯拉這樣的公司可以靠賣車盈利，但是公共交通工具得讓大家都搭得到。除非票價貴得不得了，不然開火車到偏遠鄉村的成本通常都會比票價的收入更高，但是票價太貴就會違反服務大眾的目的。

億萬富翁與更寬廣的世界

經濟學家常常提到外部性，也就是超出相關對象範圍之外的影響[81]。私人企業並未支付污染或資源耗竭等外部成本，也無法獲得交通利益等外部效益。結果，資本主義帶給大家的污染太多，交通卻不足。實務上，不管是外部成本或是外部效益都很常見：因此，確保大家都得到妥善照顧，不被市場經濟踐踏和忽視，正是一項持續進行的挑戰。在億萬富翁及其龐大企業集團的影響下，外部成本的問題特別明顯。他們不管去到哪裡，都對社區造成翻天覆地的影響；這麼說一點都不誇張。

因此，運用公帑拓展交通系統能為社會帶來更大的好處，這些利益是私人企業難以取得的。德國在二〇二二年推出了「九歐元月票」政策。不管要去德國哪個地方，只要購買一張九歐元（約台幣三百二十元）（你答對了！）的月票就夠了。這項政策大幅提高最貧窮民眾的流動性和福祉，他們感到更加自由且自立。許多受惠民眾使用這張月票去購物或看醫生，這些相當基本的生活機能讓他們變得更健康、更快樂，帶來了超越個人層面的益處[82]。除此之外，在搭火車最頻繁的地區，污染情況明顯下滑[83]。

我們必須重新詮釋這些企業，使其為共同利益效力。推特的創辦人暨億萬富翁傑克．多爾西（Jack Dorsey）曾表示，他覺得推特等社群媒體平台不應該由私人把持。正如俗語所說：「只要這個東西免費，那麼你就是產品」。這產生一種反常的現象：消費這項服務的人也是員工，創作出他人閱覽的內容。多爾西認為，把股東擺在第一位反而會讓人過度關注廣告收益，「哪裡能獲得最高點擊次數」變成主要目標，甚至比打造更完整優質的服務更重要。雖然我們大家都是標題誘餌的受害者，但我們若是有時間和權力思考，也許我們就不會選擇參與其中。多爾西曾經在推特上發文表示，推特應該是一種「公共協定」，而不是一家公司；推特應該是社群共同擁有的開源軟體[84]。

億萬富翁與底層民眾

我們在上一章探討誰是現代經濟的必要角色，也研究不同編排經濟的方法如何影響產品的生產條件，以及誰能從中獲益。億萬富翁及其眾多企業崛起的例子最能證明經濟不僅重新建構，而且變得越來越糟。透過收購產業並積極擴張，進軍慈善事業，或是進行異想天開的投資，億萬富翁大幅掌控經濟脈動，這也反映並加劇許多富裕國家的貧富不均問題。但這群富翁仍然試圖遊說，好讓政策允許自己榨取更多財富。

雖然說了這麼多，但大家最在意的問題並不是億萬富翁對自己的影響，而是如何成為億萬富翁。社會流動性（誰變得有錢，誰依然貧窮，以及原因何在）是一個炙手可熱的話題，但我們當前的文化卻全都問錯了問題。

第三章 誰能在經濟體系中向上晉升？

菁英制度的迷思

如今，你不必特地尋求陳腔濫調的建議，告訴你怎麼變有錢。「依然貧窮的原因及如何改變現狀」等 Podcast 標題滿天飛。只要在 Google 搜尋一下，就會冒出一大堆清單，記錄各式各樣的行為：天天閱讀、早點起床、別看電視、健康飲食，尤其是「改變心態」。所謂的「奮鬥文化」（hustle culture）要求我們早起打拼、充分利用時間、投資多元的收入管道，最重要的是別抱怨自己的短缺。如果不成功，那就只能怪自己。我們英國人不太會用「奮鬥」（hustle）或「打拼」（grind）等美式詞彙，而是複述一道冷靜的咒語：「繼續做就對了！」

即使有人反對這些觀念，我們似乎還是內化了「盡量多工作一點」的訊息。近幾年有一個趨勢就是「安靜離職」（quiet quitting，又稱「在職躺平」），也就是只做自己的工作，不多做其他事情。這就代表不用加班，不用天天二十四小時待命，也不用承擔自己職務重心之外的責任。雖然我很樂見這項趨勢，但是它卻告訴大家只做自己的工作就叫做「離職」。這種「離職」跟履行契約責任一點關係也沒有，而且意義顯然完全相反，畢竟你還是在工作。稱這個情況為「安靜離職」就好比稱走路為「靜止不動」一樣。

雖然很多人都想往上爬，但其實大部分的相關建議都沒有講到重點。舉例來說，很多暢銷書籍都標榜能幫助大家獲得成功，其中一本就是提姆．費里斯（Tim Ferriss）於二〇〇七年出版的《一週工作4小時》（The 4-Hour Work Week）[1]。費里斯是一名事業有成的矽谷投資人，後來當上作家，也不出所料地成為Podcast主持人。他是個很風趣的人，邀請了各式各樣的嘉賓上節目，並且寫作思路清晰。他在書中聲稱只要照著他的建議，就能逃離朝九晚五的枯燥生活，實現傳說中的「一週工作四小時」，享受高品質的生活，並且最重要的是獲得自由。對於大部分的人來說，每週只要工作幾小時就能賺大錢的願望相當大膽，所以想必費里斯一定懷有不平凡的真知灼見[2]。

這本書確實提出一些實用的建議，幫助大家避免「為了工作而工作」的心態，像是：別浪費太多時間在電子郵件或毫無意義的電話上；要獨立思考並嘗試新事物；並且問問自己，為了安心退休而朝九晚五地從事糟糕的工作，究竟是否值得。不過，這本書也展現出財務自助

（financial self-help）書籍的特色：大部分重要的建議都需要運氣和特權，而且做法也令人質疑。舉例來說，書中花了不少篇幅建議你只要搬到比較窮的國家，就能過著王族般的生活[3]。雖然出過國的西方人都能證實這一點，但是很多西方人恐怕不願意，而且世上大部分的人都沒辦法這樣做，因為他們就是住在比較貧窮的國家，無法靠有利的匯率獲益。

很不幸地，這個主題尚未結束：《一週工作4小時》大部分的內容都在講述如何聘請低薪的印度私人助理幫你處理所有工作。這群助理要負責發送電子郵件、設計網站、發明產品，甚至要幫忙處理私事，像是傳電子郵件給你的配偶等等。事實上，書中某些內容正是助理和其他人寫的，這個轉折似乎是刻意為之[4]。令人諷刺的是，這本書接著就像其他自助書籍一樣開始推銷理念，談論你不太了解的主題。費里斯甚至直接嘲諷起「專家需具備資格或智慧」這個觀點[5]。這時，你開始覺得自己中計了，彷彿這本書在嘲笑你買了它一樣。當然，他的建議並不適合大眾，畢竟我們要是照做的話，不僅會導致助理人手短缺，我們也會被自助書籍壓得喘不過氣。

費里斯能獲得現在的地位是憑藉某些做法和優勢而來，但並不是人人都能效仿。按照本書的說法來看，費里斯不少訣竅似乎更像是從其他人身上榨取財富，而非創造財富。事實上，他的特權地位讓人想起十四世紀的封建領主，或者更準確的說法是十九世紀的殖民地官員——自己幾乎不工作，卻讓其他人代勞。費里斯天真的建議帶來一個明顯的問題：那麼印度助理自己又該如何是好？

話雖如此，外界仍認為費里斯能提供不錯的職涯和生活建議，他後來也出版了好幾本書。無論這類成功人士的建議是否獲得證實，我們還是會選擇聽從，這其實是有原因的：我們深信這個社會是菁英治理。大家普遍認為，成功的人是靠著奮鬥打拼而成功，窮人則大多是因為心態消極和習慣畫地自限而無法翻身。早在一七五七年，亞當．斯密就已經指出過度崇拜有錢人的危險[6]。

> 道德情操腐敗最常見的一大原因……就是一面習慣仰慕權貴，甚至到了崇拜的地步，另一面又鄙視或忽視窮人和地位低下者。

我並不是要著重討論個人的成功習慣，而是想告訴你們，全球缺乏社會流動性的一大原因是層層阻礙，而非努力程度和天賦不同所致。這些障礙包含貧窮、教育不足、決策者的偏見與刻板印象，以及權貴享有的超凡特權。雖然 Podcast 主持人可能會灌輸完全合理的建議，要我們聰明工作，爬上經濟階梯，但似乎某些人的梯級會比其他人更寬。重點是：大家不可能同時爬上去。

我會順利存活

艾德格·凱西（Edgar Cayce）創立的「研究暨開悟協會」（Association for Research and Enlightenment, ARE）認為，某些人擁有超感官知覺（extra-sensory perception, ESP），可以預測未來。為了證明這個特殊論點，他們聲稱某些實驗對象能夠猜中隨機挑選的卡片。他們要求三十五名受試者在公布答案之前，先預測卡片上的符號是五個符號中的哪一個。這段實驗重複了二十五次，有些人大部分都猜對了。因為，這群人被歸類為超感官知覺者，猜錯的人則未包含在內。不過只要稍加探究就會發現，這只是機率問題。只要受試者人數夠多，總會有某些人能夠多次猜中卡片──畢竟，每次答對的機率至少還有五分之一。僅挑選答對的「贏家」並斷定他們擁有特殊能力，會導致結論出現偏差，但是若將「輸家」納入分析，研究暨開悟協會的結論就會變成實驗結果純屬偶然，超感官知覺並不存在[7]。

這個現象叫做「倖存者偏差」（survivorship bias），其影響遍及經濟學、統計學甚至是軍事史[8]。重點是：我們只觀察不同歷史、經濟和社會歷程的「贏家」，習慣從他們的行為得出籠統的結論。我們看見他們很成功，便假設他們的一切都應該效法，從晨間習慣到對彗星的看法皆然，儘管這些可能都和他們的成功毫無關聯。ＸＫＣＤ漫畫[9]有一則精闢插圖的文字說明如下：

> 不管別人跟你說什麼，你一定要繼續買樂透。
> 雖然我一直沒中獎，但是我沒有放棄，還多兼了好幾份工作，把錢砸在彩券上。

在這則插圖下方還有句：

> 每個成功人士發表激勵人心的演講時，開頭應該先加入一段倖存者偏差的免責聲明。

倖存者偏差就好比你在決定要不要買樂透的時候，你只注意到樂透得主的習慣，卻忽略了無數的未中獎者。我們在判斷成功人士的特徵時，必須得問問自己是否真的看見全局。

倖存者偏差在經濟學領域特別常見。每當有一個人在四歲時聲稱長大要變有錢，最終得償所願，那麼也會有一百個人做出相同承諾，但最終收入卻只有平均水準。雖然有的企業靠著創新遠見大獲成功，但是也有更多想法同樣大膽的企業以破產告終。想翻轉倖存者偏差，請想一想你見過的街友，他們可能「做出糟糕的人生決定」而失業、成癮或陷入絕望。然而，也有不少人做了類似的決定，但是靠著某種方式脫離困境。

我們通常會想：「不過，成功的人做事一定更出色吧？」但問題是，我們無法仔細評估他們實際的才能、行為和想法，根本無從得知誰比較「出色」。我們並沒有對全體人口評估這些特徵，也不太可能會有人這麼做，這項任務甚至也不太可能實現。我們只能看到大家的所得、財富、公司市值等結果，這也正是我們試圖釐清的事物。然而，把這些當做才能或是努力的證明，就像指著一灘水窪，說這些水分子天生最擅長聚集成水窪一樣荒謬。

大部分在某方面成功的人多少是因為運氣不錯。我自己曾因組織能力糟糕透頂（現在稍微改善），結果太晚申請曼徹斯特大學的博士學位。那一年剛好沒有招滿，所以我就被錄取了。然而，如果我早一年或晚一年申請博班的話，恐怕就無法如願以償了，因為那兩年的博班非常搶手。倘若我那年沒有開始讀博班，誰曉得我現在還會不會寫這本書呢？至於這本書到底算是好結果還是壞結果，就交給各位讀者自行判斷了。

費里斯顯然是倖存者。請注意，他撰寫《每週工作4小時》的時候已經賺了好幾百萬，所以他是以富裕的地位為出發點，並非從零開始。他透過經營一款線上保健品致富，產品名為

BrainQUICKEN，功效尚未得到證實，但是價格非常昂貴[10]。費里斯表示，有一次他去倫敦度假，並開始限制自己對事業的投入程度，結果利潤卻提高了四〇％[11]。由於我認識一些成功的企業家，所以我可以告訴你，他們當中沒有人在度假之後經歷過這樣的事情。他們不在的期間，利潤更有可能下滑，而非上升。

我的論點並不是想表達費里斯或其他人特別不值得成功，而是想說明一個人的才能並非成功的必備前提或是充分條件。有錢的笨蛋很好找（只要看看某些英國皇室成員就知道），貧窮的天才雖然更少上電視，但是也很常見——你去問一問為了免費食物而參加研討會的研究生就對了。更重要的是，若想做出對人類有益的事情，這種智慧既不是必備前提，也不是充分條件。如果你的問題是想了解一個人如何致富，那麼我的回答是：這個問題本身就問錯了。我們應該綜觀全局，而非關注某些人的故事。

菁英政治的侷限

大家都有一個觀念，就是我們應該要比父母的社會地位更高一點，而且每一代都應該要更好。——阿姆（Eminem）《黃磚路》（Yellow Brick Road）

美國夢教導大家，任何人都能成功。你也許家境貧寒，但你可以成功脫貧，變成有錢人。同樣地，不管誰繼承了多少財富，若是不好好努力工作，證明自己的價值，任何人都有可能失去地位。父母與子女的所得關係稱為代間流動（intergenerational mobility），這可以描繪整體的流動情況。倘若代間流動性極佳，那麼人們出生時的地位就不會影響他們的前景。然而，美國各項證據顯示事實遠非如此。每一百個出身貧寒的孩子當中，超過三十位依然窮困；但每一百個出身富裕的孩子當中，卻有更高比例的孩子仍然富有。相反地，在一百個出身貧寒的孩子當中，只有不到十個人成功翻身；但是在一百個出身富裕的孩子當中，變窮的人數只有稍微高於十個而已[12]。

大西洋彼岸的流動性稍微高一點。照著美國夢的說法來看，這個結果可能讓人相當意外。根據我自己的研究，在英國所得前二〇%的家庭當中，每一百個孩子只有不到十位會變成所得墊底的二〇%，但大約會有三十二位（前者的三倍）仍留在頂層。中產階級的「流動性」較高。也就是說，你有可能從底層的中產階級躍升為頂層的中產階級，反之亦然。但是，最窮困的族群脫貧的機率依然偏低。在英國底層二〇%的家庭當中，一百名孩子只有十四名能躋身頂層，二十九名（前者的兩倍）依然貧窮[13]。

儘管富裕國家的社會流動性有限，但是貧窮和中等所得國家的情況往往更嚴重。雖然較難取得這些國家的數據，但已知拉丁美洲不平等的情形相當嚴重。在巴西、秘魯和智利，父母所得對於子女最終收入的預測準確度甚至比其他富裕國家更高[14]。在天平的另一端，北歐國家高度的代間流動性相當有名。在這些國家，子女的命運跟父母的所得較無關聯。挪威、瑞典、芬蘭、德國，尤其是丹麥，似乎都已經接近理想情況——父母的收入幾乎不會影響子女的前景[15]。

中國有一項特別驚人的研究發現。一九四九年的革命推翻了封建地主，將他們的土地重新分配給農民，在這段期間，地主遭到攻擊甚至殺害的案例層出不窮。然而，動盪並未止息。十七年後，中國展開長達數十年的文化大革命，不僅剝奪了剩餘菁英的財產，也逼迫他們不得接受教育。然而，即使經歷了大規模的改革，菁英分子的孫兒女跟整體人口相比，依然更富裕，並且教育水準更高。看樣子，即使財富和地位徹底遭到剝奪，菁英依然將知識傳承下去，並維持著人脈[16]。

上述情況點出一個令人費解的謎題：如果個人的才能和努力最能說明社會流動水準，那為什麼有些國家能確保流動性，其他國家卻不行呢？況且就連在極端情況下，仍然證實流動性難以改變，那麼我們真的還有希望改變社會流動嗎？也許，各國的流動性只是頑固歷史留下的長久遺產。要回答這些問題，我想將焦點轉向人們面對的阻礙。探討貧窮、階級和歧視等因素如何影響人生機遇，也許能說明到底是什麼趨動了這些不同程度的流動性。

棉花糖理論

棉花糖實驗是一項家喻戶曉的心理學實驗，這項實驗最初的設計目的是了解耐心和自制力。在原本的實驗中，小朋友被要求在房間裡坐好，並在他們面前擺了一顆棉花糖。實驗人員表示，他們可以現在就吃掉棉花糖，或是多等五分鐘，就能再獲得一顆棉花糖。只要小朋友能忍住立刻吃掉甜食的衝動，他們很快就能獲得兩倍的甜食。這項實驗自一九六〇年代問世以來，已經在全球各地重複進行了好幾百次。不出所料，很多小朋友難以抵抗誘惑，直接吃掉第一顆棉花糖。不過，也有不少小孩成功等到另一顆棉花糖到來。

棉花糖實驗這麼有名並非因為研究成果溫和無害，而是因為最初的實驗者沃爾特・米歇爾（Walter Mischel）在孩子們長大後調查了他們的情況。他發現，孩子們能否等待（孩提時期多會忍耐）會預示他們往後不同的人生。在實驗中展現自制力的孩子跟等不及的孩子相比，前者長大之後更健康、收入更高、學業表現更出色。這並不是巧合，因為研究一再呈現出相似的結果。看樣子，實驗中更有耐心的孩子所展現的人格特質，對於他們往後的人生相當有幫助[17]。

然而，棉花糖實驗有一項發現讓人不太舒服：貧窮的孩子比富裕的孩子更不會等待。這就明確指出，清寒子女跟富家子弟相比，前者較缺乏自制力。由於家境貧困的孩子很可能依然窮困，家境闊綽的孩子依然富裕。這項發現反而變成一套流行的解釋，說明為何有的人貧窮，有的人富有。等待第二顆棉花糖的孩子能夠吃得更好、學得更棒、存更多錢、更努力工作——這些似乎都是我們看重的傳統新教徒美德。雖然不見得會明確表達，但是推論的結果一清二楚：貧窮是人格缺陷造成的。

實驗的觀察者急著把貧窮歸咎到窮人身上，太過倉促地做出結論。但近年來幾項研究為這些結論補充了適當的限制條件。有個實驗重做了這項測試，並且額外監測孩子們的迷走神經（vague nerve），這條神經從大腦延伸到喉嚨，並一路延伸至消化系統。神經活動更多（迷走神經張力較高）的孩子通常比較冷靜，也更有自制力；而迷走神經張力較低的孩子則自制力較弱。「直覺」（gut feeling）一詞就指出迷走神經等因素對情緒的作用。新的研究發現，家境富裕的孩子迷走神經張力較高，代表他們更有可能耐心等待。這似乎進一步證實在壓力下保持冷靜、做出有耐心且理性的長期決策，對往後的生活很有幫助。

然而，對於家境貧困的孩子來說，研究結果卻完全相反，徹底顛覆了這個解釋。從他們的情況來看，迷走神經張力較高反而跟不等待另一顆棉花糖有關。在家境窮困的孩子當中，看起來很冷靜（結果顯示迷走神經張力較高）的孩子反而更不耐煩，並不像家境富裕的孩子那樣有耐心。這個結果暗示，對窮困的孩子而言，理性冷靜的決策其實是先吃掉第一顆棉花糖，而非等待。相反地，對富裕的孩子來說，理性的決策是等待並拿到第二顆棉花糖。這到底是怎麼一回事呢[18]？

棉花糖實驗最初的解釋看樣子是典型的誤解，或者用統計學的術語來形容，就是混淆了相關性和因果。並不是缺乏耐心會讓人變窮，而是貧窮讓人變得沒耐性，這是有充分理由的。貧窮的時候，等待往往是不理性的行為，因為你無法確定事物會如期到來。家境貧困的孩子總是聽到，只要等待就能獲得各式各樣的事物：生日禮物、假期出遊、飲食等等。這些孩子很快就知道不能聽信別人說的：等一下就會帶更多東西回來。相較之下，中產階級或家境富裕的孩子對於得到答應的事物習以為常，所以他們樂於等待另一顆棉花糖。

另一個版本的棉花糖實驗採用不同的方法，透過詢問孩子相不相信實驗人員會回來，藉此將焦點放在孩子們所處的環境，而非他們的性格。這個版本的實驗並不是給棉花糖，而是先給孩子們幾支舊蠟筆，並告訴他們現在就可以用這些蠟筆著色，或是等待實驗人員拿更好的美術用品回來給他們用。接下來有兩種可能性：一種是實驗人員帶著全新的美術用品回來，另一種是他們回來的時候表示：「對不起，我搞錯了。我們沒有其他美術用品。你何不乾脆用這些（舊蠟筆）就好呢？」

孩子們接著參與經典的棉花糖實驗。你可能也預料到，實驗人員的可靠程度變成孩子們是否等待的重要因素。孩子們發現實驗人員靠不住的話，他們等待的可能性就比較低，會直接拿走第一顆棉花糖；但孩子們如果先前拿到了更好的美術用品，他們就更有可能等待第二顆棉花糖。這項實驗經過刻意設計，模擬貧窮孩子所處的不可靠環境。實驗顯示，資源稀缺與缺乏信任的環境，會讓孩子拿走當下就能獲得的事物[19]。

如今有大量的證據顯示，貧窮塑造的環境讓人很難規畫將來，更不用說做出其他決定。（許多窮過的讀者大概不會對這項發現感到驚訝，但有時學者需要花點時間才能了解情況。）我們有確切的證據指明，貧窮會導致人們更缺乏耐心，這件事本身就說明他們注重當下[20]。當你需要確保餐桌上有食物，或是面臨繳不出房租就會被趕走的危機，制定長遠決策就不會是優先考慮的事項。這就是窮人通常不太存錢，卻更有可能借高利貸的原因之一，畢竟明天要是沒著落的話，把錢存到明天也沒有用[21]。

貧窮很花錢

在泰瑞・普萊契（Terry Pratchett）的小說《碟形世界特警隊2：神探登場》（Men at Arms），書中角色山姆・威默斯（Sam Vimes）提出了「社會經濟不公理論」（theory of socioeconomic injustice）[22]：

> 根據威默斯的推論，有錢人富裕的原因是因為他們有辦法花比較少的錢……例如買一雙好靴子就能穿很多年。他們買得起一雙五十美元的靴子，即使穿了十年，靴子依然能讓雙腳保持乾燥。然而，同樣是十年的時間，只能買便宜貨的窮人前後卻得花一百美元購買好幾雙靴子，而且雙腳還是濕的。

舉一個現代的例子，不少讀者可能會發現，直接購買一支手機的費用比三十六個月分期付款更划算。對於大部分的人來說，一口氣支付超過一千英鎊（約台幣四萬二千元）的負擔太大；但是對有錢人來說，這是可行的選項。窮人分成三十六個月付款，總共支付一千五百英鎊（約台幣六萬三千元），但富人只要直接付清一千英鎊就好。負擔不了投資未來的費用，也是窮人更關注當下的另一個原因。由於一次付清的選項不適用，因此每月分期付款就變成了焦點。

貧窮很花錢，富裕反而比較省錢。社會頂端的名人和網紅的收入雖然很高，但是他們通常不用花什麼錢。品牌常常送禮給網紅，希望他們能穿上該品牌的服飾、使用該品牌的化妝品，或是在特定的餐廳吃飯，這些都算是某種代言。（但是這種做法恐怕已經過火了，有一個特別有趣的例子是：餐廳業主必須告訴這群網紅，別再「提議」到他們餐廳免費用餐[23]。）這種現象不只在極端場合發生，更是展現在整體的所得分配上。越有錢的人反而更不需要花錢。

貧窮會對人們的行為施加限制和壓力，用各種方式消耗大家。一項關於印度農民的知名研究發現，農民在收成過後的認知功能變高了。農民在收割及販賣作物之前一貧如洗，但是收成過後，他們的智商測試分數大約多了十三分。如果你想知道這代表什麼意思的話，這段分數的變化大約等於酗酒人士和非酗酒者之間的差異；或是失眠一晚的差異；又或是得到大學學位的差異。該研究也指出，美國的受試者做出自家汽車的假設性決策時，涉及的金額越多，他們的表現就會越差[24]，看來金錢壓力會顯著影響人們的判斷能力。

我們不應該將經濟弱勢與不理性混為一談，更不應稱之愚昧。在美國喜劇《發展受阻》（Arrested Development）中，富豪露西兒．布魯斯（Lucille Bluth）向兒子詢問一般水果的價格時，透露出她跟現實有多脫節，她說：「麥克，這是一根香蕉。這樣要多少錢？十美元（約台幣三百二十元）？」事實證明，窮人往往比富人更加精打細算，這純粹是因為有其必要。手頭吃緊的時候，就必須省吃儉用才行。

在一項實驗中，人們被問到如果要買一台三百美元（約台幣九千六百元）的平板電腦，他們願不願意為了省下五十美元（約台幣一千六百元）特地跑一趟；接著又問，如果是一千美元

（約台幣三萬二千元）的平板電腦，他們願不願意為了少花五十美元多跑一趟。大多數人都表示他們願意做前者，但不願意做後者。然而，既然都是五十美元，這樣的選擇似乎不太理性。不過，較貧窮的人更有可能對兩者都表示「願意」：因為對他們來說，五十美元非同小可，所以他們能夠更清楚地思考這個問題[25]。

貧窮以各種固定的形式讓大家變得更窮。貧困的人更有可能犯罪，更有可能使用醫療服務，更有可能申請救濟，更有可能無家可歸，更有可能使用社會服務，他們通常賺得不多，教育程度也比較低。如果為了對抗貧窮問題而刪減支出，最終不僅是首當其衝的族群付出代價，其他人也都會遭受波及。這麼做有點像是把一團東西推到地毯底下——它仍會在其他地方冒出來。根據估計，由於福利國家措施和公共服務不足，貧窮問題導致英國每年損失七百八十億英鎊（約台幣三兆三千億元），遠遠超過提供這些服務所需的費用[26]。雖然我們不應盡信如此精確的數字，但以整體概念而言並無爭議。

兒童貧窮的影響力無疑是最深遠的，因為這個問題會延續一輩子[27]。經濟學家詹姆士．赫克曼（James Heckman）人生使命其中一項就是傳達兒童營養、教育及照護對未來發展有多重要。接受教育並獲得資源的兒童在長大之後，通常收入更高、身體更健康，並且比較不容易犯罪。赫克曼方程式（Heckman equation）強調越早越好：有一些效果極佳的方案會包含從出生到學齡前的階段[28]。許多針對幼兒的政府計畫成效卓著，政府不僅獲得更高的稅收，也降低了社會成本，從長期來看，這些投資都回本了[29]。

總而言之，因為貧窮的緣故，窮人在各個方面都受到限制。貧窮不僅打亂了人們的規畫能力，讓他們無法投資自己和家庭，甚至還會導致認知功能下降。由於得不到資源，家境貧困的兒童面臨多面的挑戰。更慘的是一旦變窮，管理財務就會變得更困難，不光是因為轉圜空間變得更小，更因為客觀來說，很多東西都變貴了。因此，窮人的主要困境並非他們不努力、不自制或是心態不佳，而是他們手上的錢根本不夠用。這不僅讓窮人付出極高的代價，其他人也同樣受害。

歧視：事實還是虛構？

二〇一八年，加拿大心理學家喬丹．彼得森（Jordan Peterson）登上英國節目《Channel 4 News》，參與一場惡意的訪談。記者凱西．紐曼（Cathy Newman）訪問他變成著名知識分子的心路歷程（只有少數學者有這樣的經歷）。彼得森的知名度之所以大幅提升，一面拜 YouTube 所賜，一面是因為他在加拿大針對言論自由議題進行政治干預。雖然這場訪談是了解彼得森現象（包含他對性別問題爭議的言論在內）的好機會，但是訪談並不順利。主要是因為紐曼顯然有個人立場，想極力說服對方，並再三曲解彼得森的意思。相比之下，彼得森表現得體，雖然訪問者咄咄逼人，他仍然展現出淵博的學識與風度[30]。

事實上，我對這場訪談的互動比較不感興趣；我更感興趣的是彼得森在訪談中提出的事實性主張（factual claim）。當紐曼指出，女性做同一份工作卻比男性的薪水少了九％，彼得森便反駁只要根據年齡、職業和個性等特徵來分析數據，所謂的性別薪資差距「根本不存在」。這反映出一種普遍存在的觀點，就是女性平均薪資較低（這一定是事實）只是男女有別的事實所呈現的結果。因此，他們會在工作地點、工時、是否要求升遷等方面做出不同的選擇。彼得森認為，在相同的工作崗位上，男女所得大致是一樣的。

正如許多複雜的議題被簡化成政治口號，兩性的薪資差距問題也會有一些流言蜚語。在美國動畫《瑞克與莫蒂》（Rick and Morty）當中，科學家瑞克主張世上並沒有性別歧視，桑美（Summer）對此提出異議，並表示：「我們明明做同樣的工作，但薪水卻只有你的七〇％」。這充其量不過是一個過時的數據，而且極度誇大了多數富裕國家的男女薪資差距。另一方面，只要仔細考量彼得森列出的所有差異，你就會明白他主張同一份工作沒有性別薪資差距的說法不是事實。美國的證據（跟訪談的時間點相近）指出性別薪資差距是九％，正如紐曼所言[31]。

但最重要的是，考量男女之間的差異不一定都是正確的做法。正如我們所見，貧困會讓人處於多重劣勢。因此，即使女性從事不同工作，收入較低仍會造成她們的困擾，也會影響到整體經濟。事實上，全職工作女性的平均所得比男性少二〇%，一部分是因為女性從事的工作本身薪水就比較少。除此之外，女性整體來說較少從事有薪工作；美國的女性平均收入大約是男性的六〇%。由於女性的收入遠低於男性，所以不論原因為何，她們獲得資源的機會都比較少，這點無可否認[32]。

彼得森另一個論點是強調男性更有可能從事工時長且位高權重的工作，像是法律專業人士等等[33]。雖然這件事可能是事實，但是無償的家務工作（打掃、煮飯和育兒）卻分配不均。這些工作讓一切得以運行——在正常運作的經濟和社會當中，人人都需要吃飯，場所需要整潔有序，孩子也需要有人養育——然而，由於這些工作並未產生私人收益，所以不見得能得到市場經濟的報酬。美國的證據顯示，女性做的無償家務大約是男性的兩倍，這就為「女性收入只有男性的六〇%」提供了來龍去脈。在全球各地較貧困的國家，無償工作的總量可能更高，且男女之間的差距恐怕更大。在馬利、柬埔寨、巴基斯坦和印度，女性每天承擔超過九〇%的無償勞務工時[34]。所以並不是她們沒有工作，而是她們的工作沒有薪水。

歧視已死？

由於大家都靠市場經濟來獲得收入，我們得好好探究誰優先獲得資源，進而享有經濟優勢。倘若歧視風氣盛行，那麼對於機會較少的人來說，他們沒犯錯也很難成功。大部分的人都不會反對這個事實：在大多數的國家當中，性別歧視、種族歧視、恐同和其他形式的歧視有著悠久的歷史。一直到二十世紀下半葉，美國的種族隔離制度才被廢除，女性才能進入勞動市場，同性戀才合法化。在這些變革之前出生的人們，如今仍有一些人存活於世。

彼得森與紐曼的爭議性訪談凸顯了一件事：現代對於這些議題仍否廣泛存在依然爭論不休，尤其這些議題是否能解釋就業、收入、住宅資源等當代差異。而今，檯面上的正式障礙已被廢除，事實上，先前的弱勢族群如今大部分都受到法律明文保護，免受歧視所苦。鐘擺甚至有可能已經盪到另外一端，這些族群反而擁有相對優勢，我們有時稱之為「正面的差別待遇」（positive discrimination）。探討這個問題將帶領大家認識過去數十年來，在我眼中最嚴謹、最具啟發意義的社會科學統計研究。

由於歧視往往是依據可觀察的特徵（不只是性別，也包含種族、移民身分、身心障礙，甚至性傾向在內），因此研究上較容易進行實驗操縱，看看是否就是這些因素決定了人們的機會。

舉例來說，許多知名研究寄了假的履歷給雇主：除了名字不同之外，這些履歷長得一模一樣。一份履歷的上方用大大的字體寫著女性的名字，另一份則是男性的名字。如果把名字藏起來的話，這兩份履歷就無法區分。也就是說，雇主會相信男女雙方的教育、工作經歷、興趣等各方面一模一樣。雇主做出不同選擇的理由只有一個：他們有某種偏見。

這些研究的證據顯示，雇主確實比較不會雇用女性從事律師、醫生和金融人士等男性主導的工作[35]。一項針對科學家的研究發現，女性求職者的履歷即使跟男性一模一樣（包含完整的自傳在內），也更難獲得錄用；就算錄取了，薪水也比較低，而且她們的能力評等也比（貌似是）男性的求職者更低[36]。並非只有男性做出這些決策，其實大家都會被這些偏見影響。證據顯示，就連女性學者也會歧視其他女性[37]。

這種情況並不僅限於就業。有一項研究以大學的線上課程進行實驗操縱，影響學生判斷授課教師是男是女。由於這堂課程並沒有講課，而是完全透過書面或是第三方的線上內容進行。所以光是名字就足以決定學生對老師的性別認定。雖然教學內容一模一樣，但學生卻對「女」老師的評價較低[38]。但問題的複雜程度不只如此：關於我們討論的這項研究，男性學者的評估結果往往比女性學者更抱持懷疑態度[39]！

我們在假設性別歧視只有單方面的發展之前，應該要先留意上述研究結果有一個重要特徵。

正如女性較不易進入男性主導的產業，男性也難以參與女性主導的產業。如果你是男性，你也許有過這樣的挫敗經驗：自己在青少年時期謀求餐旅或是祕書職位遭拒，結果卻發現同樣缺乏經驗的年輕女生卻得到錄用。男性求職者在餐旅、護理、行政或祕書等工作較少獲得回音。有一些證據甚至指明，跟女性申請男性主導的工作相比，這些產業的性別歧視程度恐怕更嚴重，有可能是因為這項議題缺乏社會意識[40]。

針對其他弱勢族群的研究也呈現相同的基本結果：他們較少得到回音。然而，每一次的研究似乎都有獨特（恐怕令人沮喪）的轉折。例如，在原本的履歷研究當中，有一項研究探討了非裔美國人面臨的歧視問題，而且標題相當貼切：「艾蜜莉和葛雷格是否比拉奇莎（Lakisha）和賈麥爾（Jamal）更容易找到工作？[41]」這些履歷不僅區分出黑人和白人，也根據資歷進行劃分。有的人經驗更豐富、證書更多、軟技巧（例如：懂一門外語）更多、待業空窗期較少等等。因此，研究人員就能研究四個群體：資歷合格的白人、資歷合格的黑人、不符資格的白人以及不符資格的黑人。

研究發現，雖然履歷一模一樣，但是跟艾蜜莉、葛雷格相比，拉奇莎和賈麥爾收到回音的機率少了三分之一。此外，研究採用的資歷分組凸顯出一項微妙差異，令人擔憂。從簡歷來看，雖然資歷高的白人比資歷低的白人更有可能收到錄取通知，但是對於黑人而言，資歷高低並沒有影響。非裔美國人不論經驗和技能豐富與否，兩者的待遇都是一樣的。套用經濟學家提姆·哈福德（Tim Harford）的話就是：「彷彿只有三種人：才華洋溢的白人、資歷平庸的白人以及純粹的黑人[42]。」這項研究結果傳達的訊息相當明確：既然教育根本改變不了什麼，那又何必努力接受教育來脫離貧窮呢？

做了不對，不做也不對

這種對不同族群的不對稱待遇帶我們重新思考彼得森和紐曼的訪談。由於彼得森的學術背景著重個性研究，所以他常常強調，無論是就業或其他方面，這些因素都會決定不同的結果。正如他在訪談中承認，男女的人格特質差異不大，但可能有影響的因素是女性更加「和善」（agreeable）。這個特質基本上就是字面上的意思：女性會把自己的想法放在心裡，而男性則更傾向表達意見並挑戰他人觀點。這類的「強勢」與高薪有關，因為這樣的人會向上級爭取更多利益。因此，結論自然而然地變成：由於女性比較和善，所以不太會要求加薪。

這裡我們再次看到被歧視族群往往陷入進退兩難的困境。一項研究發現，女性確實比男性更和善，但也有一些女性較強勢，也會要求加薪。雖然對男性來說，強勢的態度能獲得更高的薪資，但是對女性來說未必如此[43]。強勢的作風也許能讓男性有所成就，但對女性而言卻無法從中受益。研究也顯示，外界往往期待女性處理辦公室的瑣碎事務：會議紀錄、泡茶，甚至是打掃辦公室的廚房[44]。萬一她們沒有展現這種無私奉獻的行為，就會受到懲罰；但男性卻不會遇到這個問題[45]。

顯然在不同族群當中，個體的行為與特質產生的結果不盡然相同：針對女性和非裔美國人的研究顯示，他們「做了不對，不做也不對」。對整個社會而言，這代表著一種無法避免的失敗——我們沒能讓那些本應發揮生產力的人進入合適的崗位。雖然首當其衝的是那些面臨歧視的個人，但整體社會同樣受害，因為這導致了大量人才的浪費。這種情況尤其隱晦且惡性循環，因為它會讓許多人在一開始就被勸退，不去嘗試那些由於歧視而成功機率較低的道路，進一步強化了不平等的現狀[46]。

雖然我相信上述研究已經非常清楚地指明歧視問題，但還是有一些反對觀點值得討論。例如，英國名嘴安德魯．道爾（Andrew Doyle）在一場訪談中強調，有證據顯示招聘者更有可能雇用跟自己同天生日的人。他認為，這是因為人們「往往會偏好跟自己更相似的求職者」[47]。換句話說，以上詳述的研究不一定是種族歧視或性別歧視的證據，而更多是人類偏好同溫層的證明，就跟足球球迷或公司部門彼此較勁一樣。雖然這也許是事實，但並不等於否定研究結果，而是加以解釋。這跟彼得森的論點有點相似：性別薪資差距只是職業、人格特質和工時不同的結果。不論確切原因為何，最終結果就是：非主導地位者（基於種族、階級、性別、性傾向或其他因素）會進一步被排除在外。

更根本的問題是，這個論點完全沒有解答為什麼某些標誌很重要。生日雖然在許多西方社會別具文化意義，但是貴格會（Quakers）和耶和華見證人（Jehovah's Witnesses）的成員不過生日。世界上有許多國家，像是越南、不丹、莫三比克和日本，都不太會像我們這樣慶祝生日。如果在這些國家進行履歷實驗，你可能看不到招聘者偏好雇用跟自己同天生日的人，因為他們根本就不太重視生日。這就點出了一個問題：為什麼在我們的社會當中，種族和性別會變成這麼重要的「相似性」標誌？目標難道不是讓這些事物變得跟不丹人的生日一樣不重要嗎？正如已故經濟學家比爾・斯普里格斯（Bill Spriggs）指出，為什麼會有人：

> ……認為，一群人觀察到人類擁有無數的多樣性時，他們會一致認為「種族」是一個意義非凡的標誌，不受歷史、法律和社會規範的影響嗎？而且更出乎意料地是……只有負面特徵跟「種族」高度相關。

種族變成劣勢族群的文化標誌，這並非只是同溫層內部的偏見，更代表種族歧視的本質。另一個反駁研究的論點凸顯了這個問題：「黑人」只不過是階級的標誌，所以問題在於階級，並非種族。但如果把「黑人」當成較低階級的標誌，我們還是得問：為什麼會這樣[48]？我們會把階級跟種族連在一起，背後其實有著歷史因素，這就造成了我們所見的歧視問題。正如有些國家和宗教不怎麼慶生，我們似乎也沒有理由把種族跟性別當成重要標誌，用來衡量從事某項工作的資質或偏好。

別問我，我只是女孩

在《辛普森家庭》中，花枝（Lisa）向哥哥霸子（Butter）氣呼呼地抱怨著新推出的「馬里布史黛西」（Malibu Stacey）娃娃，這隻娃娃的諷刺台詞包含「別問我，我只是女孩」以及「去買化妝品吧！這樣男生才會喜歡我們」。

人們對待性別的態度根深柢固，甚至早在雇主閱覽履歷之前就已形成。舉例來說，證據顯示跟女孩相比，老師、父母和同儕往往更鼓勵男孩學習數學、科學等科目[49]。美國有一項研究探討幼年接觸這些性別態度會如何影響成年後的職業選擇。在性別態度較開明的州出生的女孩，長大之後更有可能進入職場，也更有機會從事男性主導的職業；相較於出生在保守的州的男孩，態度開明的州出生的男孩更有可能選擇女性主導的行業[50]。

毫無疑問，這種根深柢固的偏見很難解決。不過，有一些現成的範例可供參考。女性在「科學、科技、工程、數學」（STEM）領域的代表性不足（under-representation）一直是西方國家備受關注的議題。到二〇二三年為止，英國女性僅占STEM勞動力的二九％[51]，美國的情況也很相似。相較之下，阿拉伯國家和前蘇聯國家的女性在科學界的代表比例則與男性相近。這兩個區域長期以來都致力於推動女性進入STEM領域，並透過各種方式改變社會觀念。例如，資訊宣傳便是一種有效手段。不久之前，許多職業廣告仍會根據職位類型，明確鎖定男性或女性。然而，蘇聯卻一反潮流，經常張貼海報鼓勵女性成為科學家，甚至提供托育、洗衣和供餐等服務，讓女性當母親之餘也能好好工作[52]。

改變教育體系也能產生長期的影響。突尼西亞和約旦不讓孩子自行選擇學科，而是僅根據考試成績分配，這種制度自然地導致更多女孩進入科學領域[53]。這些政策的實施留下了深遠的影響：時至今日，東德的女性在數學領域比西德的女性更有自信[54]；在許多阿拉伯國家，科學領域的女性畢業生比例甚至超過男性[55]。當然，這些國家依然存在明顯的性別歧視和其他偏見問題，只是它們的性別觀念與西方社會有所不同，這也意味著這些觀念是可以改變的。美國的研究證據指出，僅僅是接觸到ＳＴＥＭ的女性楷模，女孩就更有可能追求在這個領域發展[56]。

西方國家也有女性參與ＳＴＥＭ及相關產業中發揮重要作用的歷史。看過二〇一六年電影《關鍵少數》（Hidden Figures）的人都知道，非裔美國女性在一九六〇年代的ＮＡＳＡ太空競賽中扮演著重要角色，但她們卻被藏在眾人的視線之外。在同一個時期，英國的科技業蓬勃發展，員工主要都是女性，因為當時在人們眼中寫程式是無聊又繁冗的工作。女性做這份工作的薪水很低，因為這是「女孩的工時」（girl hours）（沒有錯，真的是這樣）。然而，隨著電腦技術被認定為未來的發展趨勢，女性開始被排擠出科技領域，逼著她們把職位讓給男性。事實上，英國政府還投資了一種節省勞動力的大型主機，試圖透過勞動力節省技術來減少女性在該產業的需求。這種技術最終被證明是行不通的，結果不僅讓女性失去了工作，同時也毀掉了英國的科技產業——這也是為什麼英國至今仍然缺乏強大的科技產業的原因之一[57]。這再次證實，歧視不僅傷害特定群體，最終也會對整個社會造成負面影響。

如今，全球最知名的科技產業位於加州矽谷，這裡跟英國的前身一樣變成了「男生俱樂部」。科技記者張艾蜜莉（Emily Chang）詳述了這裡有一項傳統：午餐時間組團去脫衣舞俱樂部。這類行程顯然讓許多女性感到不舒服，但是她們往往不得不去。當然，這跟女性是否有能力把工作做好無關，而是跟她們所處的環境有關。令人擔憂的是，女性在矽谷只能得到二％的創業投資資金。正如某位女性科技業員工的觀察指出，資金分配的不平等與性別歧視之間存在著直接關聯：

如果參加這些性派對，就別指望能創業或獲得投資，這些機會的大門會對你關上。但如果選擇不參加，你同樣會被排擠在外。無論怎麼做都進退兩難[58]。

總而言之，廣泛存在的歧視使得與多數族群在種族或族裔上有所不同的群體更難獲得聘用機會，即使受聘，薪資也往往較低，進而限制了他們獲取資源的機會。在某些情況下，這些群體即便投入教育或技能培訓，也未必能獲得相應的回報，使得向上發展變得更加困難。對女性來說，外界往往期望她們擔任「照顧型」的工作角色：在職場外頭當媽媽或家庭主婦；在職場上當護理師或祕書。就算她們能從事傳統上由男性主導的工作，恐怕也會有人期望她們承擔起辦公室內部的照顧職責，確保團隊和工作場所順利運作，而非追求個人職涯。男性則是被推往相反的方向。雖然這通常帶來更高的薪資和社會地位，但從長遠來看，這種性別角色的固化反而限制了他們的選擇，導致許多人被迫進入並不適合自己的職業領域。

致富之路

英國的「老同學」（old boy）人脈網相當有名。有一張知名的照片拍下了一九八七年牛津大學的布靈頓社團（Bullingdon Club）。這個男性菁英社團的著名事蹟包含砸爛餐廳後賠償店主，以及據傳在遊民面前燒掉五十英鎊（約台幣二千元）的鈔票。照片上有後來的首相鮑里斯・強森（Boris Johnson）、大衛・卡麥隆（David Cameron），以及一大群富家子弟。這些人後來成為商業大亨、銀行家和億萬富翁。根據我的經驗，大多數人看到這張照片都會感到不安。那種與生俱來的特權意識彷彿從畫面中溢出，全白人、全男性、全上層階級的成員，穿著昂貴的配套西裝，擺出自豪的姿態，特權氛圍漫溢而出。

英國的公立學校（其實我們稱之為私立學校，因為這個國家從很久以前就放棄了合理這件事）是其中一個躋身菁英階層的重要管道。大部分的學生家境富裕——家裡也必須很有錢才行，畢竟學費貴得嚇人。不過，這些學校還是為學生帶來龐大的優勢。雖然九所頂尖學校（又稱「克拉倫登」〔Clarendon〕學校）的影響力逐漸下滑，但是培養出菁英的機率依然是一般英國學校的九十四倍。稱這些學校的學生是未來的統治者，一點也不為過。

我們很難誇大形容英國菁英階層從小獲得的資源和教育有多好。顯然，他們從來不用擔心溫飽，也很樂意等待第二顆棉花糖（或者應該說是第二包棉花糖）。據說，他們被告知自己注定要率領整個國家。而且三分之二的英國首相確實都是克拉倫登學校出身，因此這個事實告訴你，這種說法並非謊言[59]。他們擁有菁英人脈網，能確保他們獲得財富與權力兼備的工作。所以，即使克拉倫登學校的畢業生沒有進入牛津大學或劍橋大學等名校就讀，他們仍有很大的機率躋身上流社會階級。

階級是個不好理解的議題，一部分是因為它的定義似乎鬆散又易變。根據經典的馬克思主義，為了薪水工作的人都是工人，因此定義為勞工階級。如果你手上沒有土地、實體資本或（現今的）數位基礎建設，那麼你基本上就得仰賴朝九晚五的工作維生。從許多方面來看，這麼區分似乎很合理：一種人為了謀生而工作，另一種人則是擁有資產，能管理工人。馬克思主義對勞工階級的定義，正好就是費里斯希望讀者逃離的處境。然而，由於過去一百年來工作有所轉變，模稜兩可的情況也跟著浮上檯面。

現在，許多有薪工作的收入變得更高了；也就是說，所謂的「工人」可能會發現自己跟某些老闆的收入不相上下，甚至比他們更高。這些高收入的工作（通常得接受高等教育才能獲得）比較沒那麼辛苦，而且更加獨立自主；這也引發了新一波的討論，探討何謂勞工階級。勞工階級指的是從事體力活或是單調工作的人嗎？有沒有獲得學位？是否取決於更微妙的文化特徵，例如口音？更進一步，這是否是個人可以改變的身分，還是說，一個人的階級早已由父母在社會經濟體系中的位置決定？或許，當代的階級概念更像是一頭大象：很難用單一標準明確定義，但當你看到牠時，你就知道牠的存在。

關於英國的階級議題，社會學家麥可．薩維奇（Mike Savage）提出了最全面的現代解釋[60]。薩維奇認為，階級結合了經濟資本、社會資本及文化資本。我會以「擁有什麼」、「認識誰」以及「知道什麼」分別描述這三者。想當然，布靈頓的菁英往往三者兼備。他們會繼承財富，維持著英國自征服者威廉以來集中土地所有權的傳統。他們也會認識很多有權有勢的人。正如某位評論家的觀察，跟著這些人的時候，會發現他們通電話的對象都很不得了[61]。最後，他們的教育和成長環境讓他們能將讀過的書、看過的表演、歷史和地理知識等文化參考資料信手拈來，將其融入對話當中。跟前兩者相比，最後一點雖然看似無足輕重，但我們不應該像法國人低估亨利五世那樣小瞧它。（我其實從未讀過莎士比亞，這段引用是我用 ChatGPT 查的[62]。）

你可能聽過「不穩定無產階級」（precariat。譯註：又譯「蒲公英族」）一詞，這個詞彙指的是跟菁英階級完全相反的族群。大約一五%的英國人身上沒什麼錢，而且收入微薄，通常只是勉強度日。這些人往往在短期工作合約之間跳來跳去，缺乏真正的職涯發展。他們不會出門度假，也不會外出用餐，甚至可能連大多數人認為稀鬆平常的事物（例如：家用電腦）也沒有。

他們不太會為了得到工作或是良機，而打電話給某個熟人，因為他們認識的人通常也跟他們一樣沒什麼影響力。他們的人文活動主要都是非正式且地方性的活動，像是跟鄰居、朋友和家人聚會，而不是花大錢買票看歌劇。

英國經濟學家蓋伊．斯坦丁（Guy Standing）在二〇一一年提出「不穩定無產階級」之後，這個詞彙便成為某種文化現象，讓人們不禁擔憂該階級的規模是否會擴大，以及自己是否會面臨深陷其中的風險。「不穩定」（precarity）的概念掀起新一波研究浪潮，甚至催生出一些政策倡議。然而，不穩定無產階級有一個令人不寒而慄的真相：這個情況在全球許多國家是存在已久的現實。長久以來，不穩定就業的問題在印度、南非和巴西等國家已成常態，只有相對少數的菁英（加上遊客）能雇用大部分的勞動人口從事駕駛或清潔等卑微的工作。這些國家的學者正是基於這個原因，批評「不穩定無產階級」這個觀點並非新現象[63]。

錯綜複雜的階級議題

正如英國有階級制度，印度也有種姓制度。高階種姓的印度教徒通常比低階種姓的印度教徒更有優勢，而印度穆斯林遭受迫害的程度則日益嚴重。正如預期所見，這一切都反映在天差地別的經濟結果上，低階種姓族群收入較低，而且更有可能就業不穩定。儘管種姓制度明顯存在且歷史悠久，但它的影響往往透過更為隱晦的方式運作。例如，二〇〇九年，有一項在德里進行的履歷研究以姓氏暗示求職者的種姓，結果顯示雇主似乎不太會歧視低階種姓的求職者。不過，客服中心的職位是個例外，這類工作通常要求流利的英語能力，而這正是許多低種姓求職者無法滿足的條件。當然，這並不意味著種姓制度已經無關緊要，重點是，這類不平等並非僅僅從求職過程中就能輕易發現。不同的種姓在教育機會、資訊獲取及職業發展上的起點本就不平等，這才是真正導致收入差距的關鍵[64]。

英國的階級制度跟印度的種姓制度一樣難以界定。大多數的英國人都介於菁英階級和不穩定無產階級之間，這讓情況變得更加複雜。許多名人雖然很有錢，但是他們的社會資本（尤其是文化資本）卻相對有限。以足球員或流行歌星為例，大衛・貝克漢（David Beckham）雖然事業成功且受人尊敬，但由於他的艾塞克斯口音非常明顯，外界恐怕無法真正視他為「菁英」分子。許多勞工階級出身的成功商人可能也處於類似的情況，雖然他們建立了重要的人脈網絡，卻仍然可能始終覺得自己是局外人。相比之下，許多學者或教師則擁有豐富的文化資本和社會資本，但缺乏經濟資本（這點我自己就能親身作證）。

其實，我的學術經歷讓我深刻體會到這些隱性階級差異是如何影響個人發展的。雖然我絕不會自詡為「勞工階級英雄」，但我成長環境並不富裕。直到我進入學術界後，才真正意識到其他人的成長背景與我有多麼「不同」。我發現，許多同事來自學術世家，他們實際上從小就開始接受學術訓練。這種背景優勢體現在許多細節上，例如：他們對基礎知識的掌握程度、對大學環境的熟悉程度，以及他們對「何為重要研究」的理解——當你從小由年薪一萬一千英鎊（約台幣四十六萬元）的單親母親撫養長大時，許多學術研究可能更像是一場象牙塔內的智力遊戲，與現實生活的緊迫感格格不入。當然，我並不覺得自己受到了不公平對待。但我確實感受到，這個學術環境並不適合我，而這也是我最終選擇離開的原因之一。我親眼見證，許多與我有類似背景的同行逐漸退出。這正是文化資本（cultural capital）匱乏的本質——並不是你不夠努力，而是你從一開始就站在一個難以跨越的門檻之外。

經濟學家安娜・斯坦斯伯里（Anna Stansbury）和羅伯特・舒爾茨（Robert Schultz）深入探討了美國經濟學界的階級問題，發現這一領域不僅女性與少數族裔代表性不足，就連階級代表性也極其單一。他們的研究顯示，父母的教育程度在經濟學博士生的背景中扮演著決定性角色。在所有學科中，經濟學博士生來自沒有大學文憑家庭的比例最低，且這一趨勢隨時間愈發惡化。即使進入學術界後，能否成功仍與家庭背景密切相關。在來自頂尖學校的經濟學博士（這群人最有可能當上教授）中，令人吃驚的是，有七九％來自父母擁有碩士文憑的家庭。看樣子，經濟學界跟布靈頓社團的差異不大：局內人的專屬知識、優越的成長環境和高度期望，共同塑造了一群特定類型的人，並將他們推向這一學術領域，而其他人則被擋在門外[65]。

事實證明，父母的背景是一項絕佳的階級地位指標，而且影響範圍並不只有學術界而已。正如性別有薪資差距，階級似乎也有薪資差距。父母從事專業工作或是擔任管理職位的話，孩子將來更有可能加入這些行業，而且這些工作的薪資明顯比一般工作高出許多。令人吃驚的是，即使是同個職業也有顯而易見的階級薪資差距。正如薩維奇所述，背景優越的人通常比較弱勢的人多賺二五％。在二〇一一年，父母擔任高階管理職位的英國律師的預期收入是八萬六千三百六十三英鎊（約台幣三百六十萬元）；然而，父母若是從事體力活的工作，這類律師的預期收入則是六萬五千五百八十三英鎊（約台幣二百七十萬元）。再加上後者成為律師的機會本來就遠低於前者，這意味著僅僅因為出生在「錯誤」的階級，就極有可能面臨嚴重的經濟懲罰[66]。

正因階級難以衡量，所以我們稍早討論的履歷研究並沒有像研究種族和性別那樣，深入探討階級問題。由於求職信通常都不會提到父母的背景，因此研究人員嘗試了其他方法。有一項美國的研究向律師事務所發送求職信，並加入某些指標來暗示階級，像是：姓氏、求職者是否在大學期間接受過財務援助，以及興趣（例如：開帆船對比踢足球）。想當然，上層階級的履歷接到較多電話通知，律師們認為這些求職者更適合他們事務所的菁英文化。但是這個研究一如既往地出現反轉：上層階級的女性並沒有比下層階級的女性獲得更多面試機會，也許是因為雇主覺得她們對職業比較沒辦法太投入[67]。以這個例子來說，高階的社會和文化資本似乎只嘉惠了男性。

為成功投保

請回想一下費里斯在《一週工作4小時》試著幫助個人達成什麼樣的目標：收入、穩定和保險。福利國家的現代理念正是如此：提供全方位的保障，對抗收入的變動與衝擊——這向來都是市場經濟的一大特徵[68]。無論是經歷了經濟衰退、不同產業的興衰、高齡化、歧視、階級、疾病、厄運，甚至是發生無庸置疑的個人失誤，目標都是建立一個「安全區間」：讓你的收入不會低到讓你嚐到貧窮的滋味，雖然這就代表稅收會更高，導致你生活中收入較高的次數變少。

在不平等依然存在的情況下，專注於社會流動性恐怕是不夠的。然而，某些經濟學家卻利用人們會在所得分配中上下流動的事實，淡化對不平等的擔憂。例如，經濟學家湯馬斯．索維爾（Thomas Sowell）認為，將「富人」與「窮人」視為固定群體是一種誤解，因為人們會在不同收入層之間流動。一九七五年處於美國收入後二〇%的民眾當中，每二十人就有十九人在一九九一年脫離該區間；同樣地，一開始待在收入頂層的人，也有不少人的收入往下掉[69]。

儘管一定程度的收入流動性無疑優於人們終生受困於出生階層的社會（奴隸制或封建社會的情況正是如此），但這種流動性對於討論經濟不平等的實際影響可能有限。一個完全流動但極端不平等的社會是否理想？其實就是西班牙電影《絕命大平台》（The Platform）所探討的核心主題。在這部電影當中，人們被隨機分配到監獄的不同階層。每一個月，你被分配到的階層會決定你能得到多少食物，頂層的人大快朵頤，底層的人則飢腸轆轆，將對方生吞活剝。雖然每個月囚犯的層級會被重新洗牌，理論上每個人都有機會上升，但對於那些曾經被分配到底層、被飢餓折磨甚至喪命的人來說，這種「公平」毫無意義。這種極端的設定凸顯了一個關鍵問題：即使一個社會允許人們在貧富之間流動，這並不意味著不平等本身是可以接受的。如果社會結構依然讓底層的人必然承受極端痛苦，那麼收入流動性的存在，可能只是對不平等的一種掩飾，而非真正的解決方案。

社會保險的安全區間其實可以從年齡的角度來觀察，這也是索維爾提出收入不平等的擔憂被過度誇大的原因之一[70]。確實，大多數人隨著年齡增長，收入會有所提升。將在速食店打工的青少年與銀行高層主管的收入相比，並不具可比性，因為後者擁有豐富的經驗，對企業的價值也遠遠更高。根據索維爾的說法，年輕時貧窮、但擁有高收入職業發展潛力的人，並不能算是「真正的貧困者」。如果單純將他們當下的收入視為貧困的指標，而不考慮他們的年齡與未來發展，那可能會產生誤導。正因如此，許多經濟學家認為，考量「一輩子」的收入跟單一年的收入一樣重要。這種分析方式強調，人們的經濟狀況應該從長期來看，而不應僅憑某一時刻的收入判斷貧富差距。

這個論點可能會被誇大。在英國，年輕律師擁有可觀的收入，但年長的教師卻幾乎無法獲得任何資歷紅利[71]。無論年齡對收入有多重要，我仍然認為，過度關注社會流動性（mobility）可能忽略了問題的本質。事實上，現代福利國家的核心理念之一，正是要在整個生命週期內進行收入再分配，而不僅僅是從富人轉移給窮人。換句話說，政府的財政機制不只是讓當下的富人補貼窮人，而是讓同一個人在不同人生階段之間進行收入轉移。舉例來說，今天的資深銀行家可能曾經在年輕時擔任麥當勞員工，透過稅收與社會保險，我們確保這位銀行家年輕時能獲得支援。同樣地，當這位銀行家退休時，他的退休金將由當時的年輕勞動者繳稅來支撐。在實際運作上，這意味著：年長的工作者繳納稅款來支持年輕的工作者，但他們也有保障，知道當他們步入晚年，這套制度仍會為他們提供支持。這種世代間的收入流動，正是現代社會保障體系的重要基礎。

社會保險的用意就是保障你任一年的收入都不會低於某個水準。差別在於，費里斯提議把工作外包給低薪者的做法並不適合所有人，但社會保險（基本上按照定義）會幫助每一個人。雖然「保險」一詞會讓人聯想到私人企業（通常是不討喜的畫面），但是社會保險遠比你家或車子的保險更普及。事實上，私人企業在提供社會保險方面屢屢失敗，原因不難預料。

首先，要減少一生中遇到的「不平等」情況，往往就需要年輕時先借一大筆錢，但是許多人（尤其是最貧困的族群）根本拿不到這種信用貸款，更別說有意願挑起這麼重的擔子。

第二，人類普遍傾向「當下偏差」（**present-bias**）[72]，即傾向於為當下消費，而不是為未來儲蓄。這意味著，即使一個人能夠自律地存錢，他們很可能存得不夠，導致退休後經濟困難。即使是能等待棉花糖的孩子，也不太可能靠自己籌出一筆資金度過退休生活，所以，透過政府執行強制儲蓄是唯一能完全負擔退休金的可靠辦法[73]。

第三，完全依賴私人保險來保障失業或健康風險，往往行不通，因為私人公司不願為所有人提供保險[74]，特別是那些最需要保險的人，因為這些人往往對保險公司而言是成本最高的。這就是為什麼私人失業保險幾乎沒有市場——許多人可能甚至不知道它的存在（你可以試著Google一下，可能會感到驚訝）。保險公司會認為，如果一個人主動詢問是否可以購買失業保險，那麼很可能隱瞞了某些關鍵資訊（例如他知道自己即將失業）。這種情況被稱為「逆向選擇」（adverse selection），指的是最需要保險的人往往是風險最高的群體，導致保險公司要嘛拒絕承保，要嘛索取收取天價保費。這也是為什麼私人醫療保險在沒有公共資金和政府監管的情況下，很容易崩潰的原因之一[75]。

最後，從規模經濟的角度來看，保險池越大越好。保險的基本原則就是將無法預測的風險（例如：我會失業嗎？）轉化成可預測的付費方案，讓個人能夠穩定地分攤風險成本。這跟公寓住戶會集資應對緊急狀況的原因是一樣的——將可能讓某個人陷入財務困境的高額支出，轉化為所有人共同承擔的小額穩定支出。這類風險有一個廣為人知的特點：參與人數越多，年度支付的穩定性就越高。當保險覆蓋範圍擴大，個別人的財務壓力就能顯著降低。即使你個人最終並未遇到重大財務損失，你仍然透過相對較小且穩定的費用，獲得了寶貴的安心感。這正是全面且有效運作的福利國家的核心邏輯：**透過全體社會的共同承擔，將個人可能無法應對的風險，轉化為整體可管理的系統，確保每個人無論處於人生哪個階段，都能獲得基本的經濟保障。**

對於長期失業或無法工作的群體而言，社會保險可能是最關鍵的保障。事實上，美國約有一半人口並未參與勞動市場，這個族群主要由兒童、家庭主婦（夫）和老年人組成[76]。大多數的國家雖然會用某種方式支助這些族群，但人們往往低估了這種保障的真正作用。社會保險核心功能在於確保市場經濟中不均分配的收入，能夠流向那些不直接參與市場工作的人。除此之外，一個運作良好的福利國家會為家庭的隱形勞動（例如：烹飪、打掃和養育子女）提供經濟支持，這不僅讓接受援助的人受惠，也會讓經濟運作更順暢，進而讓所有人受益。然而，當前的社會制度並未充分投資於人民，導致了難以估量的社會損害[77]。忽視這些保障，不僅傷害了那些最需要幫助的人，最終也會影響整個社會的穩定與發展。

「脫貧」？

我們在上一章討論億萬富翁的崛起，以及他們如何主導經濟。很多人傾向崇拜致富之人，並渴望有朝一日能加入他們的行列。這是完全可以理解的。但是，如果我們做過頭的話，可能會變成「一時窘迫的百萬富翁」，不僅對自己的處境抱有錯誤期待，也忽視了無數其他人的現實困境。貧困者及特定社會群體正面臨數不清的障礙，導致通往頂端的道路對某些人而言更加艱難，甚至根本不可能實現。這意味著，雖然個人努力確實可以帶來改變，但對許多人來說，向上流動的機會並不均等。更重要的是，即使社會實現了完美的「精英制」，也就是說，每個人都根據自身能力獲得相應的回報，僅靠社會流動性仍然無法解決所有問題。這正是為什麼社會保險依然不可或缺，它不僅提供安全網，也確保那些無法躋身「成功者」行列的人，依然能夠過上有尊嚴的生活。

大部分相信菁英制度的人可能都不曉得，這個概念最初源自社會學家暨社會運動家麥可・楊恩（Michael Young）於一九五八年創作的諷刺文學作品。楊恩預料到，社會將會逐漸分裂為在正式教育體系中表現優異的人，以及那些未能脫穎而出的人。前者最終將獲得高薪、權力和社會影響力，而後者則會被推向較低薪、低社會地位的職業。本質上，楊恩的問題是：如果社會依據學術能力來區分「統治者」與「被統治者」，這種分裂真的就合理嗎？他的答案是否定的。因此他成功推動了英國的全民義務教育制度，以對抗當時盛行的文法學校的偏袒制度。當時的學校體系會要求學生參加惡名昭彰的「11+」考試，根據考試結果決定學生的未來發展路徑：考得好的人被送往菁英學校，接受更高等的教育；考得差的人則被排除在外，註定進入低技術工作。這種做法明確劃定了兩者未來的道路，這時孩子才十一歲而已[78]。

本章的重點是探討個人所得與社會流動性，但現在是時候停下來思考楊恩提出的問題：是否有些形式的不平等，無論如何被合理化，依然是有害的？儘管全球在減少貧困與縮小差距方面有所進展，但全球不平等仍然居高不下，而許多國家內部的貧富差距也依然嚴峻。我們或許可以努力追求人人機會平等，但我們真的可以接受有人必然要過一輩子的貧困與苦役生活嗎？簡單的事實是：無論如何定義，世界上大多數人仍然生活在貧困之中。當我們不只是關注收入流動性，而是深入探討貧困與不平等本身及其影響時，這將引導我們提出與社會流動性完全不同的問題——問題的核心已不再只是「如何讓人們向上移動」，而是「我們是否願意接受一個讓貧困持續存在的社會？」

第四章 貧窮狀況有改善嗎？

全球各地持續上演的貧窮問題

過去這幾年，所謂的「新樂觀主義者」（New Optimist）書籍層出不窮。這些書籍強調，雖然世人普遍抱持悲觀態度，但我們的世界其實表現得非常好。其中一本暢銷書是漢斯．羅斯林（Hans Rosling）所著的《真確》（Factfulness）[1]，書中以數不清的圖表詳細描述健康、貧窮、識字率、環境、航空安全、科學研究等多項領域變得越來越好。羅斯林很喜歡考一考讀者，結果發現他們幾乎都會答錯。大家認為全球貧困和其他問題變得更糟，但事實是這些問題已經有所改善。史迪芬．平克（Steven Pinker）的著作《再啟蒙的年代》（Enlightenment Now）則是嘗試從更學術性的角度闡述這些事實[2]。

其中確實有不少趨勢值得慶祝。在大部分的人類歷史中，絕大多數的孩子無法活到成年，但如今在比較貧困的國家，人們也可以期望子女能夠活超過五歲。許多可治癒的疾病已經能施打疫苗加以預防，基本的健康、營養和教育問題看起來確實有所改善。全球經濟也有幾個成功的故事：自從二戰過後，中國、南韓和日本等國家在經濟階梯上大幅躍進。孟加拉、蒙古、迦納和盧安達等國似乎也有潛力能重現這項壯舉。這些只是我一生中發生的幾個變化，我真心為其感到高興。

另一面，我們應該小心某些TED講者，他們展示的圖表固然令人印象深刻，但這些圖表往往藏有偏見。事實是全球經濟太過複雜，無法輕易用一張圖表或幾張圖表來概括。只要往下探究，我們就會發現數據來源、採用的衡量標準和其他替代性指標有著數不清的問題。舉一個簡單的例子，左頁的【表一】大概是最有名的圖表，深受羅斯林這樣的人喜愛。該圖表描繪出每日生活費低於二．一五美元（約台幣七十元）的人數下滑趨勢。世界銀行和其他機構對赤貧的定義就是一天的生活費為二．一五美元。自從一九九〇年以來，全球赤貧人口的比例已下滑將近三〇％，如今比例已經低於一〇％[3]。

這張圖表確實引人注目，絕不應該被輕易忽視。如果有人告訴你這類統計數據毫無意義，那麼他們顯然沒有面對現實——這些數據是經過嚴謹調查，來自真實人群的。然而，對這些數據的任何過度樂觀的解讀都是不恰當的。首先，如果將這條貧窮線換算成年收入的話，那麼一年就只有七百八十四・七五美元（約台幣二萬五千元）；對於大多數的讀者來說，這是令人難以想像的微薄金額。如果一天只賺二・一五美元的話，本書會花掉一週的收入，幾乎等於年薪的二％。而平均西方國家的居民，二％的年薪則可以買超過五百本書，足夠開設一個小型圖書館。

任何有價值的貧困線標準，都應該基於對人類基本需求的冷靜評估——也就是說，它應該考量人們是否能夠獲得足夠的食物、乾淨的水源和安全的居所。然而，每天二・一五美元的貧困線，顯然無法滿足這些基本需求。這條貧困線並不是基於全球普遍適用的標準制定

【表一】1990 年至 2022 年間的赤貧人口比例

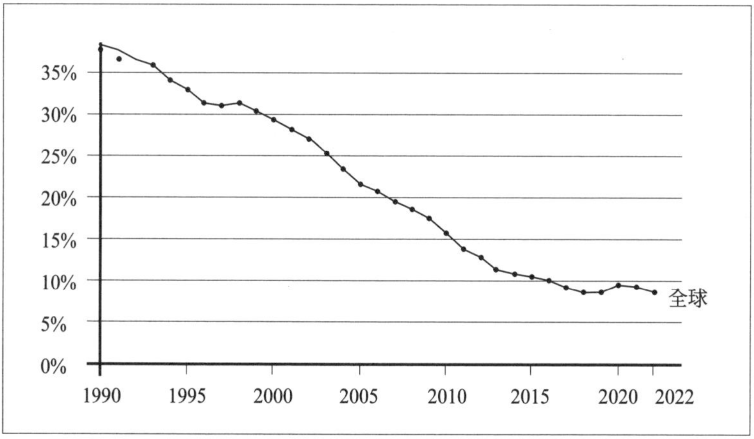

@註：本圖表改繪自：'Share of population living in extreme poverty', from Joe Hasell, Max Roser, Esteban Ortiz-Ospina and Pablo Arriagada (2022), 'Poverty'. 數據改編自世界銀行貧窮與不平等平台（Poverty and Inequality Platform）。

的，而是從六個貧困國家的國內貧困線拼湊而來，因為這些國家擁有相對可接受的數據。問題在於，從較貧窮國家的數據中推導出全球貧困標準，往往會嚴重低估較富裕國家的實際貧困門檻[4]，即便統計學家在計算時進行了各種調整，這一問題仍然存在。更令人擔憂的是，這個特定數值似乎並不是因為它能真實反映出全球各地的貧困情況，而是因為它讓世界銀行、聯合國等名義上負責終結全球貧困的機構看起來「成效卓著」。

居住在全球各地或是造訪過世界各國的學者均表示，世界銀行的數據經不起檢驗。世界銀行雖然指出埃及的貧窮人口比例只有一%，但是埃及政府卻觀察到大量民眾在貧民窟勉強度日，就業情況並不穩定，政府遂將貧窮人口比例定為三分之一；土耳其的情況也很類似[5]。這些統計數據對印度十四億人口造成極大的傷害，因為它們嚴重低估了這個人口第一大國的貧困情況。其中一個極端的例子是，某些統計數據顯示，印度農村幾乎每個人都有私人廁所[6]。看過《漫漫回家路》（Lion）、《白老虎》（White Tiger）或是《貧民百萬富翁》（Slum Dog Millionaire）等熱門電影的人都會知道這完全是扭曲現實的粉飾太平。（在《貧民百萬富翁》中，有一個孩子被鎖在公廁裡面——廁所其實就設在裝滿糞便的茅坑上方。為了逃脫，他從廁所直接跳進茅坑，這個畫面至今仍讓我難以忘懷。）

當我們試圖理解全球範圍內的不平等時，必須拋棄那些過於簡化的「貧困減少敘事」。過去一個世紀確實見證了物質進步的擴展，但這種進步並非線性發展，而是伴隨著複雜的歷史脈絡與重大結構性問題。我們需要更了解貧窮的根源、衡量貧窮的方法，以及如何減輕貧窮問題。這些問題將引導我們以更批判的視角來審視近代全球經濟發展的歷史。

我們在測量什麼？

……簡單來說，GDP[7]測量了一切，但是不包含讓人生有價值的事物。——鮑比・甘迺迪（Bobby Kennedy）談GDP

我們都知道GDP（人們談到「經濟」通常指的就是GDP）並非生活中最重要的事物。甘迺迪很清楚GDP其中一個主要問題是，GDP基本上對其衡量的經濟產出是好是壞抱持中立態度。砍伐森林販售木材雖然可能會提高GDP，但卻為當地的生態系帶來毀滅性的影響。大多數人會認為離婚是艱難且令人遺憾的過程，但由於離婚通常需要支付法律費用，所以這筆錢也會算進GDP。如果你摔斷腿，X光檢查、手術、石膏和後續照護的費用也會算進GDP。另一方面，大家普遍認為美好的事物，像是藝術、良好的人際關係、智慧與教育、新鮮空氣與健康環境、人生目標與幸福感等等，卻不會直接貢獻在經濟成長數據裡。

GDP衡量的是某個國家最終財貨與勞務（final goods and services）的市場價值。換句話說，GDP最主要是衡量市場經濟內部活動的指標。倘若GDP隨著時間成長（經通膨調整後），那就代表市場活動增加，有了更多商品與服務。雖然對於不熟悉定義的人來說，稱之為「最終」財貨與勞務可能看起來很奇怪，但是這個概念非常重要，因為這樣可以避免重複計算。假如樵夫砍倒了一棵樹，把它賣給木匠，木匠再把木製椅子賣出去；倘若將這兩筆買賣都算進GDP，那就代表樹木的價值被算了兩次：一次是木材，另一次是椅子。在實務上，木材的成本會從椅子的成本扣除，因此GDP只計算製作椅子所創造的「附加價值」。這種方式確保GDP只反映最終消費品的價值，而不是供應鏈中的每個步驟，從而避免數據膨脹和誤導性的經濟增長評估。

在我們回顧歷史變遷，研究各國如何脫貧的時候，經常會嘗試在長時間跨度與廣泛地區內估算GDP。舉例來說，你可能看過全球GDP呈現「曲棍球棒」走勢的圖表，（如左頁的【表二】）這張圖表顯示GDP幾乎在整個人類歷史沒什麼變化，直到資本主義興起才呈現指數成長。道理很簡單：人類長期生活困苦，大多數人擁有的資源跟今天相比顯得微不足道。其實有論點指出，古時候許多國王的物質生活甚至比不上如今生活在富裕國家的普通人。雖然這個說法難以完全驗證，但生活水準的提升確實是真實且不容忽視的[8]。

我最喜歡的對比是沐浴與清潔習慣的變遷。羅馬浴場是有名的公共場所，人們會在同一個大浴池洗澡。雖然這是人人都能參與的重要社交儀式，但是照著現代標準來看，浴池的水不太乾淨，畢竟生病的人和健康的人一起泡澡，不流動的溫水儼然成為細菌滋生的溫床[9]。到了莎士比亞的時代，當時羅馬帝國早已滅亡，但是人們仍然會使用公共浴場，並且按照傳統的英式作風，以階級決定優先使用順序。國王、領主和男爵會先洗，再來是中產階級，等到最窮的人可以進去的時候，泡澡會讓你變得更乾淨還是更髒，就很難說了[10]。

直到維多利亞時代才有自來水，於是市區的浴場設置了獨立的小隔間，讓人們定期光顧；結果浴

【表二】長期全球 GDP（美元）

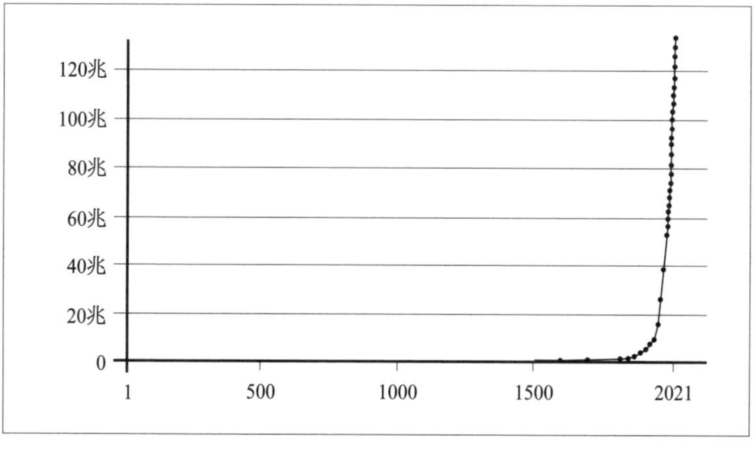

場再次成為富人更能使用的場所。這些浴場並不像羅馬浴場那樣讓人天天使用；但至少新鮮的熱水能保證你會洗得乾乾淨淨，肥皂的問世也幫助大家把身體洗乾淨[11]。然而，我們很容易忽略現在的清潔習慣和設施有多麼現代化。

英國經典電影《四重人格》（Quadrophenia）的背景設定在一九六〇年代，主角依然使用著維多利亞時代般的市區浴場隔間，而大多數英國家庭在這個時期也沒有獨立衛浴[12]。同時期的情境喜劇《斯特普托父子》（Steptoe and Son）某一集的內容是：年邁的父親待在客廳小小的浴缸裡泡澡，讓他的兒子不禁覺得這種情況真是「侮辱人」。

相較之下，如今就連富裕國家中最窮困的人也會期望擁有自家的瓷磚浴室，需要的時候都可以使用。現在大家都可以使用自來水，沖熱水澡不僅能讓大家的身體保持乾淨，也變成療癒身心的方式。羅馬皇帝或是李爾王（King Lear）根本無法想像現代浴室有多麼便利、乾淨和高效率。洗衣機、洗碗機和馬桶等設施也是如此。

然而，關於貧窮和生活水準的歷史推估多少都有一些似是而非的成分。人類學家傑森・希克爾（Jason Hickel）以強烈批評全球貧窮議題而聞名。他指出，大多數的時期和區域都沒有GDP數據可以參考。雖然西方國家自從二戰後才開始有系統地收集GDP數據，但是在其他地區或是二戰之前，這些數據根本不存在。希克爾強調，非洲在一九〇〇年之前根本沒有數據；

在一九五〇年以前，只有三個非洲國家有數據。而擁有全球大部分人口的亞洲在一九五〇年以前也只有三個國家有數據，拉丁美洲的情況也是如此[13]。

隨著各國被納入全球資本主義體系（這段過程往往暴力且動盪），測量出來的GDP可能會增加，因為市場經濟有了更多「最終財貨」被生產並銷售。舉例來說，英國在十九世紀殖民印度的時候，印度許多農業部門的用途被改成大量生產並出口糧食。在這之前，土地是由個人持有一小部分，或是由一群人共同持有，並且是為了滿足當地消費而生產。原本這裡沒什麼市場交易，轉型成現代工業化農業的成果則被認定為經濟繁榮之作。然而，從一八七〇年到一九二〇年，外界普遍認為有數千萬印度人死於饑荒，印度的平均餘命也跟著下滑[14]。雖然這是極端案例，但是它清楚顯示：測量出來的GDP不一定代表更高的生活水準。

要回溯到過去並收集詳細的貧困數據，是一項極其困難的任務。事實上，如果你聽到貧窮下降的說法，你得知道一九八一年（世界銀行開始衡量貧困的時候）之前大部分的數據都是根據GDP而來。經濟歷史學家羅伯特．艾倫（Robert Allen）進行了一項辛苦的工作，他試圖研究英國和印度轉型成市場經濟之前，兩國的家庭實際消耗了多少食物。他發現貧窮的確很普遍：根據他的計算，十四世紀的英格蘭和十九世紀的印度都有大約二五％的居民過著赤貧的生活。不過，這依然比世界銀行的估計更低，後者認為在這些時期，幾乎所有人的生活都在貧窮線以下[15]。

艾倫的研究告訴我們，歷史上的貧困變遷遠比曲棍球棒走勢圖所描繪的線性GDP增長更為複雜。相較於GDP緩慢增長後突然「起飛」的敘事，貧困的變化並不總是與GDP增長同步。某些時期與地區貧困水準持平，而在其他時期，貧困甚至惡化。到了十七世紀，也就是工業革命前夕，英國只有五％到一〇％的貧窮人口，一般印度民眾的生活水準也跟西歐大部分的地區相當。在英國殖民時期，印度的貧窮率翻倍；英國在工業革命早期的發展則是不進不退。這種複雜的歷史變遷，根本無法透過單純的「GDP增長曲線」來理解。無論是那些描繪GDP長期穩步上升的圖表，還是那些呈現貧困率急劇下降的現代數據，都無法反映這些不均衡的歷史發展過程。

認為殖民主義是一種「嚴重罪行」的爭議性應該不大，但這並不意味著現代資本主義與殖民主義完全等同。我希望你能從這裡學到的是：對於那些將「國家如何致富」簡化為單一敘事的說法，應該抱持懷疑態度。這些敘事往往來自羅斯林、平克和比爾．蓋茲等人，而比爾．蓋茲本人更是大力支持新樂觀主義。然而，這些數據問題並不僅限於歷史記載，即使世界銀行在一九八一年之後的貧窮數據遠比我們討論的稀疏歷史數據更加詳盡，但這些數據仍然存在嚴重的缺陷。研究貧困問題的學者莫騰．傑文（Morten Jerven）對此作出了精闢總結：

> 談到研究經濟發展，基於數字而有的知識會有雙重誤差：我們對貧窮國家所知甚少，甚至對這些國家的窮人了解更少[16]。

在世界銀行資料庫中，將近一半的國家不是缺少貧窮相關數據，就是只有一年的數據。若是缺少過去的比較基準點，就很難討論貧窮的下滑情形；要是根本沒有數據的話，情況更是雪上加霜。只有少數國家稱得上具有可信的長期追蹤資料。不光是貧窮指標有這樣的現象，衡量健康和教育進展的指標也是如此[17]。因此，當我們使用這些統計數據時，必須保持謹慎，確保我們能夠看到更廣闊的歷史背景，而不只是單純依賴片面的數據趨勢。同時，這並不意味著我們應該接受另一種過於簡化的悲觀敘事，即認為世界狀況實際上正在變得更糟。

雖然艾倫嚴謹的估算把全球剩餘的貧窮人口估得比世界銀行還高，但他估算的結果仍顯示貧窮在最近幾十年來明顯下滑，其他研究人員也採用不同的方法，嘗試驗證這些數據[18]。事實上，自從一九八一年以來，貧窮似乎呈現相當穩定的整體下滑趨勢：就算你用不同方法來估算貧窮，還是拉高貧窮線（例如：將貧窮線設定成每天五．五美元（約台幣一百八十元），而非二．一五美元），甚至去查看營養和營養不良等相關指標[19]，全球各地一般民眾承受的苦難確實變少了。話雖如此，不論是富裕還是貧窮國家，過去數十年來仍有許多人勉強度日，我們需要更詳細地觀察他們，才能更了解這些趨勢。

現實主義凌駕樂觀主義

在二十一世紀，中國成為經濟超級強權。過去幾十年來，中國每年的成長率介於五%到一〇%之間，中產階級大幅成長。中國不是世上唯一的經濟成功範例；自從二戰以來，貧窮國家大部分的成長都來自於附近地區。從日本開始，一些比較小的東亞國家的經濟成就更高，不僅造福了一般民眾，也達到先前僅西方國家才有的收入水準。臺灣、南韓、馬來西亞、香港和新加坡等地也在不同程度上實現了經濟成功[20]。這些國家建立了令人印象深刻的經濟體系，許多產品成為我們眼中家喻戶曉的品牌，像是：現代汽車（Hyundai）、任天堂（Nintendo）、抖音（TikTok）、三星（Samsung）等等。這幫助他們的人民幾乎完全脫離了赤貧的處境。自一九八〇年以來，東亞人民每日生活費低於二·一五美元的比例從大約八〇%下降到幾乎歸零。

然而，如果把這些國家的發展軌跡當成全球貧窮議題的成功範例，那就代表世界各地也能效仿它們的成功，但是數據並沒有反映出這個跡象。若將中國排除在外並拉高貧窮線，貧窮程度會將大幅提高，幾乎不見下滑趨勢。貧窮線設定為一天五·五美元的話（年收入只有二〇〇七·

五美元（約台幣六萬五千元））,全球各地（不採計中國）的貧窮率並未下滑，甚至現在的赤貧人數仍接近全球一半的人口[21]。有一些人建議拉高貧窮線：例如，發展專家蘭特．普里切特（Lant Pritchett）認為貧窮線應該設為每天十五美元[22]（約台幣四百九十元）。若是採用這個標準，全球貧窮率（包含東亞在內）在過去幾十年來僅從八〇％下降至七〇％[23]。

談到全球貧窮問題，很多人都會不自覺地想到非洲的貧窮國家，但是世上最窮的人有很多都來自中等收入但高度不平等的國家，例如：拉丁美洲國家。巴西是個很好的例子，它能說明我們如何輕易被平均貧窮率下滑的圖表誤導。巴西是個成長穩定的中等收入國家，人均GDP為一萬五千美元（約台幣四十九萬二千元），大約是美國的五分之一，略低於歐盟的三分之一。巴西加入了所謂的金磚五國（巴西、俄羅斯、印度、中國、南非），成為全球經濟的「新興國家」典範。然而，巴西的收入成長卻掩蓋了許多困擾該國且令人擔憂的變化，尤其收入不均、製造業衰退和社會不平等等問題。

正如發展專家大衛．歐克斯（David Oks）和亨利．威廉斯（Henry Williams）的提醒，除了某些石油富國之外，幾乎沒有國家能在缺乏製造業穩固根基的情況下成功致富[24]。雖然製造「實體」物品被視為是過時的觀點，但這依然是維持經濟發展最為常見的道路。製造業的快速成長為許多人帶來了就業機會，雖然這個行業非常辛苦，但是薪資優渥，工作也很穩定。隨著技術和科技的進步，製造業的生產力增加，不僅推動價格下滑，也提高了製造商品的品質。經濟學有一套理論叫做「卡爾多成長法則」（Kaldor's Growth Laws），這套法則指出製造業的高成長會推動工業化的良性循環，不僅能進一步推升製造業的成長，也能促進其他產業的經濟成長[25]。

雖然我們不應該過度美化這些工作，但製造業在歷史上扮演核心角色仍是必須正視的事實，這也為貧窮問題帶來嚴重的影響。在一九六〇年至一九八〇年間，巴西的製造產業大幅擴張，這段時間的人均GDP成長了一四〇％。倘若這樣的成長速度能繼續維持到二〇〇〇年，現在的巴西可能會比大多數的歐洲國家更富裕。但事實上，由於工業發展停滯不前，巴西的GDP在往後的二十年只增加了二〇％。巴西曾經是汽車和電子產品領域的領頭羊，如今這些產業雖然還在，但已經不再是當年的明日之星。巴西分析師艾力克斯．霍丘利（Alex Hochuli）甚至提出「巴西化」（Brazilianization）一詞，意指「跟不太上時代的現代化」；在經濟相對停滯不前的處境下，想加入工業化富裕國家的行列依然遙不可及[26]。

東亞崛起伴隨著全球其他地區的製造業衰退，巴西只是其中一個例子。巴西轉而仰賴鐵礦、肉類、大豆和石油等原物料的蓬勃發展，其中一部分的原物料直接推動了東亞地區的工業化。然而，依賴原物料會導致國家暴露在國際市場變化無常的風險之下，價格的劇烈波動導致收入急遽下滑。繁榮的製造業能為全體人口帶來更廣大的成長，但原物料的價格激增通常只會讓少數人致富，其他人只能從事低階的服務性質工作勉強度日，服務上層或中產階級。霍丘利指出，巴西有著根深柢固的菁英階級，他們住在奢華的城堡裡，配有先進的私人保全系統。事實上，巴西缺乏工業化發展反而讓菁英階級受惠，因為這樣一來，他們就能繼續僱用家務女傭。

印度的去工業化發生在英國殖民時期，比巴西的時間更早。自從獨立以來，外界一直視印度的經濟發展為一顆明日之星。印度的例子很特別：經濟發展跳過了製造業的階段，直接進入先進的服務業。印度近年來確實有所成長，擁有令人印象深刻的大學和科技成就，包含發射衛星到火星。但現實的情況是，我們對於印度電腦科學家或客服中心員工的刻板印象，只適用於極少數人，並未真正惠及全國勞動力。正如我們在上一章討論過，印度不穩定的就業情況是常態。長期以來，印度難以吸引民眾投入就業市場中穩定的正式工作。自從一九九一年以來，每十個工作機會就有九個是非正式、不穩定的工作，例如：領取微薄車資載送遊客的無牌計程車司機等等。荷蘭社會學家詹恩・布雷曼（Jan Breman）曾稱這些勞工為「工資獵人與採集者」（wage hunters and gatherers），這個說法反映出他們生活的流動性、短暫性和貧苦性質[27]。

印度經濟學家斯內哈希什・巴塔查利亞（Snehashish Bhattacharya）和蘇爾比・喀薩（Surbhi Kesar）指出，印度經濟體系中大多數的企業跟西方企業非常不一樣。大家還記得馬克思的M－

C－M'理論嗎？也就是企業支付工人薪水，賺取利潤，再用多餘的錢擴張業務。這套理論並不適用於所有地方，印度的經濟就是一個活生生的例外：很多企業只能勉強過活，根本沒有再次投資的本錢。由於這些企業大多都是家族企業，他們會將賺取的微薄利潤用來照顧家庭，並且留下多餘的資金作為保障，以備將來出狀況時可以使用。印度家庭、企業和社區之間的界線遠比西方企業更加模糊。正如巴塔查利亞和喀薩一再強調，這些「非資本主義」公司並不是尚未發展成完全資本主義企業，而是自從一九九一年以來的局勢變化，實際上讓這些企業與經濟體系中的資本主義並存[28]。這挑戰了許多關於經濟發展的傳統觀點，因為它表明了：並不是所有經濟體都會按照西方資本主義的模式發展。

經濟成長不一定是零和遊戲。綜觀漫長歷史和最近這幾十年，全球經濟的財富均大幅成長。但不可否認的是在全球經濟當中，近期積極發展的趨勢導致製造業的相對（在某些情況下甚至是絕對）衰退；製造業不僅曾是經濟強勁成長的基礎，也是巴西等國建立強大社區的根基。至於像印度這樣的國家，這些產業從一開始就沒有蓬勃發展過。產業衰退的影響在德里或聖保羅的街上清楚可見，那裡充斥著無數未充分就業的年輕男性，他們以洗車、擦鞋或偷竊勉強度日。結果，這些國家的窮人處境跟富裕國家的「不穩定無產階級」有著驚人的相似之處。

不平等的弊病

英國的海濱城鎮黑潭（Blackpool）長久以來一直是旅遊勝地。從十九世紀開始，全國各地的棉紗廠工人都會在暑假期間造訪此地。隨著旅遊業推動黑潭的經濟成長，當地的知名碼頭也一一啟用，遊客可以在這裡跳舞或觀賞戲劇。黑潭是英國首批進行全面電氣化的城鎮之一，每年舉辦的黑潭彩燈節（Blackpool Illuminations Festival，黑潭彩燈跟聖誕節的燈飾很像，但是節慶會在九月舉行）至今依然十分有名。一八九四年建成的黑潭塔（Blackpool Tower）曾是全英國最高的建築，站在塔頂有時可以看到將近一百英里（約一百六十一公里）遠的曼島（Isle of Man）。主題樂園「遊樂海灘」（Pleasure Beach）在黑潭塔落成的兩年後啟用，該樂園的雲霄飛車至今仍是全英國最高的雲霄飛車。

儘管黑潭的地理位置風景如畫，景點眾多，且該城蓬勃發展的歷史悠久，但近年來卻逐漸走下坡。如今，走過城鎮的市中心就能明顯感受到貧困與衰落的氛圍。許多商店被木板封住，建築物和道路失修，而居民健康狀況惡化，許多人面臨嚴重的心理與身體健康問題。截至二〇一七年為止，黑潭的開立抗抑鬱藥物處方率在英國是數一數二地高，而且酗酒、肥胖和抽煙的比例也是榜上有名。黑潭領有身心障礙補助的人口比例甚至位居英國之冠。該城已成為英國貧困人口的遷徙目的地：許多領取社會福利的人從其他地區遷入，而擁有就業機會的人則選擇離開，尋覓更好的去處。

黑潭的醫生將這種困擾許多患者的疾病稱為「該死生活症候群」（shit life syndrome）[29]。雖然名字聽起來有點惡毒，但並沒有惡意。醫生這麼命名是因為他們通常只有十到十五分鐘的時間診治病患，無法解決患者面臨的經濟和社會環境問題。公衛部門主任阿里夫・拉吉普拉博士（Arif Rajpura）認為「醫療服務之外的因素會決定八〇％的健康，像是：你有沒有工作，有沒有像樣的家，有沒有社交圈跟朋友等等。」而拉吉普拉博士的主張背後有著相當充分的證據支持。

我們在本書前面的章節讀到博蘭尼敘述許多國家加入市場經濟的「大轉型」。這種轉型意味著人們開始仰賴正式就業，從事朝九晚五的工作（或者在十九世紀，更常見的工作時間是朝七晚七）賺取薪資。在工業革命以前，人們可能多少都會自行耕種，以非正式的零工維持生計，或者使用村子共享資源。與大自然的直接聯繫讓人們可以採集、捕魚、建造與修繕房屋，這些日常活動不一定需要貨幣。社交活動更頻繁，且幾乎不需要花錢，人們可以免費參與集會、節慶、宗教儀式，與社區的聯結更為緊密。我並不是要美化這些時代，而是想表達當時的生活往往不用仰賴金錢往來。

隨著市場經濟擴張，人們開始仰賴我們眼中的典型工作賺取收入，並使用這些錢購買生活必需品。手上有錢不僅是保障不會挨餓的主要方法，也逐漸成為參與社交生活的管道。不論是去酒吧喝一杯，去電影院看一部電影，或是到鄉下旅行，參與社交活動通常都需要花錢。隨著市場經濟逐漸普及且人們往都市聚攏，從前許多不用錢的生活領域開始要付費。像倫敦（我住這裡）這樣的大城市，有時會讓人覺得就連踏出家門也要付錢。

這些事情說明了「該死生活症候群」其來有自。城市曾因工業資本主義而蓬勃發展，從前許多非正式的經濟和社會聯結分崩離析，被市場關係所頂替。民眾得仰賴自己城鎮的經濟成功，才能獲得有薪工作、維持生計並參與社交生活。隨著這樣的機會在黑潭逐漸減少，人們發現難以維持生計。更由於過去的傳統聯繫一一被市場經濟取代或摧毀，他們不僅經濟不穩定，也時常陷於社交孤立的處境，缺乏自我價值和社會給予的認同感。

黑潭的居民似乎也明白問題所在。加文．菲利普斯（Gavin Phillips）曾有好幾個月想自我了斷，但他加入社區團體之後找到了支撐點。這些團體嘗試填補近年來市場經濟失敗所留下的空白。菲利普斯表示，他有一次陷入了「糟糕透頂的難關」，於是他約了朋友出來喝茶聊一聊。「然後我就沒事了！」他的朋友克里斯．霍普金斯（Chris Hopkins）也表示認同（霍普金斯搬來黑潭是因為他發現這裡的房租是全英國最便宜的）。「我們需要某種形式的社群，需要某種革命情感……不管你跟同伴合不合得來，你都需要他們才行。倘若你孤立無援，你會陷入深深的絕望。」當社交關係崩潰，個人就會陷入孤立，導致嚴重的心理健康問題。在嚴密管制的臺灣富士康工廠，有一些工人提到潛在的自殺原因並不只有工作苛刻，缺乏社交聯繫與社群支持也是原因之一[30]。

一切都是相對的

平克在著作《再啟蒙的年代》中主張「不平等並非人類福祉的要素[31]」，與健康或財富不同。想必大家都同意：如果你要去問人們對於生活的幸福感有多高，那麼最關鍵的就是他們在絕對意義（absolute sense）上過得如何。倘若沒有足夠的錢吃飯、付房租和繳費，這會對人們的福祉產生巨大的負面影響。然而，各式各樣的證據顯示，跟全體國民、職場同事或當地居民相比，人們財富的相對多寡也是衡量幸福感的重要因素。就跟健康一樣，人們自我覺知的幸福感取決於他們在周遭人群中的相對位置[32]。低收入導致我們與社會隔絕的時候，我們就會受苦。因此，平克的主張顯然大錯特錯。

長期以來，公衛領域早已明白，不平等會「刺激人的內心」，並引發特殊的「地位焦慮」

（status anxiety）現象。地位焦慮反映出自己在社會上的地位，這份焦慮可能也源自我們身為靈長類動物在階級底下的自然本能。我們會想：「我處在社會階層的哪個位置？」而如今，收入成為最直接的衡量標準[33]。你可能也預料到了，國內收入高的人跟底層民眾相比，前者的地位焦慮感較低。在英國，年收入五萬英鎊（約台幣二百一十二萬元）的人跟年收入兩萬英鎊（約台幣八十四萬元）的人相比，前者較不易受到地位焦慮所苦。然而，這不是「富人」與「窮人」之間的比較，如果你的年收入是六萬英鎊，你會比年收入五萬英鎊的人更少焦慮；但如果你的年收入是一萬英鎊，你就會比年收入兩萬英鎊的人更焦慮。

每個國家的所得分配都呈現出明顯的趨勢：所得越高，地位焦慮感越低。然而，最引人注目的發現是不同國家之間的比較。雖然各國的窮人都過得不容易，但在不平等問題較嚴重的國家，所得分配的頂層成員會比較平等國家的同類人更容易感受到地位焦慮。因此，德國的有錢人跟美國的有錢人相比，前者的地位焦慮感較低，這純粹是因為德國整體而言比較平等。同樣地，德國的窮人跟美國的窮人相比，前者的地位焦慮感也比較低。不平等會刺激所有人的內心[34]。

這樣的結果導致許多社會問題在高度不平等的環境下變得更明顯。倘若人們被排除在外，往往會以多種方式表現出來，對他們自己和整個社會不利，更不用說對經濟的影響了。經濟地位較低的人更容易飽受各種健康問題所苦。在某些情況下，如果你從最有錢的人變成最貧窮的人，平均餘命將會減少十年。就跟地位焦慮一樣，每降一級，平均餘命都會減少一點；即使是從年收入十萬英鎊降為九萬英鎊，你的平均餘命也會減少。痛苦並不僅限於最貧窮的人，每個人所處的社會地位都會影響他們的健康。

事實證明，人類習慣採用相對比較的方式來理解這個世界。舉例來說，當我們將手放入一碗水中時，若沒有另一碗溫度不同的水作為比較，我們很難準確判斷水的溫度。同樣地，我們也無法以絕對方式評估光的亮度（例如：採用光量單位「流明」猜測亮度），但我們非常擅長將其與另一光源進行比較。「比較」是我們理解世界的基本方式，若仔細思考，會發現很多事情一旦缺少比較，就很難做出判斷[35]。

了解自己的位置

在現代社會，「比較」的人性產生了新的形式。嬰兒潮世代的流行用語「追上瓊斯一家」（keeping up with the Joneses）[36]，指的就是現代社會無止盡地推動大家前進，確保我們不落人後。我們可能會嫉妒朋友的汽車或新鞋；如果同事加薪而我們沒有，我們可能會覺得自己受到不公平的對待；美國夢讓大家相信自己應該要做得比父母更好。這些比較不僅對我們影響深遠，也是各種不平等問題造成負面效果的原因之一。我們感到自己比不上別人的時候，就會覺得辜負了自己和身邊的人的期望。其實，亞當・斯密早在十八世紀就發現了這件事[37]：

以亞麻襯衫為例：嚴格來說，亞麻襯衫並不是生活必需品。我認為，希臘人和羅馬人即使沒有亞麻襯衫，也能過著相當舒適的生活。但如今在歐洲大部分的地區，倘若一位有聲譽的日薪工人身上沒有穿亞麻襯衫的話，他會不好意思出現在公眾場合，因為沒穿亞麻襯衫被視為極度貧困的象徵，而且這種貧困通常被認為是行為不端導致的結果。同樣地，社會風俗也讓皮鞋成為英國的生活必需品。即使是極度貧窮的正直男女，如果沒有穿皮鞋的話，都會不好意思出現在公共場所。

人類的需求和生活標準會隨著時間和地點而變化。大約在亞當・斯密生存年代的一百年之後，恩格斯觀察到（我得先說，這段話有一些偏見）愛爾蘭勞工的收入就算遠遠不如英格蘭勞工，他們也能過得很快樂[38]。在我們的有生之年，網路已經從一群書呆子感到好奇的工具，逐漸變成處理工作、銀行帳務、社交生活、導航和支付等基本生活功能的重要必需品。在疫情期間，Netflix 等串流服務平台變成大家眼中的必需品，儘管人類在沒有它們的情況下生存了數十萬年。

人類需要娛樂，而串流平台就是現代提供娛樂的方式，在封城期間更是如此。

窮人「必須有自知之明」這種說法，雖然在英國、美國等國家會表達得比較隱晦，但是在社會極度不平等的巴西，卻常常公然說出來。巴西頂層人士的收入占全體收入的比例是全球之冠。巴西明顯的菁英主義反映出這個情況：名牌服飾是地位的象徵，貧窮的孩子們夢想著有朝一日也能得到這些東西。然而，菁英主義根深柢固到一個地步，僅僅擁有這些事物是不夠的。窮困或非白種人的巴西人即使負擔得起中產階級的服飾，也會遭人冷嘲熱諷，不得進入某些地方，甚至會被指控偷竊。事實上，對窮人來說，購買一雙運動鞋並自豪地穿上，幾乎算是一種反抗的舉動[39]。

經濟學家羅伯特・法蘭克（Robert Frank）指出，人們往往會模仿比自己更有錢的人，以得到社會地位並迴避羞恥感。法蘭克及其合著作者提出「支出瀑布」（expenditure cascades）一詞，指名不平等現象如何影響每個人的行為。美國的證據顯示，只要富人先行擴大消費，底下的人就會跟著仿效，這種效應會像「瀑布」一樣往下影響到最貧窮的人。令人吃驚的是，一個地方的不平等問題一旦加劇，會導致破產的貧窮家庭變多，離婚人數飆升，通勤時間也會暴增，因為人們需要做更多工作才能趕上社會的腳步[40]。正如在巴西，當窮人跟不上社會中其他人的時候，他們的羞恥感顯而易見。

有些人可能認為人們對不平等議題的關切是一種「羨慕心理」：想得到無法擁有，也不配擁有的事物。然而，問題遠比這複雜得多：我們參與社交生活的能力取決於經濟環境。舉例來說，有一些朋友賺的錢遠比我多。這並不代表我很嫉妒他們（他們的工時比我更長，所以可說是各有利弊），而是以我的標準來看，他們參與的活動都非常貴。如果我想要花時間跟朋友們聚一聚，那麼無論是度假、豪華餐廳或是他們對服飾的要求，就很難完全避開這些開支。倘若我對這些事情嗤之以鼻，這樣就會表示我不想和他們當朋友，而這並不是任何人能夠輕易釋放的訊息。

通常來說，提高稅收被視為透過財富再分配來解決不平等的手段。累進稅制可以直接從富人徵稅，然後透過社會福利計畫或直接發放資金來幫助低收入群體。這麼做能提高窮人的收入，使他們能夠跟上社會的基本消費水平，擺脫貧困，並真正參與社會。不管是像黑潭這樣日漸衰敗的城鎮，還是在巴西的貧民窟，這種財富再分配機制都能成為社區重建的基礎，擴展經濟機會，增強社會凝聚力。

法蘭克指出高賦稅還有一項比較不明顯，但是同樣重要的好處：高賦稅能減少有錢人的所得，從而減少收入較低者需要「跟上」的標準。當人們的可支配收入降低時，他們的社交習慣會相應調整。也就是說，雖然有錢人變得比較不會購買超級奢華的東西（跟我的朋友說聲抱歉），但純粹為了符合期望而花大錢的動力也會隨之下降。如果大家都比較吃不起某家高檔餐廳，那麼三五好友就可以在一間普通餐廳歡度同樣快樂的時光——如果你問我，這些普通餐廳通常也不遜色，當然，這可能只是我缺乏文化素養。

巴西的不平等現象還有另一個特別之處，那就是稅制。由於富人享有一系列獨天獨厚的免稅額和特權，因此他們被課的稅比中產階級更少。巴西的稅制對於金融資產買賣利潤或收益的課稅較低，對大多數人日常工作收入的課稅反而比較高。結果，巴西政府並未妥善分配財富，讓社會上更多人都能平等地穿著一雙好球鞋，反而花時間讓中產階級的負擔比富有的同胞更沉重。雖然最窮的人稅率很低（合情合理），但是巴西的稅制對促進財富重新分配效果不彰乃是不爭的事實，許多學者甚至認為，這正是巴西不平等問題的頭號阻礙[41]。

總結來說，巴西和英國的貧窮狀況清楚說明，我們應將全球不平等和地方不平等視為同一個問題，並採取類似的解決方案。巴西有好幾項擴大醫療、教育和就業機會的計畫成功降低貧窮率。聖卡塔琳娜州（Santa Catarina）透過這些計畫，在短短十年之內就讓貧窮人口下滑了四六％[42]。英國維多利亞時代，主要是由公部門出手改善衛浴設施，有效地減少了貧困[43]。因此，若希望緩解貧窮問題，就必須認真考慮在富裕和貧窮國家採取積極的重新分配措施[44]。正如富裕國家的貧困人口一樣，透過財富再分配和良好的公共政策，全球貧困人口的生活也有望得到改善[45]。

海倫與利亞

二〇二三年，我在家裡的辦公室參加一場斷斷續續的 Zoom 會議，跟盧安達的村莊連線開會。安排這場會議的慈善組織 GiveDirectly（譯註：中文直翻「直接給予」）所做的事情正如其名，他們無條件地將大筆金錢資助世上最窮困的人。GiveDirectly 協助我們跟村民交談，他們每個人都從該機構獲得八百美元（約台幣二萬六千元）——這筆錢遠高於他們的年收入。我們在線上拜訪了三座村莊：一座是居民剛得知自己將會收到錢的村莊；一座是村民快要收到錢的村莊；另一座是村民已經收到現金並開始運用的村莊。在口譯員的幫助下，我跟其他與會者能夠向村民提問，了解這筆錢對他們的意義。

正如本書序言所述，盧安達已取得不少成就。這個國家的 GDP 年均成長率約為五%，在健康和教育領域也大幅改善。截至二〇二三年為止，盧安達的性別平等水準在非洲名列前茅，甚至在全球排行第十二名，超越許多富裕國家[46]。盧安達國會裡女性議員超過半數，而且就業或求職的女性高達八〇%。雖然盧安達曾有一段極度殘暴的歷史，至今仍是許多民眾歷歷在目的記憶，但是過去三十年來，這個國家進步非常多。

雖然這是個好消息，但是從極度低迷的起點開始強勁成長，對旁觀者而言可能稱不上成果顯著，更何況這些成長主要都集中在城市地區。盧安達大約一半人口仍過著赤貧的生活，其中絕大多數的民眾都住在鄉下。既然赤貧的標準是一天的生活費不到二・一五美元，那就代表大多數民眾一開始的所得非常低，所以即使二十年來的年均成長率是五％，他們一天的收入可能只增加不到一美元（約台幣三十二元）而已。GiveDirectly 告訴我，參與這場會議通話的恩延札市（Nyanza）是盧安達排名第五的營養不良地區，五歲以下兒童的生長遲緩率高達五〇％。盧安達一面是全球經濟的成功範例，另一面也顯示我們還需要做得更好才行。

利亞小姐是其中一位跟我們交談的女性，她在一座自給農場種植香蕉。由於年紀漸長，利亞希望這筆錢能幫助她支持孩子，讓他們擁有她從未獲得的機會。她表示，下雨的時候他們沒辦法好好睡覺，因為雨水會滲進來。她也指給我們看，家裡的屋頂已經被風吹毀。依我看來，她和兒子的家不僅受損，甚至快要倒塌了，屋頂上的破洞越來越大。他們目前是跟鄰居借牛，這在盧安達是很常見的做法，但是拿到錢之後，他們就能自己買一頭牛了。他們可能也會加入村裡的儲蓄小組（這些小組通常是在計畫執行之後成立的）。

海倫小姐也有一座農場，她之前也很窮，不過，如今她已經收到款項了。在這之前，她沒有牛也沒有羊，但現在她有了兩頭牛和兩隻羊，這代表她不僅擁有了充足的牛奶、羊奶，也能繁殖更多牛羊。她表示，這筆錢（大約等於我每個月的房租）改變了她的人生。我詢問她對未來有什麼規畫的時候，她神采奕奕地表示，她（跟利亞小姐一樣）想整修自己的家。她希望能有一個戶外廚房，這樣她就能在戶外為家人下廚。這些目標雖然不大，但是利亞小姐和海倫小姐從幾乎一無所有到擁有一些事物，這樣的轉變相當驚人。

直接給人民錢就好！

近年來，全民基本收入（Universal Basic Income）的理念越來越受歡迎。UBI純粹就是每月支付現金給全體國民，不管收入多高，大家都能領到這筆錢，直到去世為止。傳統的福利制度會進行經濟狀況調查（means-tested），像是詢問：「你有沒有小孩？」「你有沒有失業？」「你有沒有身心障礙？」等等。全民基本收入用不著這些程序（程序本身就很花錢，而且對需要幫助的人來說，應付這些繁文縟節是沉重的負擔），只需要一項簡單的政策，就能緩解國民的貧窮問題。

當然，人們對於天上掉下來的錢往往心存疑慮，常見的問題有：我們要怎麼償還這筆錢？

大家拿到錢不會整天無所事事嗎？這不會導致通貨膨脹，讓這筆錢變得一文不值？大家會不會把錢全部拿來買薯條跟香煙？（這句話的意思並不是說，財富重新分配的受益者不應該花錢享受一番。正如澳洲喜劇演員史帝夫·休斯〔Steve Hughes〕曾說過：「你覺得我會把錢花在什麼地方？」）舉例來說，蘇格蘭政府曾提議每年普發兩萬五千英鎊（約台幣一百零六萬元）的全民基本收入，結果引發眾怒和質疑。但是這份疑慮其實是誤導所致。到目前為止，全民基本收入在富裕和貧窮國家都進行了廣大的試驗，其中有一件事相當明確：全民基本收入成效驚人，幾乎看不到大家擔心的懶惰和懈怠問題發生[47]。

在距離盧安達不遠的肯亞，貧窮家庭獲得了大約一千（約台幣三萬二千元）到一萬美元（約台幣三十二萬元）不等的現金補助，這為參與計畫的村莊帶來一五％的平均收入成長，創造出相當積極的效益。這筆錢自然而然地幫助貧窮問題下滑，民眾的消費也為當地社區帶來正面的連鎖反應。就像海倫小姐和利亞小姐那樣，大家把錢拿來投資所需的事物，像是牲口和住宅等等，而且研究顯示，雖然他們買得起煙酒，但是並沒有把錢花在上面。通膨率幾乎沒什麼變化，這代表隨著人們提高物質生活水準，這些經濟體擁有龐大的擴張潛力。按照 GiveDirectly 的政策，這些轉帳資金雖然只是一次性收入，不是真正的所得，但是這些例子幫助我們了解大家實際上會怎麼運用這些免費資金[48]。

在加拿大，安大略省進行了為期兩年的全民基本收入實驗，每個人獲得一千加幣（約台幣二萬二千元）。參與實驗的人表示，身體和心理健康都有所改善；一名參與者提到在這之前，心理健康問題「會讓我整天待在床上，或者讓我什麼事都不想做。獲得基本收入之後，我的壓力消失了，一切變得容易許多。」一名五十七歲的男性表示，他利用這筆錢報名參加成人教育課程，並且成功結業；另一位參與者甚至認為，自己能找到伴侶是這項計畫的功勞，畢竟之前的窮困生活讓他們很難在一起。無論是在富裕國家還是貧窮國家，直接的現金補助都是防止人們陷入貧困的最佳方式[49]。

你在盧安達村落或巴西貧民窟見到的絕對貧窮（absolute poverty）情況，跟黑潭或安大略省可能遭遇的貧窮類型並不一樣。在較富裕的國家，人們就算缺乏資源，通常不至於餓死，社會安全網通常能防止人們陷入極端貧困，避免他們的收入低於世界銀行制定的最高絕對貧困線。然而，這正是關鍵所在：如果全球都能實施全民基本收入，這種保障將適用於每個人。無論身處何地，貧困的根本原因都是缺乏足夠的資金。曾經資源匱乏的人們獲得資源之後，不僅改善了他們的生活，也使我們整個社會變得更加富裕。

重新分配的魔力

過去幾十年來，全球的不平等現象有沒有減少呢？很多人會回答：有。貧窮研究學者克里斯多福・拉克納爾（Christoph Lakner）和布蘭科・米蘭諾維奇（Branko Milanovic）於二〇一三年提出有名的「大象曲線」（Elephant Curve）（如左頁的【表三】），這張圖表顯示全球各地的所得成長。曲線的尾端（大象的尾巴）對應的是像盧安達這樣的國家，所得微薄，但是實質成長率達成二〇％。中間區塊（大象的頭）主要對應的是中國，所得成長高達五〇％到八〇％。曲線的前端（象鼻的底部）對應到底特律、黑潭等富裕國家的貧窮地帶，這裡的居民所得成長不多，甚至不增反減。最後，富裕國家最有錢的人（象鼻的頂端）則是所得大幅成長[50]。

大象曲線將全球化描繪成一段大致正面，但有一些缺點的過程：全球化一面在全球各地產生更多的中產階級，縮小了全球的所得分配差距；另一面也忽略了富裕國家的中產階級，他們國內有著高度的所得不平等問題，而且情況可能會惡化。不過，這個圖表隱藏了相關討論中常見的一項假設：這些都是相對變化（以百分比顯示）。

經濟成長是相對的：每年的GDP成長率以百分比呈現。如果我每天賺二美元，你每天賺二十美元，那麼即使我的收入翻倍，成長率達百分之百，也不足以跟你的收入成長二〇％相比。

我的收入翻倍就代表我每天多賺二美元，而你的收入提高二〇%就代表你每天多賺四美元。這正是全球各地在二十世紀後半葉發生的情況。事實上，由於有錢人的起點不同，所以如果你看的是實際金額，而非百分比的話，你就會發現成長率無法降低不平等。根據希克爾的計算，想徹底終結全球貧窮問題，至少需要花超過兩百年的時間[52]。

正如拉克納爾和米蘭諾維奇在原本的文章（這並未廣泛流傳）中指出，如果將所得的原始變化繪製成圖表（如下頁的【表四】），所得分配底層的曲線大致平緩無變化，而整體的所得成長會呈現熟悉的「曲棍球棒」圖形，不過中間區段會稍有起伏，這是因為中國和其他東南亞國家大幅成長所致。從這個角度來看，

【表三】全球 GDP 相對成長曲線（1988 年至 2008 年）

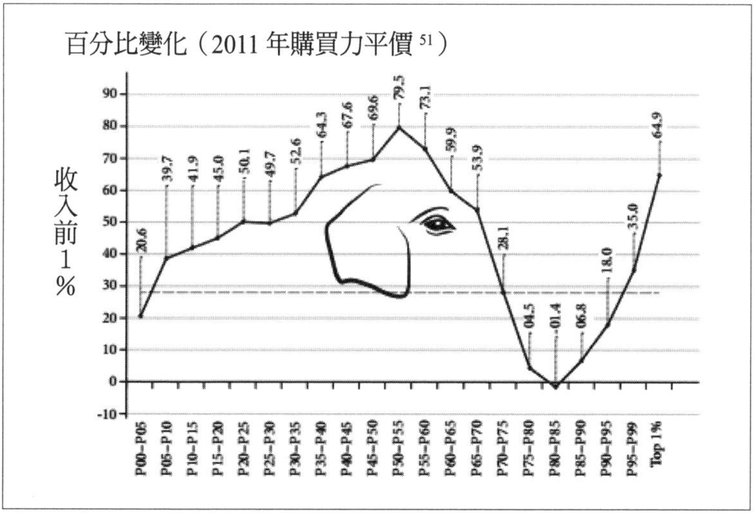

貧窮國家的成長率顯得比較平淡無奇。這樣一來你就能明白，當你跟盧安達恩延札市的居民交談時，為何感受不到全球貧窮問題有所進展。

生活在已經相當富裕的世界有一大好處：緩解剩餘的貧窮問題是辦得到的。我們不必等到貧窮消失不見，整體收入的大幅成長就是財富重新分配給窮人的基礎。哲學家彼得・辛格（Peter Singer）曾提出一個知名主張：如果你會去救一名溺水的孩子（即使你會因此錯失會議並弄髒昂貴的衣服），那麼你就應該慷慨解囊，解決全球貧窮問題[53]。雖然我並不是要責備誰沒有做到這件事，但是在體制層面上，確實有明確的方法能達成這個目標。

全球責任

【表四】1988 至 2008 年全球 GDP 原始成長曲線

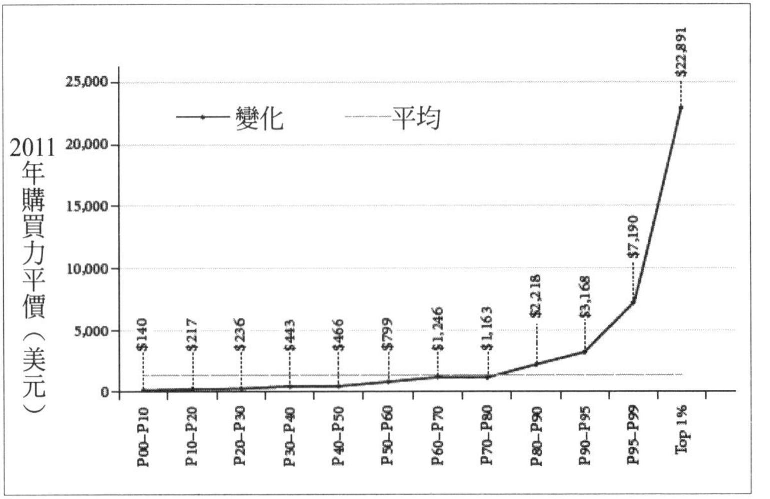

像 GiveDirectly 這樣的慈善機構透過重新分配財富，在實施計畫的地區大幅減少貧窮問題；而且更重要的是，這份行動清楚證明這樣的政策是個好主意。雖然很少在經濟學的領域這麼說，但確實很難找到一個例子證明這類試驗沒有達成目標，甚至適得其反。在盧安達或巴西等高度不平等的國家，政府進行財富重新分配有助於減少貧窮問題，但是仍需要全球各地持續的努力。全球重新分配的理念可能看起來是一個崇高的目標；但事實上，全球經濟的整合程度非常高，並且已經有全球性的機構負責管理。因此，大家自然會想知道，為什麼全球經濟不能像國家一樣，根據類似的規則來治理？向富裕國家課稅並轉移資金給貧窮國家的做法固然值得一試，但其實還有一些更微妙的方法能達成相同的目的。

舉例來說，國際機構的管理階層往往傾向顧及富裕國家的利益。世界銀行在表面上負責全球發展，但是投票權的比重卻是依照各國 GDP 分配。因此，貧窮國家雖然占絕大多數，但是投票權卻沒有過半。美國在國際貨幣基金組織擁有否決權，而國際貨幣基金負責提供貸款給貧窮國家，並經常針對窮國可執行的政策類型施加條件。世界貿易組織則是決定國與國之間的貿易條款和條件。雖然表面上，世界貿易組織比國際貨幣基金或世界銀行更民主，但許多貧窮國家仍缺乏資源，沒辦法好好進行貿易談判[54]。

如果要讓貧窮國家保有一席之地，首先這些機構就需要實施民主化，這樣才不會以「一美元一票」的方式運作，而是按照「一國一票」的原則。雖然這樣只需修改機構的憲章即可，但是在專業和資源層面上，很可能也要為各國提供平等的基礎。儘管這並不是實施重新分配的直接做法，但是貧窮國家絕對會因此受益。最簡單的例子就是貿易協定，這樣貧窮國家的產品就能得到更多補貼，畢竟目前的情況是，富裕國家在這些談判當中比較占上風。

這不僅僅是為你的商品爭取更好的價錢。貝克指出，雖然貿易協定看似是「你給我半導體，我給你汽車」這麼簡單，但實際上並非如此。貿易協定是複雜的法律協議，通常對企業更有利，協議內容也包含了大家很熟悉的智慧財產權[55]。根據惡名昭彰的投資人與地主國爭端解決機制（investor-state dispute system），倘若國家制定了損害企業利潤的政策，該機制允許企業起訴那些國家。如果協定能重新調整成嘉惠勞工的內容（例如：制定最低薪資法規），那將會讓資源分配產生大轉變，資源從上層轉移到下層。

幫助全球政府終結貧窮的最後一個方法也許是最有效的，那就是處理逃稅問題。由於全球經濟往往由富裕國家的企業主導；因此，無法向這些企業課稅的話，實際上就等於將財富從貧窮國家轉移到富裕國家。記者尼可拉斯．沙克森（Nicholas Shaxson）估計，避稅天堂導致低收入經濟體每年損失大約兩千億美元（約台幣六兆六千億元）的企業稅——這比他們得到的援助資金還多[56]。而且這尚未包含有錢人的避稅手段，他們的逃稅規模並不亞於企業。適當課稅的關鍵就是確實執行白紙黑字明定的政策。

在實務上，若要達成這個目標，可能就需要大幅調整對企業課稅的方式。有一項熱門提議是「單一課稅」（unitary taxation）。由於這是常識性的方法，所以很多人可能都誤以為已經有執行了。單一課稅制提出的問題是：與其依照公司的法律擬制課稅，何不根據公司的經濟活動來課稅呢？目前是根據企業的法律形式課稅，也就是公司註冊的所在地，但這個地方有可能剛好就是避稅天堂。單一課稅將每個大型企業均視為單一實體，而非在不同國家運作的多個獨立實體。舉例來說，由於蘋果公司委託富士康製造 **iPhone**，所以 **iPhone** 在中國和臺灣的營收、僱用員工和利潤會被當地政府課稅。同樣地，**iPhone** 銷售到西方市場時會大幅提高價格，西方國家也會對此課稅。

目前，企業利用複雜的法律所有權來避稅，進而獲取財富。大家還記得皮斯托以自由工作者為例，指出他們成立公司能獲得稅收優勢的例子嗎？企業避稅就是這個例子的極端版本。這種制度只對養得起大量會計師與律師的大型企業有利，他們能利用複雜且過時的稅制來鑽漏洞。現行的稅制是在二十世紀發展起來的，那時企業還不像現在這樣具備靈活的法律結構。然而，即使在當時，人們也已明白這種制度的侷限，需要建立更連貫且集中管理的稅收制度。只要將企業課稅與公司生產、銷售產品的所在地聯結在一起，我們就能防止企業在穩定的文明社會撈盡所有好處，卻不負擔任何成本。

本書的第一部分描繪了失衡的經濟：從經濟體系的必要工作者不受賞識，到億萬富翁及其龐大企業主導現代經濟，再到許多人在追求卓越的道路上所面臨的阻礙，最後再提到貧窮層面雖有實質進展，但全球似乎仍深陷於貧窮問題。我們聚焦的問題就是，市場經濟及其內部強大勢力所忽視的人們未能得到妥善照顧。

在本書的後半部分，我想討論經濟學領域中更具體的問題，這些都跟我們討論過的議題息息相關。為了完全理解現代經濟的運作方式（包含它似乎出錯的部分），我們不僅需要明白大局，也需要了解很多市場實際上有多麼運作不佳。

第二篇

運作失能的經濟

第五章 住宅產業到底發生了什麼事？

這個產業雖然問題重重，但是解決方法更多

新創公司「Established Titles」讓人們有機會可以送給心愛之人一個非凡的禮物：「勳爵」（Lord）或「女爵」（Lady）的身分。這些頭銜通常只有家世獨特的少數人才能擁有。Established Titles 在蘇格蘭持有大約兩百英畝的土地，他們樂意把一小塊地賣給你，土地面積從一平方英尺到二十平方英尺不等。這家公司一開始宣稱，擁有這塊土地將會獲得官方授予的貴族頭銜，這是根據「蘇格蘭歷史悠久的土地所有權習俗，土地持有者長久以來被人稱為『地主』（Lairds）」，這可說是蘇格蘭版本的勳爵或女爵[1]。從二〇二二年到二〇二三年間，Established Titles 在網路上到處宣傳，尤其常在 YouTube 平台與各大頻道合作並提供贊助。報導指出，他們靠著販賣頭銜賺取數百萬美元的利潤——直到幾位知名人士指責他們是詐騙分子。

根據美國律師戴文・史東（Devin Stone）的詳細敘述，Established Titles 被認定為詐騙有好幾個原因[2]。首先，蘇格蘭法院早在二〇一二年就已經聲明，購買蘇格蘭土地並不會獲得官方授予的「地主」頭銜，因此這家公司主打的賣點本身就是假的。不過，情況其實更糟，因為 Established Titles 甚至根本沒有賣出土地。在蘇格蘭，一平方英尺的土地是無法出售的，因為面積太小，蘇格蘭的法律制度無法受理。所以，Established Titles 實際上並沒有真正賣出土地，而是賣給你一份土地的「契約性奉獻書」——這是什麼意思並不重要。總之，你沒有這塊土地的所有權，也無法使用或轉售。

這家美國企業堅稱，這個產品本來就只是一個奇葩的禮物，不應該太過當真。執行長葉凱特（Kat Yip）主張，只要不利用這個頭銜去申請貸款或是謀求經濟利益，你想給自己取一個勳爵或女爵稱號都無傷大雅。當然，對於沒有購買那一小塊蘇格蘭土地的人來說，確實是這樣沒錯。我可以在日常對話中隨口稱呼自己是「莫蘭勳爵」，只是這樣做可能會讓我被社會孤立。葉凱特承認，Established Titles 的廣告可能有點誤導大家，他們應該更新一下行銷方式。如今 Established Titles 網站清楚表明這只是一個玩笑，擁有這些頭銜的人並沒有「統治權」，也不具英國貴族身分，或是跟英國皇室有任何關聯。

（該公司網站〔https://establishedtitles.com/〕依然標榜「今天就變成領主」，但現在加上一句「年度最搞笑的禮物」：「購買個人的勳爵或女勳爵頭銜，並享有專屬的蘇格蘭土地＊。」但是標註星號的註解寫著：「這是基於個人奉獻所購買的紀念土地。您可以自行選擇要用勳爵、蘇格蘭地主或是女爵的頭銜。」）

此處重點不是要針對 Established Titles，畢竟它只是其中一家做這種生意的公司，重點是這家公司能說明我們對土地的看法。他們能把一小塊蘇格蘭土地宣傳成賦予買家的特權，這說明了兩個事實：第一，北美民眾似乎仍將歐洲視為一個充滿國王、巫師和精靈的奇幻大陸，彷彿只要購買土地，就能化身為《權力遊戲》（Game of Thrones）的角色。第二，這點更重要：土地有其獨特之處。幾乎所有人都認為擁有一塊地比擁有一整套高品質的音響更有價值，即使兩者價格相同也是如此。

雖然我們現在比較少談到「土地」的概念（土地讓人聯想到封建領主，這正是 Established Titles 加以利用的形象），但我們還是會討論到「地點」。「地點、地點、地點」是房仲業者長期掛在嘴邊的一句話，這句話甚至還成為英國熱門實境節目的名稱，跟著人們到英國各地看房子。房子的價值主要是跟地點有關。如果想了解房地產市場的話，那麼我們就得先明白為什麼會這樣。蓋房子本身的成本通常是好幾萬、甚至數十萬英鎊／美元／歐元不等，但是跟土地的衍生價值相比，這些數字顯得微不足道。

無論是稱之為住宅、土地還是地點，你一定都會想知道，我們究竟是怎麼把這一切弄得一團糟的。住房問題幾乎是大多數人最關心的經濟難題。如果你隨便說出一個國家，我就能舉出一個經常討論住房危機的國家。有一篇報告指出，在富裕國家的九十四個房產市場當中，每個市場多少都有「買不起」的問題[3]。從倫敦和曼哈頓的高額房租，到南非的棚戶區，再到巴西的貧民窟（favela），住房問題儼然成為全球各地的憂慮來源。即使是人們視為楷模的德國、奧地利等歐洲國家也有嚴重的住房問題。大多數人都感到自己的居住環境缺乏保障，很多人覺得自己被房租剝了一層皮，大量的年輕人買不起房子。至於深陷困境的人們，有的露宿街頭，有的住在令人完全無法接受的環境。這種情況不能再繼續下去了。

貧民窟的迷思

貧民窟是巴西長久以來的象徵之一。在聖保羅和里約、熱內盧等大城市的外頭，散亂擴張的貧民窟一路延伸到陡峭的山丘，擠滿了大小不一、品質各異的箱型房屋。賣座電影《無法無天》（City of God）讓全球觀眾心中對貧民窟的印象深刻，成為巴西貧窮與不平等的象徵。尤其是跟城市的光鮮亮麗相比，外觀醜陋的貧民窟進一步強化了這種形象——貧民窟曾被形容為「城市美麗身體上的梅毒潰瘍」[4]。

在這個表象底下隱藏著複雜的真相：貧民窟的生活與城市的生活一樣形形色色。對許多人來說，貧民窟的生活確實很辛苦，但是貧民窟並非唯一飽受貧困所苦的區域。二〇〇一年，世界銀行承認「住在貧民窟與貧窮之間並沒有明顯的關聯」[5]。住在巴西城市邊緣的人和貧民窟的人一樣窮。或許更讓人驚訝的是，貧民窟也有比較富裕的人。在住宅設施、電力、污水處理、生活用水和垃圾回收方面，貧民窟和非貧民窟區域擁有驚人的相似度。雖然最有錢的人確實住在市中心，但是對於大多數的都市居民來說，住在貧民窟也不算是糟糕的選擇[6]。

貧民窟與非貧民窟之間真正的差別在於**地點**。貧民窟通常集中在市中心附近的土地，這些土地從一開始就沒有正式的地主。貧民窟的位置相對集中，跟富庶的區域隔了一段距離，也成為了警察積極執法的明確目標。貧民窟的居民遭受特殊歧視，不僅很難找到工作，甚至會因為居住地的關係，遭人拒絕送貨[7]。但是，他們的居住地點不僅進城方便，也能享受都市的各種好處，像是工作、商店和節慶等等。跟相距巴西城市遙遠的貧窮地區相比，貧民窟其實離都市生活非常近。

在一九五〇和一九六〇年代，由於大規模的鄉村人口往都市遷移，貧民窟因而形成。巴西的農村居民主要是透過廣播媒體，得知除了發展受限的家園之外，外面的世界擁有更多的可能性。他們不必一輩子在家鄉辛苦耕地，身邊都是小社區裡的熟人，幾乎沒有現代科技可以使用，既然都市提供了多樣化與機會的承諾，他們大可前往都市一探究竟。事實上，農村人口大規模遷徙到都市的現象，當時在許多貧窮國家都很常見；而且在一個世紀前，富裕國家也經歷了相同的情況[8]。

然而，城市生活並不總是可以兌現它的承諾。這意味著不得不非法占據政府未正式批准的土地，因此，民眾得依賴更多「非正式」的管道來找房子，但這些區域通常都由犯罪集團管理。他們會資助大規模的住房建設計畫，但這些通常都是非法的。話雖如此，當時這類非法或非正式的住房竟然占了巴西全國住房總量的一半。不能說這些非正式的違法住處是城市景觀的「汙點」，它們是長期的住宅區，擁有獨樹一格的社區文化和經濟，甚至在某些情況下，還發展出繁榮的當地經濟[9]。

早期，讓外界觀察者感到驚訝的一點是：居民能迅速團結起來，管理持有的公共空間[10]：

> 貧民窟居民的社會組織性強、凝聚力高，並且充分利用城市環境及其機構……他們自己建造房屋和社區的基礎設施。在政治層面，對於會影響到生活的政治議題，他們都相當關注並積極投入；不論這些議題的範圍是在貧民窟的內部還是外部，他們都很認真。

然而，這類的社區活動和公共管理已經明顯下滑。有一部分是因為更廣泛的經濟問題（上一章有討論到）：巴西製造業沒落，最貧窮族群的就業情況變得更不穩定。另一方面，社會對貧民窟的誤解與刻板印象加劇了對居民的歧視，使他們更難融入城市生活。此外，毒品交易及其衍生的犯罪活動也進一步削弱了社區的穩定性和凝聚力。無論原因為何，如今許多居民已不再積極參與社區事務，貧民窟內部的自治與共同管理也因此大不如前。

儘管「貧民窟」（favela）是巴西獨有的詞彙，但是許多貧窮和中等收入國家也有異曲同工之妙。看過美國電視劇《毒梟》（Narcos）的人都知道，毒梟之王帕布洛・艾斯科巴（Pablo Escobar）是他的家鄉麥德林（Medellin）擴建住宅（並援助窮人）的重要推手。他也出錢資助了類似貧民窟的社區，這些社區至今仍坐落在哥倫比亞美麗的山坡上。南非的棚戶區通常地勢比較平坦，而且住房問題跟種族息息相關，許多黑人住在大城市郊外的貧民區。去過泰國的人肯定也有注意到，機場到曼谷市中心的高速公路旁有一大片棚戶區，但來訪的遊客通常會忽略此地。

貧民窟、棚戶區和貧民區告訴我們，地理位置對於全球各地的人來說都很重要。歷史、經濟、政治和地理的各方勢力會決定我們身處何地，而地理位置會主宰我們大部分的生活。地點不僅會決定我們居住環境的品質，也會決定水電、垃圾處理等相關需求的取得管道。居住的社區會影響我們接觸到犯罪的程度，以及警方（希望）如何處理這些案件。工作機會和社交圈也深受地理位置影響，對於最貧窮的人來說更是如此，他們無力負擔交通費用，導致選擇更加受限。在我們的生活中無處不受居住地的影響。

公地悲劇？

管理土地的一大挑戰，就是一個人的權利和行為可能會直接跟另一個人的權利與行為產生衝突。基本上，如果我住在這塊土地，那麼你就不能住在這裡。但是，就算我在你隔壁的土地生活，我在使用自己的土地時，也很容易影響到你——可能是我製造噪音、我的房子擋住你的視野、我的卡車占據了旁邊的道路、我的貓打擾了當地的野生動物、我的用水導致你的淋浴水壓下降等等。當地的林地和水庫必須妥善維護，這樣大家才能公平使用，不至於讓資源枯竭。綜觀人類歷史，每一個社區都得找到方法處理當地使用資源的需求衝突。

加勒特．哈丁（Garrett Hardin）的論文《公地悲劇》（Tragedy of the Commons）對於經濟學家思考共有土地的管理方式留下深遠的影響。哈丁想像有一片草場可供一群農民放牛吃草——這一片草地就是所謂的「公地」（commons）。由於草地不屬於任何一個人，所以每位農民都得自行決定要不要帶更多牛到草地上。在草地上放牧一頭牛雖能直接嘉惠農民，獲得更多牛奶、肉類，進而換取金錢，但是這樣也會稍微破壞草地。由於每位農民的龐大利益超過草地的微薄成本，因此每位農民放牧的牛隻會越來越多，直到牛滿為患、青草耗盡且草地不堪使用為止。這就是公地悲劇[11]。

根據哈丁的觀點，私有制更能平衡利益與成本：一位必須顧及整片草地的農民，會從更全面的角度思考。他只會在土地能永續運作的情況下，擴張牛群到某個規模。由於這片土地是他的私人財產，其他農民無法隨意使用，因此他必須自己承擔過度放牧的長期後果。在經濟學的領域，這通常就是私有制勝過公有制的好理由。農民因為持有整片草地而從中獲利，還能對環境產生正面影響，避免過度開發和資源枯竭。

然而，哈丁的「公地悲劇」只是個思想實驗，並不符合現實。他只有憑空推理，而非實地造訪集體持有的土地，觀察農民的管理方式。他假設農民會無限增加牛隻數量，卻沒有考慮到現實中的農民會察覺草地的退化，並採取個人或集體行動來防止過度放牧。他的推理還存在邏輯問題：這些農民似乎完全不會交流，也不會制定甚至是最基本的規則，比如「今年不能再增加牛隻」，來確保土地的可持續性。經濟學家阿瑪蒂亞．沈恩（Amartya Sen）曾表示，依照這種思想實驗的人是「理性的傻子」，因為他們雖然嚴格依循理性的經濟邏輯，追求大利益（再加一頭牛）而忽視小成本（草地資源枯竭），但他們卻無法從更長遠的視角做出真正理性的選擇，忽視了集體行動的可能性和可持續發展的需求[12]。

哈丁的觀點依循著西方哲學的長久傳統，認為我們處理土地的方式是正確的，甚至拿來為明目張膽的征服行徑辯護。哲學家約翰．洛克（John Locke）曾提出知名的主張：由於美洲原住民未能提高土地的生產力，進行大量生產，所以他們並不算是持有土地，歐洲人可以正當地從他們手中拿走土地。這個觀點源自市場經濟的邏輯，以及十六世紀在英國鄉村出現的生產力和利潤概念。洛克的基本假設是歐洲人的方法更優秀，並未經過證實，值得注意的是，洛克不僅是這一理論的推動者，還親自參與並從中獲益，他曾監督殖民地的開發，因此他的觀點很可能帶有個人利益的考量[13]。

社會學家伊莉諾．奧斯特羅姆（Elinor Ostrom）跟哈丁、洛克截然不同，她花了一輩子的時間詳細研究全球各地的社區如何共同管理土地及相關資源。她發現，公地悲劇幾乎沒有出現過。從現代加州的水產業，到尼泊爾的農業，再到哥倫比亞的林業，大家都制定出一些規則，讓他們可以充分利用手上的資源，且不危害環境或影響社區其他成員。當然，也有一些挑戰需要克服，像是：有人濫用共享資源，協調不同成員的行動時遇到困難，以及如何確實掌握事態發展等等。不過，遠比哈丁在他的論文中所描述的「無可避免的災難」更容易解決[14]。

奧斯特羅姆的研究以及哈丁的研究（影響較小）都提出一個關鍵的問題，就是**我們該如何管理土地、住宅和城市**。雖然這不是奧斯特羅姆的研究重點，但是有一些學者將其研究延伸到都市空間，發現同樣適用。畢竟，都市也是集體持有的空間，在此居住勢必會影響到其他人。某個人曾表示：「公地上多放一頭牛的城市版本，就是在都市區域內決定公司或住宅相關私有建築的特定位置。[15]」我們決定要住在哪裡的時候，會立刻關注那個區域的情況：交通網絡、公園、公用設施、鄰居、學校、醫院、工作機會和商店。這些都是我們需要維護的共同利益。

人類發展出各式各樣的土地管理方法是很自然的事。澳洲原住民等族群在廣闊的領地上遷徙，雖然他們視這片土地為自己的，但其中沒有任何一小塊土地屬於個人[16]。在現代資本主義社會中，我們優先考慮私有制，也就是個人、企業或家庭擁有土地的專屬權。然而，即使是在這樣的情況下，共同管理仍有存在的必要：不論是透過劃分區域等等規範，建設鄰近的公共空間，社區倡議，或是市場價格本身，我們都必須想個方法決定土地的使用方式。看似矛盾的是，將土地視為「集體管理的公地」，反而能幫助我們更清楚地理解當今私有土地制度的運作方式。即使土地為個人所有，它的使用仍然受到更廣泛的社會規則與公共利益的影響。

土地：終極壟斷

ＡＪ，買塊地吧！因為神不會再造出更多土地了。——東尼・索波諾（Tony Soprano）

在我攻讀經濟學學位時，有一位講師教導我們「地方性壟斷」的概念。雖然像亞馬遜、微軟和ＬＶ等國際性寡頭企業不容忽視，但地方性壟斷企業同樣無所不在，並且能輕易濫用自己的市場權力。我一直都記得老師舉的例子：凌晨三點仍營業的土耳其烤肉店。當然，曼徹斯特大約有一千家土耳其烤肉店，但是當你在凌晨三點喝得醉醺醺又飢腸轆轆，你真的會再找另一家店嗎？還是你會選擇忍受當地店家慢吞吞的服務、低品質的烤肉和昂貴的價格——以及店裡那些同樣惱人的醉酒青少年？億萬富翁提爾正是用這個方式定義壟斷的[17]：

我所謂的「壟斷」，指的是自家業務非常出色的企業，以致於其他公司無法提供相近的替代品。

土地私有制正好符合地方性壟斷的特質。以學校、工作、朋友、公園和其他設施的便利程度來說，每個地點都不一樣。即使是兩棟並排的房子，內部可能也因為各式各樣的整修和裝飾而長得不一樣。搬家不僅是人生大事，也涉及龐大的財務、社會和心理層面的考量。事實上，大多數的買家都對目前的居住地有所依賴，再加上搬家成本極高，這使得土地擁有者在市場競爭中占據優勢。就跟土耳其烤肉店的顧客一樣，房子的住戶通常無法揚言威脅要搬到其他地方。獨特的地點是無法替代的。

土地的另一個特徵就是面積固定，這項特徵讓土地與眾不同。正如索波諾所言，我們無法造出更多土地。目前有幾個地方嘗試造陸，像是狹小的香港和新加坡填海造陸，以及杜拜稍具爭議性的人工島工程；馬斯克的殖民火星計畫也許能擴張土地面積，但前提是他得到得了。沿岸漂沙（longshore drift）既能逐漸形成陸地，也能侵蝕陸地（感謝我的國中地理老師霍雷特先生〔Howlett〕的見解）。但在大多數的情況下，我們得接受人類可使用的土地面積無法改變的事實。如果很多人都想買蘋果的話，農夫可以透過種植更多蘋果樹、僱用更多採收工人，並使用生產力更高的農耕方法來因應需求。然而，如果很多人都想買某個特定地點的土地，恐怕很難擴大可用的土地面積，讓所有人都滿意。這在市場經濟的結果就是**價格飆升**。

土地大概是人類最基本的需求。我們必須住在某個（真實存在的）地方；所以，誰能擁有特定地點的權利，他對我們就有某種程度的權力。這些人可以跟我們要錢，可以指使我們，或者可以獲得社區的優惠待遇。因此，跟沒什麼土地的人相比，擁有土地的人（尤其是土地很多的人）往往優勢更大。土地的特殊之處在於，它既是人類生存所必需的資源，又不像其他商品那樣天生屬於任何個人。這也使得土地成為終極的壟斷資源——它無可替代，卻掌握在少數人手中。

房屋市場中最公開、卻也是最容易被忽視的祕密，就是房價的關鍵其實並不在於房子本身，而是它所占據的土地。若要明白這句話，請想像一下你買了兩棟大小和品質都符合需求的房子：每間房子都有兩間臥室、兩間浴室、一座花園、一間不錯的廚房，附近有一所好學校，地區治安良好，鄰居也不會像我的鄰居這樣，在我撰寫本書的時候大聲播放音樂。唯一的差別是，其中一棟房子在大城市的市中心，另一棟則在鄉下。現在請問問自己這個問題：哪一棟房子的價格更高？答案應該非常明顯，就是位於城市的房子。雖然兩棟建築幾乎一模一樣，兩個社區的品質也很相似，但是你如果選擇搬到城市居住，你可能會發現自己花的錢是郊區房價的好幾倍。

經濟學有一個概念叫做「租值」（rent）。這個概念跟你付的房租有關，但是不太一樣。「租值」背後的概念是指商品收費過高，超出生產商品之人付出的努力和技術所應得的合理範圍。對某個東西收費過高的人（例如：寡頭企業剝削顧客）都有可能在榨取租值。正如經濟學家塞西莉亞・瑞卡普（Cecilia Rikap）強調，智慧財產權是從不具稀少性的創意想法當中獲取巨額利潤，都屬於租值[18]。雖然很難劃分公道價和「租值」之間的界線，不過最明確的例子就是土地所有權。「租值」和生活用語「租金」都有相同的一個「租」字並非巧合。

高額的土地租金無論從道德角度還是純粹的經濟效率角度來看，都難以合理化。我們常談論土地的「價值」，但這種價值往往並非來自土地擁有者本身，而是來自整個社區的發展。如果一位木匠打造了一張精美的桌子，那麼它的售價大多取決於木匠的技藝和這張桌子相較於其他桌子的市場吸引力。但土地價格的上漲，通常與地主本人的努力無關。也許是因為附近有一個大型的重建計畫，也許是某家大企業要搬到那裡，也許純粹是那個區域「正在崛起」——這是「貴族化」（gentrification）的委婉說法。你可能想起亞當・斯密曾指責：「地主……喜歡收穫不是自己播種的產物[19]。」

土地遊戲

桌遊《大富翁》（Monopoly）最初的設計用意，是為了說明在經濟體系中不太活躍的地主收取租金／租值（這兩種意義都有）的過程。打發時間玩過這個遊戲的人都知道，某個人持有棋盤上所有財產往往就代表遊戲結束，反映出現實生活中資本主義的不受限制。土地所有權的壟斷性質被視為徵收土地稅的正當理由，這樣社區創造出來的價值才能回饋到社區身上。《大富翁》原本的名字是《地主遊戲》（The Landlord's Game），其中有一個玩法是加入土地稅，以便將租金重新分配給所有玩家，目的是讓民眾了解土地稅的好處。雖然談論土地稅可能不會讓你變成社交聚會的靈魂人物（即使這個聚會的娛樂活動就是《大富翁》遊戲），但土地稅仍是住房問題最重要的解決辦法之一。

土地稅有好幾種不同的形式，傳統的理念是讓地主每年根據土地價值繳納一定比例的稅款。若要了解土地稅的意義，我們就需要區分土地所有人和現代用語「房東」的差別。房東通常擁有特定的住處，他們可能會執行建造房屋、維護房產等工作。他們肯定有好有壞（但是壞房東似乎更多），我自己跟房東之間也有過嚴重紛爭。不過，歷史上「地主／房東」一詞的用法其實指的是土地本身，而不是蓋在土地上的住宅，這就是土地稅要徵收的部分。

然而，稅收很少被認為能提高經濟效率。任何曾經經營過企業的人都能證明，企業需要繳納的各種繁瑣、不透明且令人困惑的稅款，往往效率都不高。儘管稅收可能會帶來效率低落，但是從富人的財富重新分配給窮人的角度來看，稅收仍有其正當性。因為土地所有人通常比其他人更富有，而且他們的收入並非源自努力或創意。而土地稅的獨特之處在於，它不僅能夠重新分配財富，還被認為能提高經濟效率。這一點適用於任何針對「經濟租金」（economic rent）

的稅收，但土地稅則是針對租金抽取最有效的工具。

土地稅跟其他稅的差別在於：土地面積總量是固定的，徵收土地稅並不會影響數量。如果是徵收投資稅，那麼投資收益往往會減少；如果是徵收工作稅，那麼人們會傾向少工作一點。邏輯就是，課稅會導致資本家或勞工的報酬減少，他們會想出各種辦法避稅，像是運用會計手段，或是實際減少經濟活動等等。對於土地而言，所有人擁有土地的合法權利，但他們並沒有「創造」這片土地，因此無論他們是否活躍使用，都必須繳納土地稅。土地稅能有效回收地主透過「租金」獲得的不勞而獲收入，這筆錢可用於各種公共開銷計畫或是減少其他稅收（例如英國令人厭惡的市政稅）。

效益還不止如此，土地稅甚至可能促進經濟活動。由於納稅的緣故，鮮少使用自家土地的地主會因此採取行動。如果他們想要享受土地所有權的好處，卻又不事生產則會蒙受損失（繳交土地稅）。因此，有的地主會好好運用土地，從事有價值的活動；有的會把土地賣給願意進行土地規畫的人。其中一個直接的結果就是：**土地稅能有效抑制投機行為**。因為每年都要繳土地稅，持有土地並等待價格上揚的利潤會大大降低，土地囤而不用的做法會因此減少。囤積土地是全球各國長久以來的問題，歷史上有些國家曾嘗試徵收過土地稅，以減少廣泛的投機行為，牙買加和哥倫比亞就是其中之二[20]。

土地稅雖然理論上很有效，但是從政治層面來看卻難以實施。主要是因為土地所有人往往握有相當大的政治權力，這不僅源於他們的經濟實力，還與土地所有權長期以來所賦予的歷史特權息息相關。在英國，擁有土地的貴族可以追溯血統到好幾代之前，最明顯的例子就是英國皇室，他們的血統可以往上追溯至征服者威廉。溫斯頓．邱吉爾（Winston Churchill）就是第一個稱土地為「壟斷之母」的人，他宣稱[21]：

> 道路鋪好了，街道蓋好了，服務也改善了，電燈讓黑夜變白晝，水從一百英里外的水庫輸送過來——結果地主什麼事都不用做。上述的改善事蹟都是其他人跟納稅人付出勞力與金錢的成果。土地壟斷者對這些改善毫無貢獻，但正是這些事物提高了他的土地價值。他不服務社區，對大眾福祉沒有貢獻，對自身財富成長的過程也沒有貢獻。

邱吉爾是英國於一九〇九年推動土地稅立法的重要推手。不幸的是，由於各式各樣的法律和計算難題，再加上擁地仕紳的強烈反對，英國未能成功推行土地稅。所幸，世上某些既得利益影響較小的地區成功實施了土地稅，而且證據顯示，土地稅並未抑制經濟活動，反而促進了經濟發展。

你可能知道歌手瓊妮·蜜雪兒（Joni Mitchell）曾經唱過一段知名歌詞：「他們剷平了樂園，蓋起了停車場」[22]，但是你可能不清楚這首歌跟土地增值稅之間的關聯。歌詞的靈感實際上是源自夏威夷在一九六三年引入土地稅的經驗。這項稅收促成許多發展：讓夏威夷的所得從一九五九年比美國平均所得低了二〇％，到一九七〇年比美國的平均高了二五％[23]。後來這項稅收在一九七七年被廢除，主要是因為官員認為它導致過度成長，批評者也提出高密度開發帶來的環境隱憂。我並不是要說蜜雪兒反對夏威夷過度開發是錯誤的，但是這證明土地稅若能用在正確的地方，將會發揮強大的威力。

一九八〇年，美國賓州的匹茲堡市將土地稅調整為其他鄰近城市的將近四倍。一項研究指出，匹茲堡是「一九八〇年代唯一建築活動明顯大幅成長的城市」；但在課稅之前，該城市原本呈現走下坡的發展趨勢[24]。這似乎是因為土地稅不僅對投資沒有負面影響，也能讓城市調降了會影響到投資的課稅項目。在澳洲的維多利亞州，轉而徵收土地稅的做法直接導致未充分利用的土地上出現大量建築物，因為開發商爭相使用自家土地生財，用來繳納稅金[25]。總而言之，土地稅是最優雅且有效的政策之一，而且也獲得各路專家和不同政治背景的人士支持。我們沒有理由不實施土地稅。

改頭換面：英國版

我們都知道不能相信房屋仲介。在《辛普森家庭》中，美枝暫時從事房屋仲介的工作。她一開始帶著微笑和滿滿的希望加入這個行業，別人告訴她要把合適的房子賣給合適的買家。但她卻因為做人誠實，導致一間房子都賣不出去；這時老闆萊昂內爾・許茨（Lionel Hutz）跟她說了實話：「合適的房子」就是正在賣的這間房，而「合適的買家」就是正在看房的人。房子小叫做「溫馨」，房子破舊不堪是「修繕工人的夢想」，房子著火代表「賣家很迫切」。美枝接到通知，她得迅速賣出一間房子，賣哪一間給誰都好，不然就得離職走人。重點不是幫人找到好房子，而是「賺錢」。

房地產市場看起來問題很多的原因不少，其中一個原因是消費者表達不滿的管道不多：買家很難提供意見回饋給賣家。大部分的人可能用一隻手就能算出自己搬家過幾次。相反地，你能算出自己買過茶杯、鉛筆或是蘋果等物品的次數嗎？一件商品若是經常買賣，人們會知道自己喜歡什麼，也可以轉身離開；如果某個品牌或商店不怎麼樣，他們就會選擇其他商家。然而，若是一件商品鮮少買賣，人們就沒有這種選擇。你不太可能會把房子退貨，或下週從另一位房仲那裡再買一間新房子。

由於大家很少買房子，而且買賣也很複雜，人們不太確定自己應該期待什麼，以及應該避免哪些常見陷阱，這就導致所謂的「市場回饋機制不良」。我們都知道什麼是爛掉的水果；如果你跟我一樣都是英國人，你也會很清楚好茶杯有哪些特徵。但什麼是「好」房子呢？需要考量的因素有很多：地點、浴室和廚房的品質、臥室的數量、有沒有怪味道等等。跟其他房子一起比較的時候，要從中找到最好的房子非常困難，而且一定會有你沒注意到的問題。因此，房屋仲介通常會讓你的注意力集中在房子的優點，對於缺點隻字不提。如果是採買日常雜貨的話，不太可能遇到這種情況（雖然很多商人會把展示的蘋果擺放出「好的」那一面）。

不僅是市場回饋機制不良，擁有一間房子也會面臨各種法律和計算層面的挑戰。無論是買房還是租屋，你都需要有人帶領你走完簽約的流程，了解自己有哪些權利和責任。擁有一支鉛筆很簡單，那就是你的鉛筆，沒有人可以使用或拿走它。但是擁有一間房子就比較複雜。你可以隨意折斷自己的鉛筆（很多急躁的十二歲小男孩會這樣），但你不能隨意拆除房子。你可以把鉛筆給別人，你也可以讓別人進來你家，甚至讓他們住進來，但是在法律上所有權移轉卻很複雜。申請房貸的時候，這些複雜的情況會變得更繁雜，很少人能在沒有法律協助的情況下處理這些事情。

從房客跟房東的角度來看，租屋會帶來另一連串複雜的問題。在這種情況下，法律上的所有權變得比較模糊，雙方都得了解這會涉及哪些層面。舉例來說，英國的房東理論上是房子的持有人，但是在出租期間，他們不能任意使用這個空間。房客擁有「安靜享受」的權利，這就代表他們不會被房東無預警地登門造訪，不停地被打擾。房東確實有權利向房客持續收取房租，也有權定期檢查房子，但是這些權利是有限制的。然而，到底有多少人真正了解自己國家租賃法規中，房東與房客的權利與義務？

正因如此，搬家被視為人生中最壓力山大的事情之一[26]。令人頭痛的買房或租屋協商只是其中一個例子，說明我們處理這項基本需求的方式變得多麼錯綜複雜。雖然私有制和市場主導的住宅體系對我們來說似乎再自然不過，但其實對於個人和社會來說，這已經變成無比沉重的負擔。在英國，人們在各方面的生活壓力已持續超過十年，而住房市場無疑是這些困境的核心因素之一。自從一九九〇年代以來，房價不斷上漲，雖然有過短暫的波動，但走勢似乎持續上揚。這並不是因為經濟整體繁榮，事實上，許多人連房租都快付不起了。住宅開支占收入的比例不斷上升，對家庭而言，這項支出已成為越來越沉重的經濟負擔[27]。

在英國、美國、澳洲等其他英語系國家，我們不僅選擇把住宅當成居住的地方，也當成一筆財務投資。人們買房的時候，他們預期房屋的價值會上漲。他們願意借貸正是基於這個事實：唯有房價穩定成長，支付房貸利息才會合理。屋主很害怕房子變成「負資產」（negative equity），也就是房屋價值跌破房貸金額。相反地，若是一切如期發展，房子可以當成一種準退休金，讓你年老的時候不用負擔住宅成本，還能將這筆資產留給子女。

安全如房屋？

在一九八〇年代，柴契爾夫人將國有的社會住宅大打折之後賣給一般家庭，目的是建立「人人有房的民主國家」[28]。二戰之後，社會住宅大幅擴張，但柴契爾夫人上任之後，隨著私人住宅自有率提高，社會住宅的擴張進度停滯不前。對於大部分的人而言，社會住宅依然是最便宜的選擇，而它的衰退也成為推高住房成本的主要原因之一。在一九七九年，甚至還有五分之一的有錢人住在社會住宅，但現在人數已經幾乎歸零。如今，英國政府依然支援著買不起房子的民眾，但只是提供補助，讓民眾付得起房租或押金，而不是提供住宅[29]。

私有住宅向來分配不均。位居管理階層或是專業工作者、白人及（或是）英國本地居民，在住房擁有率上都占據優勢[30]。相反，租房者通常來自經濟弱勢群體，特別是在城市地區，私人租房者往往是社會中較貧困的階層，而且他們需要承擔更高的住房成本[31]。從過去累積至今的財富力量，往往會依照可預測的社會人口結構來分布；這決定一個人是否付得起押金，或是直接得到一間房子的重要因素。在背負房貸的人當中，負債最多（跟收入相比）的人通常是最窮困的。「人人有房的民主國家」從來都不是真的。

世代之間的差距也越來越明顯。對於我這一代的人來說，擁有房子是遙不可及的夢想。澳洲一項研究指出，在一九八五年，收入達平均水準的家庭大約兩年就能負擔自備款的費用，但是到了二〇二三年，這樣的家庭卻需要五年半的時間才付得起自備款[32]。如今每十棟房子當中，「平均」收入的家庭只買得起其中一棟，但以前這樣的家庭能買三棟。在英國，年紀變大不再意味著你能買得起房子。如今千禧世代長大成人、生兒育女，但是他們卻買不起房子，在擁有子女的家庭當中，租屋的家庭比過去多了將近一百萬戶[33]。許多年輕讀者將會明白這個現實：要是沒有老一輩的財務支援，你根本付不起首付。從這個角度來看，我們這一代人的財務狀況，似乎比父母或祖父母那一代更糟糕。

金融自由化與住宅

我們也看到金融業對房地產的涉足越來越深，導致了嚴重的市場不穩定性。直到二十世紀末的金融自由化浪潮（其實早在一九七〇年代初期，柴契爾夫人上任之前，這股趨勢就已經開始），「一般」銀行才得以更自由地參與房貸業務[34]，從而大規模推動了住宅金融化。銀行之所以偏愛土地與房產，其實與其獨特屬性有關：由於土地永久存在且不會移動，所以對銀行而言，土地是很好的擔保品。人們無法像隱藏其他資產那樣，輕易地隱藏土地或其所有權，這意味著一旦貸款人無力償還房貸，銀行可以更容易地收回房產。因此，「擔保貸款」（secured loan）指的就是以房產和土地作為抵押品的貸款。正因如此，土地不僅是理想的課稅項目，也是理想的貸款擔保品。

如今，銀行絕大部分的貸款都跟商業房地產有關。英國在一九七〇年第一波解除管制浪潮之後，住宅市場迎來一場短暫且劇烈波動的繁榮—崩盤週期，房價在一九七三年之後大跌。因此，政府收緊貸款限制，但是柴契爾政府在一九七九年取消了這些規定，於是迎來另一個繁榮—崩盤週期，這場泡沫於一九八二年破裂。一九九〇年，市場再度崩盤導致房市衰退。話雖如此，七年後勝選的新工黨（New Labour）仍用類似的方式處理住宅議題。後來，二〇〇七年到二〇〇九年金融危機在當時成為近百年來最嚴重的經濟崩盤，而這場危機的主因就是房市問題；因此，戈登·布朗（Gordon Brown）的知名口號「不會再回到繁榮－崩盤的循環」遭到戲劇性地推翻[35]。

以前，大部分的買房貸款都是由社區的建築融資合作社（building society）提供，這些合作社從十八世紀延續至今。建築融資合作社集結了當地居民的存款，以幫助其他成員籌措蓋房子的資金——如果你記憶力不錯的話，可能會發現這些合作社跟德國常見的信用合作社有異曲同工之妙。一般來說，這些合作社只是暫時成立而已，等到每位成員都有了房子，合作社就會解散。在過去，建築融資合作社很少發生擠兌的情況。後來局勢發生重大變化，英國的北岩銀行（Northern Rock）在多家建築融資合作社合併之下誕生；到了千禧年，北岩銀行甚至推出房屋市價一二五%的房貸。二〇〇七年金融危機爆發時，北岩銀行成為第一個倒下的金融機構。

經濟學家喬許．萊恩柯林斯（Josh Ryan-Collins）曾表示，我們面對房市的處理方式帶來了惡性循環：由於土地的數量基本上固定不變，銀行借錢給民眾買房的方式推升了土地價格，在熱門地區更是如此。隨著房價上漲，人們得借更多錢來買房。由於高房價對銀行的資產負債表相當有利，所以銀行提供了更多的貸款，進一步哄抬價格。這些貸款並非用來資助新屋的建設，大部分的錢似乎都只是用來推升現有房產的價格。為了進一步延續這個循環，大家更常使用再抵押貸款來購買汽車等大型商品。因此，房貸也推動了其他領域的消費[36]。

許多人會把住房問題怪罪到有錢人頭上，這並非毫無道理。以大部分的商品來說，人們通常買到某個程度就會滿足——即使收入翻倍，你也不會因此購買兩倍的香蕉。但是以空間來說，大家總是想要得到更多。證據顯示，收入增加會讓人們砸更多錢在居住面積上。舉例來說，一九九八年英國一項研究發現，如果收入增加一〇％，人們在居住面積上的支出會增加超過一五％[37]。因此，有錢人想要獲得更多空間並不稀奇，尤其在城市中更是如此。在一九九五年到二〇〇四年間，曼哈頓每平方英尺（約〇．〇二八坪）的價格從三百二十四美元（約合台幣一萬元）上漲到七百六十七美元（約合台幣二萬五千元）[38]。在英國，外資對房市的投資也節節攀升，這些投資人通常都是全球各地的菁英分子。

更讓人不安的事實是，問題不僅僅在於富人，而是整個社會都將住房視為一種投資手段。在英國，一般人越來越有可能當房東，自從一九九六年「買房出租」（Buy-to-Let, BTL）問世以來，這種做法越來越受歡迎。其中不少房東確實很有錢，有的則是企業房東；但是也有很多房東的收入與房客差不多，他們只是將房產作為賴以維生的資產。私人房東擁有全英國五分之一的住宅，而「買房出租」風潮也跟房價上漲有關[39]。雖然對許多人來說，出租是明智的選擇，隨著年紀漸長似乎更應如此，然而，這種趨勢從整體上卻可能加劇住房危機。

該管一管，還是別管？

除了轟炸之外，租金管制在許多情況下似乎都是摧毀一座城市最有效的方法。——斯德哥

爾摩大學經濟學教授阿薩爾．林德貝克（Assar Lindbeck）

英美國家打造的房市充斥著油嘴滑舌的房屋仲介、不負責任的房東和敲詐式的房貸。其他國家的情況好一點，多虧有明智的政策選擇。以德國、荷蘭等國家為例，大部分的人都是跟私人房東租房子。看過英美市場的情況之後，你可能會認為德國、荷蘭這種模式會導致更高的住房成本，但事實恰恰相反——這些國家的房價和租金相對更穩定，許多居民即便沒有自己的房子，仍然能夠享有穩定的住房。當然，這些國家也有自己的住房問題，但整體而言，租房者的處境比英美地區穩定得多。

其實，獲得住宅資源並不在於是否擁有，這些國家認真看待這個事實。在經濟合作暨發展組織（OECD，富裕國家組成的機構）成員國當中，德國的自有住宅比例最低，大約是五〇％，柏林的自有住宅比例更是只有一五％。相較之下，美國、英國和法國的自有住宅比例大約是三分之二。儘管德國的私人租房比例較高，甚至富裕人士也普遍選擇租房，但這並不意味著租房者處於劣勢。相反，德國租房者享有多種法律保障，包含租金管制和免遭驅逐等等。柏林的房東通常不會把房租調漲到超過前任房客支付的金額。加拿大、西班牙、荷蘭以及美國某幾州也採用相似的政策[40]。雖然租金管制在經濟學界一直存在著爭議，但它確實挑戰了我們對「擁有住房」的傳統觀念。

盲目追求自有住宅可能會把財富（房子的價值）誤認為取得住宅的管道。經濟學家喬許・曼森（Josh Mason）指出，由於英美國家的民眾將大部分的財富投注於房產，所以統計數據可能會讓人得出一個結論，就是德國或荷蘭民眾比英美兩國的人民「窮」，僅僅因為他們的房產市值較低。但這麼做就好比只是在看資產負債表，卻忽略了住房可得性的實際情況（譯註：這裡的「實際情況」〔concrete reality〕還巧妙地雙關了建築材料「混凝土」〔concrete〕）。事實上，德國房客的住宅保障跟英國屋主不相上下，很多人也因此並沒有買房子的意願[41]。

這些國家的經驗似乎證明了一點：一個受到良好監管的租賃市場，確實可以成為解決住房問題的一種可行方案。但是許多經濟學家認為，這些嚴格保護措施會讓房東陷入困境。他們主張，如果出租房子變得更難又更花錢，那麼房東投資房屋或者出租房子的意願可能會降低。由於房租飆升，柏林在二〇二〇年推出非常嚴格的租金管制政策——事實上，大約一年之後，這項政策嚴格到被判定違憲。政策生效期間，房租確實變低了（柏林有八三%的家庭選擇租房子），但同時，大量房東選擇撤出租賃市場，導致空置率驟降，進一步加劇了住房供應短缺[42]。

全球大部分的租金管制政策都比柏林更寬鬆。舉例來說，如果房東替房子進行了大整修，某些國家的政策允許房東可以提高租金。這是很合理的政策調整，確保租金調漲與住宅品質提升相配。所謂的二代租金管制也會排除新建住宅；證據顯示，這種更靈活的租金管制並不會減少新建住宅的數量[43]。這種管制應視為「租金穩定」的表現，因為它保護現有房客，避免房東在並未改善房屋的情況下，突然調漲房租。值得注意的是，這類政策並不會減少總住房數量，有的給租金管制公寓的房客居住，有的被房東賣給新屋主。正如住宅經濟學家卡麥隆・穆雷（Cameron Murray）強調，房東把房子賣給首次購屋族可以說是租金管制最理想的結果；若房東把房子賣給其他房東，只是所有權變更而已，房屋並未因此消失，也不會減少市場上的可用住房數量[44]。

一項研究顯示，美國麻州劍橋市於一九九五年廢除租金管制後，對住房供應的影響微乎其微[45]。雖然房東面臨的管制變少了，但是建設熱潮並未出現。然而，之前受到管制的住宅價格和租金均大幅調漲，受管制的房屋價格與租金大幅上漲，許多原本能負擔租金的人被市場淘汰，被迫搬離。不過，房東確實選擇出租更多房屋，而非囤積或出售，使得市場上的可租房源略有增加。房東也對現有房產的維護投入略有提升，對市場品質帶來一定的改善。平心而論，這些政策的結果相當複雜，並不能簡單地判斷其好壞，房價上漲究竟是好是壞，往往取決於你是租房者還是房主。

這種更靈活的租金管制的主要隱憂是，它創造出兩極化的房市：有的人享有保障，其他人卻因市場缺乏保障且租金調漲，導致他們不得不搬遷。在舊金山，租金管制政策導致受管制的公寓數量減少一五%，有的房東選擇賣房，有的選擇花錢整修，這樣就能用更高的價格出租公寓。一項著名的研究發現，受租金管制保護的租戶獲得的好處，與未受保護租戶因高房租承擔的額外成本幾乎相等[46]。換句話說，這種政策的「得益者」與「受害者」基本相互抵消，因此它的影響並不單純是好或壞，而是取決於政策取向。最終，這是一場價值選擇——我們是要優先保護現有租戶，還是鼓勵更多新住房進入市場？

我們還需要深入探討房東與租戶的關係，而不是把房東的行為視為某種「自然法則」。畢竟，如果房東的核心目標是透過「抽取租金」來牟取不公平利益，那麼我們應該加強監管，而不是放鬆監管。在柏林，很多房東選擇讓房屋空置，等待租金管制被廢除後再進場出租。如果有土地稅，這種囤房行為可能就會受到更大壓力，因為地主將被迫讓房屋產生收益，以支付稅款[47]。舊金山的「艾利斯法案」（Ellis Act）允許房東突然將所有房產撤出市場並驅逐房客。許多房東利用這項法案逃避租金管制。這究竟是租金管制的錯，還是「艾利斯法案」的問題[48]？如果租戶的法律保護像德國或荷蘭那樣完善，這類強行驅逐的情況是否還會發生？事實上，麻薩諸塞州早已建立了更嚴格的租戶驅逐保護法規，讓租客在面對房東時擁有更多保障[49]。

任何設計不良或過於嚴苛的政策都可能帶來意想不到的後果，租金管制也不例外。然而，仍有很大空間可以讓租房變得更經濟實惠、更穩定可靠。這可以透過租金穩定政策以及強化租戶權益來實現，例如：防止房東規避法規，透過法律約束限制他們利用漏洞驅逐租戶；在合理範圍內賦予房東靈活性，但對於可能造成市場失衡的行為進行限制。總而言之，提供強有力的租戶保護，可以讓租賃市場成為私人購房的可行替代方案。然而，僅靠租金管制與租戶權益保障，仍不足以解決整個住房問題，頂多不會影響可用的住宅總數。

蓋更多房子！

自二〇〇〇年以來，法國頒布《團結與都市更新法》（Loi Solidarité et Renouvellement Urbain，英文譯作 Solidarity and Urban Renewal Law）。法國的情況跟英美兩國不一樣，普及各地的自有住宅主要是由社會住宅推動。所謂的《團結與都市更新法》要求大多數的城市必須確保至少二〇%的住房是低成本住宅，這個比例在二〇一三年提高到二五%，並對未達標城市加重罰款[50]。這項政策被認為是全球最積極的住房政策之一，其效果相當顯著。在法國最富裕的城市，社會住宅的比例已經翻了超過五倍；其中，曾因社會隔離制度聞名的巴黎，如今在熱門社區也擁有不少平價住宅[51]。法國的經驗表明，強有力的社會住宅政策能有效改善住房可負擔性，並減少城市內部的經濟與種族隔離。

擴大低成本住房供應最直接的方法，就是讓政府直接建造並以可負擔價格提供給有需求的人。另一批致力於社會住宅的國家就是北歐諸國。瑞典人口雖然只有八百萬，但是社會住宅卻高達一百萬戶[52]。芬蘭採取更直接的做法：給每個無家可歸者（the unhoused）都有一處可以居住的房屋。提供住房給無家可歸者的政策在芬蘭非常成功，長期下來，這項政策讓五分之四的無家可歸者獲得一個居住處所。正如擁有錢財讓人不貧窮，看樣子擁有住房也能讓人不再無家可歸[53]。這項政策並非昂貴的施捨，或許還省下不少錢，因為擁有穩定的住處能幫助人們重新站起來並且好好工作，不再露宿街頭、犯罪或是成癮[54]。這是一種對所有人都有利的「雙贏方案」，政府、社會與個人都能從中獲益。

奧地利的首都維也納的社會住宅政策也相當有名。一九二八年，維也納一般家庭僅需以五％的所得支付房租——你沒看錯，這不是筆誤。當時奧地利政府會根據需求來配給住宅，並且不准調整租金長達數十年。如今，維也納已允許私人租屋，但有一半的居民仍然住在便宜的公共住宅，政府也繼續負責建設。鄰近的波蘭也擁有大規模的公共住房體系，這跟該國共產主義的背景有關，而且超過七〇％的家庭擁有沒有房貸的自有住宅[55]。

某些東亞國家採用另一種方法：國家由政府直接掌控。新加坡的住宅情況比大多數的國家更好，政府幾乎持有全部的土地，確保其優先用於建設可負擔的住房，並將土地租給私部門，這種模式確保大部分人口能獲得住房，同時為政府創造穩定的土地收入。在南韓，韓國土地公司（Korean Land Corporation, KLC）負責約一半的住宅開發，確保閒置土地被用來興建住宅。韓國土地公司會收購空地或閒置的土地，並且會加以開發，或是賣給有意願開發的人。多虧了韓國土地公司，韓國的住宅成本大幅下滑[56]。

自從二戰以來，日本的住宅金融公庫（Government Housing Loan Corporation）為需要的人提供低利率的房貸，地方政府也在同個時期開始承擔土地和公共住宅的責任，改善了國民的住宅選擇。新加坡是「公共方案」的楷模，建屋發展局（Housing and Development Board, HDB）提供廉價住宅給所有申請的成年夫妻。這跟英國國民保健署的精神相似：你需要的話，它都在。成功的住宅政策是新加坡從昔日的貧民區轉變為宜居之地的其中一個原因，該國的住宅自有率高達九〇%。

因此，不一定要持有房子才能獲得住房保障，這是近年來逐漸成長的現象，而且在英美國家特別明顯。事實上，雖然對某些人來說，擁有私人住宅好像比較有安全感，但是對於追求私人住宅的國家而言，這樣反而造成更糟的結果。許多人為了未來能擁有一棟房子，不得不承擔巨額房貸，卻在還款壓力下苦苦掙扎。人們不僅依賴房產來獲得居住權，甚至將其視為獲取其他消費品的金融工具，甚至越來越多人將其視為退休金。自有住宅不僅是生活水準差異的主要因素，也是災難性經濟危機的主因。

那些擁有更健全住房市場的國家，往往對土地所有權採取更嚴肅的態度，將其視為一種對社會的義務，而不僅僅是個人的財產。很多時候，政府會介入以提供住宅，或者至少提供興建住宅所需的土地。相較之下，英美國家在住房問題上的徹底失敗，源於對私人所有權的極端依賴。這些問題在近年來達到高峰，迫使人們開始重新思考解決方案。

鄰避與迎臂之爭

幾年前，我的街坊鄰居在 WhatsApp 群組抱怨，街角有一棟房子正在改建成公寓。根據其中一位居民的說法，他們家負擔不起一百四十萬英鎊（約台幣六千萬元）的房子給奶奶（目前跟他們同住）一個人住，真是令人感到遺憾。雖然無意冒犯，但我認為，在住房危機十分嚴重的倫敦，應該優先考量如何安置其他人，而不是為了一個已經有地方住的女性提供住處。

以這個例子來說，我覺得自己站在道德制高點：我支持照顧越多人越好的住房政策。然而，最近我卻不斷咒罵住家附近的工地（看樣子他們興建的公寓跟那位奶奶想要的公寓很像），因為噪音干擾到我工作。當住房建設影響到我的時候，我發現我的道德制高點就迅速消失了。

在這些故事當中，我的內心掙扎剛好反映了近年出現的有趣辯論：鄰避效應（NIMBY）與迎臂效應（YIMBY）。前者的全名是「Not In My Back Yard」（不要在我家後院），這是一個貶義詞，意指不想讓住宅或基礎建設的興建位置離自己太近的人，因為會很吵雜、干擾視野、製造污染、造成過度擁擠，並且加重當地基礎建設的負擔等等。大家對鄰避派群感到憤怒，是因為很多地方（特別是城市）的住房和良好基礎建設短缺，而人們往往認為這些反對聲音就是改革停滯的主要障礙。那麼你可能也猜到，迎臂效應的全名是「Yes In My Back Yard」（歡迎來我家後院），這群人支持增加住房供應，並鼓勵任何能讓建設變得更容易的法律改革。

鄰避與迎臂之爭巧妙地將本來枯燥無味的區域規畫爭議，轉變成了一個充滿戲劇性的公共議題。十年前，這件事對大多數人來說可能只是一個無聊至極的話題。但近年來，因為疫情和封城的緣故，讓人們重新認識到自己的住處跟周遭環境有多重要。住在好地方的好房子裡變成最重要的事，對許多人而言也是人生的目標。封城期間，市中心的活動消聲匿跡，大家都感受到一片祥和、沒有污染，甚至還有野生動物重返都市，進一步加深了對住房與城市規畫的關注。此外，疫情期間，人們花了更多時間上網，無所事事的結果就是網路上出現了更多「對立派別」：鄰避派和迎臂派[57]。

要求增加建設與改革區域規畫的呼聲確實有其合理性，尤其是在那些因城市擴張而面臨住房與基礎設施挑戰的國家。美國和澳洲的郊區發展模式極具代表性，這些地方的住宅區通常以無止境的「房屋網格」延伸開來，彼此幾乎一模一樣。而容納更多人（尤其是年輕房客）的公寓大樓，往往不如傳統的郊區住宅受歡迎，你可能在美國影集《左右做人難》（Malcolm in the Middle）和《摩登家庭》（Modern Family）中看過這種郊區住宅。區域規畫法規不允許商店靠近住宅區，因此民眾必須開車前往附近的購物中心，才能獲得基本的民生用品和服務。為了買一瓶牛奶，可能需要長時間開車前往購物中心，這種情況在大多數歐洲人看來簡直不可思議。

美國的郊區發展僅僅是城市規畫的結果，更深層地反映了種族的歷史。一九三〇年代的「紅線制度」成為美國住房市場種族歧視的象徵，將某些區域劃為非裔美國人不許居住的地方。如果你去查看美國主要城市的地圖，你會發現當時的種族分布仍延續至今。白人主導的郊區通常較富裕、人口密度低、犯罪率低；反觀市中心的貧民區則飽受各樣的社會與經濟劣勢所苦。「白人撤離」（white flight）一詞指的是白人居民不想跟黑人同住，所以選擇搬離市中心[58]。其實，白人撤離也導致人們對於一九五〇年代的傳統美國郊區有著刻板印象，影集《酒吧五傑》（It's Always Sunny in Philadelphia）也嘲諷了這種刻板印象。劇中，丹尼斯和麥克兩個好朋友搬到費城郊區之後，由於郊區死氣沉沉，通勤時間又煩人，再加上待在家裡的麥克和上班的丹尼斯之間產生裂痕，兩人逐漸失去理智。

迎臂派經常將美國郊區的僵化與種族隔離，與歐洲大陸城市中心的活力進行對比。從柏林、波爾多再到巴塞隆納，公寓和商店、餐廳及其他商業建築並排而立。很多地方是行人專用區，或者跟美國城市相比，車子少了很多。這些城市通常更美觀，社會與經濟層面更加生氣蓬勃，而且重點是，每平方英里的居住人口比鄰避情緒高漲的美國郊區更多。豐富的歷史背景在這些城市無傷大雅：在義大利任何地方拍照都能變成漂亮的明信片，因為這個國家的建築充滿美感。迎臂派合理地主張，只要對區域規畫稍做一點明智的調整，其他地方也能擁有這些城市一部分的精華。

因此，美國某些地方嘗試改革並且取得成功。明尼亞波利斯市是這方面的先驅，自從二〇一八年起，這座城市實施了一連串積極的改革，目標是讓公寓大樓和多家庭住宅取代傳統郊區的單戶家庭住宅[59]。外界認為這些改革相當成功：從那時起，明尼亞波利斯市已批准九千戶全新住宅，而且房租幾乎沒有成長，這跟美國其他地區的房租飆漲形成對比。然而，明尼亞波利斯市與夏威夷的土地稅經驗相似，這些改革後來在環保團體的要求下被撤銷，因為改革導致建築物數量過多[60]。創造更多住宅，並且實施不僅限於單一建築類型的分區管制法規，是明智且證實有效的政策。

讓住宅再次成為共同體

鄰避派的呼聲不能完全被忽視。這凸顯出我們居住的地方永遠都跟他人息息相關。套用澳洲經濟學家麥特．科威格爾（Matt Cowgill）提出的問題：「購買一棟房子的時候，你究竟買了什麼？[61]」你買的是當地社區，包括附近房屋的外型、顏色和高度？你買的是通勤所需的交通網路？還是說，你買的是附近的商店與公共設施，如學校、醫院、公園？即使我們一直以來積極追求自有住宅，土地和地點的「公共性質」終究還是會影響著我們。

鄰避派可能會指稱迎臂派是偽君子：他們雖然觀念進步，但通常都是一群專業、中產階級的白人都會菁英，關注著可能對他們有利的開發類別[62]。這就代表他們會優先擴張比較昂貴的私人住宅，而非推動能夠幫助貧窮家庭的社會住宅。雖然明尼亞波利斯市可能是當代成功的改革典範，但是這座城市的種族不平等問題在美國仍是數一數二地嚴重[63]。除此之外，鄰避派常常主張，迎臂派實際上是YIYBY（Yes In Your Back Yard，歡迎去你家後院）。他們討論的不見得是自家附近的建案，而且如果這種情況真的發生，他們甚至有可能會變成鄰避派[64]。正如英國記者湯姆．由特利（Tom Utley）曾經表示：「我討厭鄰避派……但我更討厭鄰居露台上新蓋的小棚子！[65]」

先撇開偽善不談，我能理解鄰避與迎臂雙方的論點。許多英語系國家的區域管制法規似乎對民眾急需的住房不太友善。另一面，社區的居民也有權利參與當地公共空間治理的決策制定過程。在香港九龍城寨於一九九三年拆除之前，由於這個地方並沒有任何規畫法規（為了讓飛機降落在附近的啟德機場，大樓高度上限設為十四層樓的規定是例外），所以居民偏好高密度的住宅。當時這個區域的人口密度最高達到每平方公里一百九十萬人[66]。即使是看一眼「城寨」的模樣，你也看得出來那個地方很難生活。儘管新建住宅確實有效提高了供給，但是地區卻變了模樣——以九龍城寨的例子來說，反而徹底改變了社區環境，甚至讓生活品質下降。

迎臂主義和鄰避主義有一個巧合，就是兩者都很執著於土地私有制。人們正當地抱怨鄰避主義，因為在郊區擁有房產的中產階級家庭會利用自己的地位，不讓嘉惠貧窮、缺乏經濟和政治勢力之人的住宅建案通過。同時，迎臂派致力於為私人開發商區域規畫，不僅可能會促進區域的貴族化，有時甚至會迫使貧窮居民搬遷；舊金山一連串的迎臂改革就是一個例子[67]。更公平的土地管理模式不僅能幫助更廣大的社會族群管理土地和住房，也有助於解決這個問題。

英國的城市規畫制度堪稱「反面教材」，它結合了市場與政府干預兩者最糟糕的特點，因此被戲稱為「社會主義色彩的柴契爾主義」（Socialist Thatcherism）[68]。由於一九四七年的《城鄉規畫法》（Town and Country Planning Act），政府刻意抑制成長，新的開發案必須經過好幾個不透明的規畫程序[69]。這讓鄰避派可以插手每個階段，這也是目前的二號高速鐵路（High Speed 2）計畫在預算大幅超支之後，規模砍半的原因之一[70]。綠帶區本應保護環境，卻反而成為城市發展的束縛，既未能真正改善生態，也導致住房短缺與價格上漲。雖然私人建案變得非常困難，但政府依然不願出手填補這個缺口[71]。

其他國家已經有越來越多的組織，負責適合整個社區的住宅興建計畫。舉例來說，社區土地信託（Community Land Trusts）將土地納入集體所有制，成員以民主的方式加以管理。這些成員包括：在土地上興建住宅或商業建築的居民、附近的社區，以及慈善機構、官員和商人等利益相關者。社區土地信託通常會努力確保社區裡最貧窮的人能獲得低價住宅，並竭力遏止房價失控。然而，各種案例的證據顯示，社區土地信託也準備將自己的目標結合商業用途、公共空間及環保目的。這些機構在北美國家特別受歡迎，許多美國城市都利用社區土地信託來管理自己的土地。

在某些情況下，住房會經由「住宅合作社」（housing cooperative）納入集體所有制。在這些組織當中，每個成員都有權利得到一個家，並且擁有住宅集體管理的投票權。近年來，瑞士的住宅合作社數量暴增，這也許跟首都日內瓦是全球最貴的城市之一有關。住宅合作社通常不允許營利，費用僅設定為興建和維護住宅的成本。瑞士的許多城市，超過十分之一的住宅都是合作社住宅。瑞士居民也比較青睞住宅合作社，因為這些機構不僅提供了昂貴私人住宅的替代方案，也比政府興建的公共住宅更能讓人直接參與民主治理。

在實際運作中，這些社區導向的住房模式往往是多方合作的結果。巴西南里奧格蘭德州（Rio Grande do Sul）的首府阿列格雷港（Porto Alegre）長年在貧窮社區興建這類的替代方案，為當地貧民窟提供低價住宅和設施。這些住房是政府、社區團體、工會三方合作的產物，並非單靠市場或政府單方面推動。阿列格雷港的住宅合作社購買了大量的閒置土地，並利用成員、工會，有時是政府提供的融資，興建集體持有的住宅和基礎建設。雖然這稱不上是萬靈丹，但是住宅合作社幫助了許多社區，讓它們避免了走上其他巴西貧民窟常見的衰敗與基礎設施缺乏的問題。

除此之外，MTST及MST等組織（大致上可分別譯為「無殼蝸牛工人運動」和「無地農民運動」）正在嘗試透過興建住宅社區來改變巴西。前者主要在城市運作，後者則在農村地區，但兩者擁有相同的基本使命和策略，也就是利用無人占用的土地，提供住房給苦苦掙扎的民眾。MTST和MST會占據無人使用的土地，在上面蓋房子和社區，並引用巴西憲法作為支持的根據，該憲法明定土地必須具備社會功能和用途。即便這種模式未必適用於所有國家，它仍然提供了一種新的視角，讓我們重新思考土地與住房的本質——它們應該為社會整體帶來效益，而不僅僅是某些人的投資資產。

住房的解決方案過剩？

本書第一篇中，我們探討了貧困的困境，以及全球範圍內導致不平等與貧困的各種因素。住房，乃至更廣義的地點，都是全球不平等的重要推動力。從巴西的貧民窟居民面臨驅逐與歧視，到菁英階層在曼哈頓購買一間大到可以容納游泳池的公寓，我們的住所與地點是生活的兩大關鍵。地點應該被視為共享的公共資源，而過度強調私人所有權，往往只會扭曲住房市場，無法改變住房的集體屬性，反而讓問題變得更加嚴重。

你可能已經注意到，本書中我提出了大量的住房解決方案，甚至比其他議題提供的政策建議還要多。我理解，這些政策可能不太好理解，有的甚至互相矛盾，舉例來說：政府和社區團體不可能同時持有土地。然而，也有一些政策是相輔相成的，比如保護租戶的法律與政府擴大住房供應結合時，可能會發揮更好的效果。之所以提供如此多元的解決方案，是因為每個國家在土地問題上都有獨特的歷史——事實上，每個國家本身都是獨一無二的土地。因此，某些政策可能無法在特定地區實施，或需要根據當地情況進行調整。對於這個或許是當代最重要的經濟議題，並不存在放諸四海皆準的單一解決方案。

話雖如此，每個國家都可以透過這些政策更好地安置居民，降低住房成本，讓大多數人的居住狀況不至於像現在這樣糟糕。以巴西為例，社區團體如MST和MTST似乎正在重新崛起，而在盧拉總統（Lula）的執政下，社會住宅也有所增長。許多其他拉丁美洲國家，如哥倫比亞和委內瑞拉，也見證了這類組織的成長。在歐洲，德國與荷蘭可能會繼續透過立法手段，制定更加精細的租金管制與租戶保護措施，而在瑞士與丹麥，住宅合作社仍然廣受歡迎，成為可負擔住房的重要模式。

看樣子，美國解決住房危機的希望似乎主要依賴迎臂主義身上，並輔以社區組織的努力，這種地方化的方法與聯邦制體系相當契合。在英國，既得利益導致土地稅無法徵收（其他威脅到房主的政策也是如此），因此，改革方向只能偏向興建住宅的方案。與美國類似，英國的區域規畫法規需要大幅改革，但兩國的重點略有不同——美國需要推動多重用途的分區管制，英國則應簡化建設審批流程。由於英國缺乏投資魄力，保守黨於二〇二一年啟用英國基礎建設銀行，新上任的工黨政府則在二〇二四年推動國家財富基金。若能建立類似韓國的國有土地銀行，或許能真正推動英國的住房建設，打破長期的市場僵局。

住房短缺和上漲的住房成本是目前全球最嚴峻的經濟問題之一，但這不是唯一的挑戰。土地只是博蘭尼口中的「虛構商品」之一，也是市場經濟在英國農村崛起的象徵。

在資本主義興起之前，土地、勞動力與貨幣從未真正被視為商品，也極少以此方式運作。

如今，貨幣在我們的生活中扮演著越來越重要的角色，如果我們要理解當代經濟如何運作，甚至為何它正在失靈，就必須深入探討貨幣體系。貨幣是如何創造的？它流向誰？我們應該如何管理它？這些關鍵問題往往不僅是一般人不理解的領域，甚至連專家也常有誤解。

第六章 錢從哪裡來？

市場經濟根源的來龍去脈

十二歲時，我曾問媽媽：錢是從哪裡來的？於是她告訴我以下這則故事：由於大家從事不同的職業，所以他們必須做交易，一開始是以物易物，直接拿某個物品交換另一個物品。我可能是養雞的農民，而你是製作椅子的工匠；我會拿幾隻雞跟你交換幾張椅子，這樣一來雙方都能受益。但這種方式很快就變得複雜起來——如何確保擁有你想要物品的人，也剛好需要你所擁有的東西呢？也許我有雞，想換椅子，但你其實想要一把錘子，而製作錘子的人卻需要一條毛毯。

直接的以物易物需要所謂的「需求雙重巧合」（double coincidence of wants）：你需要的東西跟我擁有的東西是一樣的，而我需要的東西符合你擁有的東西（你可能要讀兩遍才看得懂）。

錢可以解決需求雙重巧合的問題，因為每個人都同意用錢換取所有東西。我付錢跟你買一張椅子，你付錢跟我買一隻雞，接著你再去買一支錘子，而我去買一些蠟燭。我媽媽堅稱，正是因為以物易物很不方便，人們才發明了貨幣。十二歲的我大概很滿意這個答案，於是轉向其他話題問個不停。

人們曾經以物易物，後來發明了貨幣，更久以後才有了債務和現代金融體系——故事是這麼說的。然而，人類學家格雷伯的著作《債的歷史：從文明的初始到全球負債時代》（*Debt: The First 5,000 Years*）[1]指出，歷史的記載呈現完全相反的結果。「債」的觀念深植於所有的人類社會：大部分的人都聽過「你欠我一個人情」這樣的話；但是「一個人情」的確切意思通常很模糊，並且受到社會規範的約束。亨利可能因為約書亞送了他一雙鞋子，而欠下一個人情；如果亨利只送一條吐司當作回禮，他可能會被人嘲笑[2]。在工業革命時期，勞工並不是用薪資買單，而是先在酒吧賒賬，等領到一袋報酬（極可能是不值錢的東西）之後，他們才會付清帳單[3]。這些交換的物品跟傳統緊密相連，而且很少像現在的交易這樣具備等價性。

這類的交易通常也會相隔一段很長的時間。處理特定金額的債務需要有共同的貨幣標準，這通常得由國家和官僚機構執行。這些機構可以準確記錄人們欠下的款項，如此一來，他們就必須返還確切的金額。在古蘇美等文明中，會計和書吏的工作正是如此，他們要負責記錄民眾應償還的穀物和貴金屬的數量。在這種系統的演變下，最終形成了現代的「即時交易」（spot exchange），即一次性付款並立即完成的交易，這就好比跟當地的鐵匠購買工具一樣。格雷伯稱媽媽告訴我的故事是「以物易物的迷思」，並指明這個說法已被不同時期和地點的證據徹底推翻。他表示，歷史上從來沒有人能找到「我用二十隻雞換你一頭牛」這樣的交易證據[4]。所以，媽媽，這次你錯了。

對於社工人員來說，誤會金錢的由來情有可原；這大概就好比讓我來協助海洛因成癮的弱勢民眾的話，我大概也會搞砸。然而，更讓人難以理解的是，就連專業的經濟學家也長期誤會了金錢的起源。自從亞當．斯密（大家時常稱他為現代經濟學之父）的時代以來，經濟學家仰賴的說法跟我媽媽的版本很相似，但這種解釋主要是出於臆測。以物易物的迷思基本上是讓現存的經濟體制時光倒流，把貨幣排除在外，並假設一切運作如常，只是速度比較慢而已。正如格雷伯在經濟學教科書中的評論[5]：

> 他們表示，歷史上曾有一段時間沒有貨幣。那會是什麼樣的情況呢？我們不妨想像當時的經濟體系就跟現在一樣，只是沒有錢。想必那樣很不方便吧！人們一定是為了提高效率才發明金錢的。

只要你稍微思考一下以物易物的說法，這個迷思就會不攻自破。如果要當養雞的農民，我就需要飼料、土地、雞舍等等。但問題是，在我還沒有雞可以交易的時候，我該如何獲得這些東西？以物易物的迷思所假設的專業分工需要有正常運作的經濟體系，這個體系不僅有貨幣，而且更重要的是還有債務，這樣人們就能先取得生產所需的材料，之後才有商品可賣。

長久以來，宣揚以物易物迷思的理論並沒有這種觀念，這些說法往往更偏向思想實驗，而非基於真實的歷史證據。了解貨幣的歷史能避免我們產生這種錯誤觀念，畢竟這些迷思曾經導致嚴重的經濟衰退、惡性通膨以及長期經濟低迷等種種災難。這個問題的影響遠超過「以物易物的神話」本身。對貨幣的誤解不僅是學術上的謬誤，更讓我們所有人變得更貧窮。

錢有什麼用？

荷馬：唉，二十美元。我想要一顆花生。

荷馬的大腦：二十美元可以買很多花生。

荷馬：你解釋一下怎麼做。

荷馬的大腦：錢可以用來交換商品和服務。

金錢在本質上是一種「有用的」虛構事物。紙鈔和硬幣本身並沒有什麼價值，只是因為我們知道別人會接受（無論對方是或不是養雞的農民——這是兩種基本的職業分類），所以紙鈔和硬幣才有了價值。金錢的價值存在，完全是因為我們共同相信它存在。錢最重要的兩個功能（通常會有法律支持）分別是：銀行能接受用錢還債，以及政府能接受用錢繳稅。然而，即使是法律這種看似絕對的鐵律，也得讓大家都接受才會奏效。如果銀行或政府讓人失去信任，整個體系就會崩潰——正如我們接下來所見。

許多人仍然認為貨幣是由黃金或其他貴金屬作為支撐的。當我的經紀人第一次讀到這部分時，她也這麼認為，而民調顯示，美國至少有三〇%的人跟她的看法一樣[6]。事實上，現代貨幣只是從印鈔機印出來的——或者更準確的說法是，現在只要在電腦上輸入數字，貨幣就可以產生了。如果你仔細端詳任何一張鈔票，上面通常都會寫著該國央行的承諾，保證會支付你……鈔票上標示的面額。如果你拿著一張一百元的鈔票走進你國家的央行，他們會高興地把它換成一張相同面額的鈔票，或是兩張五十元的鈔票，或是一百枚一元的硬幣等等。基本上，貨幣體系就是建立在「我欠你」的承諾之上。

然而，即使某個事物純屬虛構，也不代表它完全是隨意安排的。舉例來說，運動的規則向來可以改變。在英國，橄欖球比賽有兩種：聯盟式橄欖球（Rugby League）和聯合式橄欖球

（Rugby Union），兩者相當不同。雖然這麼說可能會惹毛美國和澳洲的讀者，但我認為這兩種橄欖球比賽跟美式足球和澳式足球有著異曲同工之妙。規則可能有所不同，但是比賽的核心精神是一樣的。話雖如此，我們都曉得某些規則完全不合理，例如：倘若兩隊從應該得分的一方開始進攻的話，這樣每次開球都能讓球員達陣或是進門得分。但是，完全沒有規則也同樣不可行，因為這樣比賽就會失去意義，而且可能會打得一團亂。英式橄欖球、美式足球和澳式足球的規則設計略有不同，有時雖然顯得比較隨意，但這並不意味著「任何規則都可以成立」（但如果你要問我的話，澳式足球其實滿隨意的）。

金錢和金融體系的相關規則也可以用類似的方式理解。有一套規則決定了貨幣總量、貨幣的使用方式、誰可以獲得貨幣，以及何時可以獲得。不同國家的規則不太一樣，例如英國、美國和澳洲的貨幣各不相同，也採取了不同的貨幣政策與管理方式。我們稍後也會看到，富裕國家以外的國家面臨更嚴峻的財政與貨幣限制。央行是現代貨幣體系的核心，也是本章的重要主角之一，但它們並非自古存在，而是後來發展出來的制度。我們必須不斷更新與調整貨幣與金融的規則，以確保整個系統能夠有效運作。

你可能會（帶著一絲諷刺）理性地問道：「你所謂的『金融體系有效運作』到底是什麼意思？」在我有限的人生中，金融體系已經崩潰過好幾次，每次都得花費數兆（請自訂貨幣）紓困。

正如我們所見，雖然金融業經歷了明顯的失敗，許多金融業界人士的收入仍比一般人高出許多，而且差距持續擴大。而生產性投資的貸款（尤其是小型企業的貸款）始終落後信貸與房貸[7]；且消費者債務已經讓許多家庭不堪重負[8]，正如我們在上一章所看到的，這也進一步推高了房價[9]。更慘的是，一波又一波的高通膨進一步侵蝕了普通人的實際收入，讓原本就已經掙扎的群體雪上加霜。這樣的金融體系算是「正常運作」嗎？不管用哪個合理的標準判斷，答案當然都是「否」，但要解決這個問題，我們首先需要理解這套系統是如何運作的，以及背後的規則與邏輯。這是改革的第一步。

在我看來，任何聲稱自己完全理解金融系統的人，不是誤會了什麼，就是想賣你點東西。金融體系極為複雜，既是全球性的，又因國家不同而存在巨大差異。許多金融機構——零售銀行（retail bank）、避險基金與散戶投資人、政府之間不斷相互影響與交易。此外還有各式各樣的貨幣和金融資產，從簡單的紙鈔與硬幣，到銀行存款，再到更複雜的金融衍生品，如擔保債權憑證（Credit Default Obligations, CDO）和信用違約交換（Credit Default Swap, CDS）等比較特殊的金融工具。然而，在我們寫下相關內容之際，金融體系可能就已經發生變化了。這一切還伴隨著一層厚重的金融術語，例如：股權、存款準備率、分券、多角化投資等等。這些詞彙足以讓普通人望而卻步。更值得一提的是，金融界的某些人或許正是利用大眾對這些術語的陌生，來降低公眾對金融系統的監督程度。當然，我們不可能在一個章節內涵蓋所有這些細節。

金錢自古以來一直以不同形式被人類使用，然而，由於博蘭尼所述的市場經濟擴張，金錢已變得更加不可或缺。我們不再只是「欠彼此一個人情」，而是要按照精確計算的金額領薪水，並且根據薪資自動扣稅，而帳單、房租也幾乎跟稅金一樣，會從我們的帳戶中自動扣除，最後剩下的部分才是我們可以自由支配的金額，也就是「可支配所得」（disposable income）。理想的情況下，金錢的運作規則應該讓經濟體系的貨幣量根據企業與家庭的需求進行調整，資金能夠流向需要的地方，並從不需要的地方消失。

想要了解金融體系如何運作，我們就必須知道有一個重要原則叫做「複式簿記法」（double-entry bookkeeping），也就是所有的帳目都必須平衡。這個觀念聽起來可能不太吸引人，但一旦掌握這個概念，許多看似複雜的金融現象就會變得容易理解。複式簿記法的神奇之處在於：貸款看起來就像是憑空出現的。讓我們用最簡單的方式來理解這一點：請想像你自己有一張資產負債表。資產是你擁有的東西，負債則是你欠別人的東西。假設你擁有價值一千英鎊的黃金（資產），但同時也欠了你的朋友翠西一千英鎊，那麼你的資產負債表就會長成下頁的「你的資產負債表（一）」這樣。由於兩者金額相等，所以你的帳目保持平衡。

然而，你可能會指出，大多數銀行或個人並不總是完全持有與負債相等的資產，你說得對。

上面的例子是一種「完美平衡」的罕見情況，現實世界的財務狀況通常更為複雜。那麼，如果資產與負債不完全相等，資產負債表會是什麼樣子？假設你依然擁有價值一千英鎊的黃金，但是只欠翠西五百英鎊，這樣就代表你的財務狀況為淨正值。此時，你的資產負債表就會變成下方的「你的資產負債表（二）」這樣。

我們把「你擁有的資產」減去「你欠的債務」，如果金額為正，那就代表你擁有五百英鎊的權益（equity）——你可以把權益視為財務緩衝或是淨值。雖然「權益」被記在負債欄目，乍看之下好像是個壞東西，但實際上這是好事。（還記得我之前說過這些規則有點「隨意」嗎？）根據上一章的內容，你可能對房屋的淨值（equity）比較熟悉（房子的價值是否比我背的房貸更高？），但權益的應用範圍其實更廣，並不限於房產，這是一個更普遍的財務原則。基本上，資產永遠等於負

你的資產負債表（一）

資產	負債
價值 1000 英磅的黃金	欠了翠西 1000 英鎊

你的資產負債表（二）

資產	負債
價值 1000 英磅的黃金	欠了翠西 500 英鎊 權益 500 英鎊

債加上權益。只要權益為正，你就擁有所謂的「正權益」，財務狀況良好。如果權益為負（例如：你欠了翠西五千英鎊），那麼你就處於「負權益」，這意味著可能會陷入無力償債（insolvency）的窘境。權益的存在確保了資產負債表始終平衡，這是我們整個金融體系的核心原則之一。

複式簿記法雖然看起來很簡單，但其實這個方法直到十三世紀才在義大利出現；或者很有可能在那之前，阿拉伯國家就已經發明這個方法了[10]。雖然當時的天主教會曾禁止對貸款收取利息，但複式簿記的發展促進了現代信貸體系，讓金融機構能夠繞過這一禁令，甚至可能也加速了資本主義的成長。隨著這種會計制度的發展，商業活動逐漸超越個人經營的範疇，在此之前，商業交易仍處於較為零散、非正式的記錄方式，正如格雷伯提到在歷史上，社區之間會欠彼此幾隻雞或工具等等，但這種方法在經濟規模擴大後變得難以管理。複式簿記法提供了一種創新的方式，讓商人可以清楚地記錄他們擁有的資產、出售的商品，以及最關鍵的——賺了多少利潤。突然間，人們不僅能夠記錄龐大的財務金流，債務能夠被有系統地創建或取消。

神奇的是，不論是複式簿記法，或是金融體系的其他原則（我們稍後會學到），都能讓銀行在放貸時「無中生有」地創造貨幣。假如你跟一家銀行——叫做澳洲規則銀行（Bank Aussie Rules）好了——申請一筆一百英鎊的貸款要買一條土司（以目前的生活成本危機來看，這種情況不遠了）。如果銀行同意放貸，它就會把這筆錢存入你的帳戶。於是銀行擁有一百英鎊的資產，也就是你得償還的貸款；但是銀行也有了一百英鎊的負債，因為這筆錢存進了你的戶頭。就如下方的「澳洲規則銀行的資產負債表」，兩邊各有一百英鎊，兩者相互抵消，這筆貸款並未改變銀行的財務狀況。由於資產與負債相等，所以權益為零。這就是貸款如何「憑空創造」貨幣的基本機制——銀行不需要拿出自己的錢來借給你，而是通過記帳的方式「創造」這筆貸款。這也是現代銀行系統運作的核心概念之一。

「存款就是你借給銀行的貸款」這個概念乍看之下可能很奇怪，因為我們通常認為存款是自己的錢。但事實上，當你將錢存入銀行時，本質上是把錢「借給」銀行，並期待將來能夠取回，其實這就是一筆貸款。當然，這種貸款確實跟銀行借給你的貸款不一樣，因為你可以隨時提領存款，而不像銀行借給你的貸款需要按照特定的期限還款。政府也以存款保險制度（deposit insurance）保障你的存款。也因為存款依然是一種貸款，就跟大多數貸款一樣都會有利息，所以銀行會付你利息。簡單來說，其實你就是把錢借給銀行來獲得報酬的！

你可能會想知道，銀行創造的資金是否有限制。首先要了解的是，雖然

澳洲規則銀行的資產負債表

資產	負債＋權益
貸款 100 英鎊	存款 100 英鎊

銀行可以創造資金，並不代表它們可以隨心所欲地創造貨幣並將其據為己有——雖然有時看起來似乎是這樣。此處的重點是，銀行需要有意願的借款人：**銀行不能在沒有人想要貸款的情況下創造貨幣**。同樣地，如果銀行懷疑你無力償債，它就不會創造這筆貨幣，因為這會讓資產負債表上的「資產」部分變得不太穩定，進而影響銀行的償付能力。貨幣是透過貸款創造的，但信用良好且願意借款的人數是有限的。此外，如果把錢借給無法償還的人，這筆貸款就會變成呆帳，反而影響了銀行的財務狀況。

那麼，銀行是如何賺錢的呢？基本上，銀行的商業模式是為借款人創造資金，而借款人會承擔信用卡、企業貸款和房貸等形式的債務，並為此支付利息。跟銀行付給存款人的利息相比，銀行針對這些貸款收取的利息通常更高，這個差額就是銀行的主要收益來源。這看似是一個簡單的賺錢機器，但銀行真正的挑戰在於：（一）要確保借款人真的會償還貸款，以及（二）要確保銀行有足夠的現金，避免產生擠兌問題。這兩件事息息相關：如果客戶和投資者懷疑銀行放出許多不良貸款，他們會想辦法提領金錢，導致銀行出現擠兌風險。這正是二〇〇七年全球金融危機期間，英國北岩銀行外頭大排長龍的原因，先前一九三〇年代的經濟大蕭條也出現過相同的現象[11]。

對金錢體系感到困惑是很正常的。經濟學家約翰·肯尼思·加爾布雷思（John Kenneth

Galbraith）曾表示：「創造貨幣的過程簡單到令人心生厭惡[12]。」從文化層面來看，金錢是最終決定一切的冷酷事實，正如俗話所說：「錢不會從樹上長出來。」這完全可以理解，畢竟養育三個孩子的單親家長無法像民營銀行那樣憑空創造貨幣。事實上，經濟體系創造的金錢數量，不僅取決於民營銀行的作為，也跟央行、政府、企業和單親家長的活動息息相關。這些不同的經濟行為者並不是獨立運作的，而是以有趣且有時難以預測的方式相互影響。我們需要先了解貨幣體系的每一塊拼圖，才能將其拼成一幅完整的圖畫。

貨幣馬賽克

每個人都可以創造貨幣；但問題是這些錢得讓人接受才行。——海曼．明斯基[13]（Hyman Minsky）

請看一下你先前的資產負債表，你跟銀行之間的差別是什麼呢？原則上，沒有人能阻止你宣布自己收下翠西等人的「存款」，他們也可以隨時提領，而且只要你認為他們還得了錢，你也會提供貸款給他們。這個過程看起來很簡單——只需像上方範例那樣將所有項目寫進資產負債表，並稱自己是「橄欖球銀行」（Bank Rugby），這樣就可以正式開始營運了。但顯然，這裡有個重大問題：無論是你還是你的客戶，都不會真正相信你有能力履行這些金融承諾。你需要先有大量資金才能開始運作，否則沒人會放心把錢存入你的銀行。即使真的做到了，萬一市場對你失去信任，發生擠兌現象的話，你還是會陷入麻煩：翠西和存款人會衝到你家門口，要求提領他們的存款，而你根本沒有足夠的錢可以支付。

這就是中央銀行登場的時刻了。用最簡單的方式來理解中央銀行，就是把它當作「銀行的銀行」。正如你在銀行有一個存款帳戶，銀行本身在央行也有帳戶，而且他們會存入一筆特別的資金叫做「準備金」（reserve）。準備金就像你的銀行存款對你一樣，是它們的資產。基本上，現代民營銀行的一大關鍵特徵就是它們能在本國的央行開設準備金帳戶。準備金的關鍵作用在於：銀行可以隨時將準備金兌換為現金。假如橄欖球銀行要求將一百萬英鎊的準備金兌換成現金，那麼英格蘭銀行（Bank of England）就會派出一輛滿載現金的運鈔車，把這筆錢送過來，以滿足銀行的需求。

關於銀行必須持有多少準備金的規定，其實跟銀行的借貸活動多寡息息相關。這麼做的目的是確保整個體系流暢運作，好讓銀行能夠繼續提供借貸業務給其餘的企業和個人。我們再用兩張資產負債表（請見左頁的「你銀行的資產負債表」和「承包商的銀行的資產負債表」）來了解這個道理（我覺得你可能很想看到它們）。請想像你要支付給建築承包商一萬英鎊的住宅擴建費。表面上看起來，你只是從你的銀行帳戶轉錢到他的帳戶，但實際上，在銀行內部的資金結算則會用準備金支付給承包商的銀行。

從第一個的資產負債表中，你會發現你的銀行帳戶被扣了一萬英鎊——請記住，這筆款項對你的銀行而言是一項負債，因為它欠你這筆錢——而承包商的銀行帳戶則是多了一萬英鎊，這筆款項對他們的銀行而言也是一項負債。與此同時，你的銀行會將一萬英鎊的準備金從自己的帳戶匯到承包商銀行的帳戶，以配合資產與負債的變動。具體來說：你的銀行原本有一萬英鎊的準備金與你的存款相配，但現在，這筆準備金轉移到了承包商的銀行，以匹配承包商的新存款，帳面因此維持平衡。這個過程確保了銀行之間的交易順利進行，也保證了承包商的銀行在客戶需要時能夠兌付這筆存款[14]。

你銀行的資產負債表

資產	負債＋權益
準備金 -10000 英磅	存款 -10000 英鎊

承包商的銀行的資產負債表

資產	負債＋權益
準備金 +10000 英磅	存款 +10000 英鎊

你的銀行帳戶與銀行的央行帳戶之間的最大區別在於：銀行實際上擁有「創造貨幣」的許可權。銀行不見得一直都有充裕的準備金，正如你不見得一直都有充足的存款來繳帳單一樣。然而，民營銀行知道央行會作為後盾，確保它們能夠履行支付義務。自己有央行的支持，央行會定期創造跟銷毀準備金，以確保民營銀行能像上方的範例那樣處理交易。而且銀行之間也能相互借貸準備金，確保它們在每天結算時擁有足夠的準備金。

可想而知，當人們第一次聽到這段內容通常會怒不可遏：「如果銀行的錢不夠，央行就……直接為它們創造金錢？」這樣聽起來真的很可疑：為什麼央行不能在我們繳不出這個月的帳單時，幫我們創造金錢呢？原則上，央行的確可以為了任何目的（包含支付你的帳單在內）創造貨幣。經濟學家奈森．坦克斯（Nathan Tankus）提到他曾經參加過一場央行會議，而央行就創造貨幣來報銷他的差旅費用[15]。不過這在整個經濟體系當中，只是九牛一毛。當我們談論大規模的系統性創造貨幣時，必須有明確的規則，否則貨幣的價值將變得不穩定，甚至可能變得毫無價值。因此，我們需要仔細考慮央行在創造貨幣方面的更具影響力的要干預措施，這些措施被稱為「貨幣政策」。

政府的角色

在貨幣體系當中，另一個關鍵角色就是政府，這也引出公債棘手的政治問題。公債是政府借貸的主要方式，因為這是一種讓個人和機構借錢給政府的方式。你自己可能持有一些政府的債券，畢竟大家也將公債視為安全的投資工具。政府債券的生命週期通常是一到二十年不等，政府會同意連本帶利付還給你。利息會在債券的存續期間分期支付，而當債券到期時，政府會退還你原本支付的本金。所以，當你在新聞中看到政府債務相關的標題時，請記得公債主要就是指這些債券。

傳統上，央行控制銀行借貸多寡的主要工具即是進行所謂的「公開市場操作」（Open Market Operations, OMOs），藉由創造準備金來購買政府發行的債券。中央銀行並不是直接把新創造的貨幣「送」給私人銀行，而是透過購買政府債券來間接影響貨幣供應量。這讓整個過程看起來不那麼離譜，但本質上，中央銀行仍然是在創造貨幣。我們再次用資產負債表來看一看這是怎麼運作的。假如央行創造出一千英鎊的準備金，想從「美式橄欖球銀行」（Bank American Football）手上購買價值一千英鎊的政府債券。在這種情況下，央行和美式橄欖球銀行的資產負債表如下頁的「央行的資產負債表」和「美式橄欖球銀行的資產負債表」所示。

我們再次看到雙重簿記法的「神奇魔法」。央行擁有創造貨幣（準備金）的許可權，以準備金的形式釋放到銀行體系；而美式橄欖球銀行則擁有「持有準備金」的許可權。整個金融體系都遵循這些資產負債表的會計原則，讓這個貨幣創造機制得以順利運作。因此，央行可以「魔法般地」創造貨幣，而民營銀行也可以「魔法般地」獲得更多的準備金，這讓銀行的流動性增加，降低了發生擠兌的風險。理論上，銀行擁有更多準備金，可以增加貸款供應，刺激企業投資與消費者借貸。企業與家庭的資產負債表得到改善，金融市場的流動性增強，整體經濟運行更為穩定。

政府債務一直是很棘手的政治問題。全球各地的政治人物雖然常常承諾會降低政府負債，但是情況遠比政治人物的說法複雜得多，許多政客甚至根本不了解基本概念。我們剛剛討論的金融運作方式，還帶來了一個額

你銀行的資產負債表

資產	負債＋權益
政府債券 +1000 英磅	準備金 +1000 英磅

美式橄欖球銀行的資產負債表

資產	負債＋權益
政府債券 -1000 英磅 準備金 +1000 英磅	

外的好處（我得強調，這一機制主要適用於貨幣體系健全的富裕國家，這個問題我們稍後會進一步探討），就是央行可以直接大規模地為政府借款提供資金。雖然我不會讓你看到更複雜、更龐大的資產負債表，但是不妨想像一下，如果我們把政府加進來，他們發行新的國債，也可以直接把債券賣給央行並換取準備金（政府也可以在央行開立帳戶），並使用這筆錢來資助政府支出。關於政府究竟如何辦到這件事，涉及一些複雜的法律細節，不過現實，這類的情況在全球各地比比皆是[16]。

不幸的是，許多關於政府債務的討論往往過於誇張，甚至歇斯底里，完全忽略了政府債務對現代經濟運作的關鍵性。政府債務並不是欠了某個高利貸業者一筆錢，然後他們會憤怒地向政府追討債務，政府債務其實是慢慢還給無數家庭和企業的款項，也是金融體系中不可或缺的一環。政府債券不僅是央行進行貨幣政策、促進銀行借款的主要工具，它們還是金融體系的基石，因為對於投資人來說，債券是安全的資產，投資人也可將債券當成參考基準，與股票等風險較高的投資進行比較。經濟學家史蒂芬妮·凱爾頓（Stephanie Kelton）曾表示，如果她問美國政治人物是否希望清償政府債務，大多數的人都會同意；然而，當她進一步問他們是否希望根除政府債券時，他們會顯得一臉困惑，但債券和債務其實都是一樣的[17]。雖然這不代表我們不能對政府債務提出挑戰性的問題，即便政府債券與政府債務本質上是完全相同的東西。這並不意味著我們不能對政府債務提出質疑，但就像貨幣體系的其他部分一樣，我們必須先了解它的運作方式，才能進行理性的討論。

了解貨幣體系的架構之後，我們可以回過頭來討論央行為何不直接給大家錢的問題。我們可以像民營銀行那樣擁有央行的帳戶嗎？我們先假設一個極端的情況：每當有人需要錢的時候，央行都會直接把借款存進他們的銀行帳戶；這麼做起初看似美好，但也不難發現，長期下來將會引發災難。你可以隨意購買喜歡的東西，也付得起所需的金額，但是其他人也會這麼做；如此一來，大家會一窩蜂地購買自己感興趣的東西，導致商品短缺。由於需求暴增，物價隨之上漲，這樣大家就會要求中央銀行再存更多錢到他們的帳戶，引發通膨循環，最終導致貨幣和價格徹底失去意義。這段過程就稱為惡性通貨膨脹（hyperinflation），會造成相當嚴重的後果。以一九二〇年代的德國威瑪共和國（Weimar Germany）為例，當時的惡性通膨被視為後來納粹崛起的原因之一[18]。

簡而言之，央行無法單純透過增加試算表上的數字，或是透過印刷鈔票和鑄造錢幣，隨心所欲地創造出大量「真實」的財富與收入。這樣的做法就好比改變測量基準，好讓自己看起來長得更高。然而，我們也不應該過度解讀，得出創造貨幣無法幫助經濟的結論。倘若經濟體系的貨幣太少，會導致物價、薪資和經濟成長下滑，也就是所謂的通貨緊縮（Deflation）。通貨緊縮和惡性通膨一樣讓人痛苦。在一九三〇年代，美國經濟大蕭條的一大特徵就是通貨緊縮。當時經濟陷入多年衰退，直到美國政府和央行開始透過各種方式，讓更多貨幣流入經濟體系，情況才逐漸好轉[19]。如何管理貨幣政策，讓經濟既不會過度通膨，也不會發生通貨緊縮，歷來都是央行的重大挑戰。

中央銀行簡史

格雷伯提出的以物易物迷思讓我們明白，在理解全球貨幣體系時，不應依賴虛構的故事。當我們仔細回顧歷史，就會發現貨幣制度並非一直都是現在這個樣子。這會讓你自然而然地檢視貨幣制度的歷史變革，並思考未來的貨幣制度可能會有何不同。貨幣體系中的細微變化可能會帶來深遠但不易察覺的影響，因此我們需要不斷更新對貨幣運作的理解。事實上，貨幣制度的頻繁變動正是其令人困惑卻又引人入勝的地方。對經濟學家而言，這意味著我們總是在努力追趕貨幣體系的變革，以理解其最新發展。

有一個簡單的事實能幫助我們更了解央行：央行並非從一開始即存在的。許多國家曾經在沒有央行的情況下運作了很長一段時間，因此當時的貨幣體系與現今大不相同。然而，沒有央行並不代表當時的金融體系完全沒有「後盾」：當時存在各種私人機制來支撐金融市場，防止系統崩潰。但在民營銀行體系下，銀行更容易倒閉，這意味著部分存款人可能會因銀行破產而損失全部資金。然而，由於許多國家在政治上無法承擔這種情況，央行因而誕生，藉以保障存款並為金融體系提供穩定的支撐。不過，主張廢除央行的支持者認為，央行破壞了資本主義的一個關鍵調節機制——破產，導致現在的銀行產業「大到不能倒」（too big to fail）的局面[20]。

各國央行成立於不同時期，原因也各不相同。全球第一間央行是一六六八年成立的瑞典央行（Swedish Riksbank），旨在協助政府和商業銀行。不久之後，英格蘭銀行於一六九四年成立，主要負責為政府債務提供資金，雖是如此，但英格蘭銀行在一九四六年國營化之前，一直都是民營銀行。法國央行則是在法國大革命和內戰引發惡性通膨後，拿破崙於一八〇〇年創立。美國聯準會（Federal Reserve，簡稱 Fed）則直到一九一三年才設立。在此之前，英格蘭銀行的民營模式曾經被視為典範，而聯準會創立了新的模式，開始在經濟管理方面扮演更積極的角色。時至今日，聯準會及全球央行的共同職責就是統一管理國內貨幣，並透過貨幣政策來影響就業和物價[21]。

在那個時代，央行依然使用黃金本位制或其他金屬標準。這種制度限制了它們能發行的貨幣數量，因為貨幣供應必須與央行持有的黃金數量掛鉤。這種做法的邏輯是合理的：防止政府濫用貨幣發行權，無限制地印鈔。然而，隨著經濟和人口成長，社會需要有更多貨幣流通才能跟上成長步伐，但固定的黃金供應卻阻礙了貨幣擴張。因此，知名經濟學家凱因斯在他唯一流傳下來的影片當中，公開表示黃金本位制很「邪惡」[22]。他認為，脫離黃金本位制是結束經濟大蕭條通貨緊縮的唯一辦法，英國聽從他的建議之後，經濟復甦的速度比美國更快[23]。

由於黃金本位制大大限制了經濟發展，這項制度在二十世紀逐漸沒落。然而，人們仍然希望對央行的貨幣發行能力加以限制。一九七〇和一九八〇年代的貨幣主義試圖控制經濟體系中的貨幣總量，當時的觀點是：如果經濟成長率是三%的話，為什麼貨幣供應量不能以類似的速度增長？這樣既能保留黃金本位制的約束力，也不會變成束縛經濟的枷鎖。雖然央行擁有印鈔的權力，但這是有限制的：央行必須遵守一項規定，就是貨幣供應量每年只能按固定比例增長，不得隨意超發。

貨幣主義曾被美國、英國和智利採用為政策，但儘管其概念直覺，結果卻顯然失敗。在一九七九年的高通膨壓力下，英格蘭銀行設立貨幣供應的成長率介於七%到一一%，但實際的成長率只有二%[24]。這表示央行無法完全控管經濟體系的貨幣數量——事實上，一九七九年英格蘭銀行創造的貨幣不到一一%。時至今日，這個比例甚至下降到約三%，這就代表在現代經濟體系中，九十七%創造出來的貨幣源自民營銀行，正如先前所看到的那樣：銀行放貸時會「無中生有地」創造貨幣[25]。

大多數的現代央行成立於二十世紀，在二十世紀末多數的央行都制定通膨政策，在不抑制經濟的情況下限制貨幣發行量。目前，大部分的央行透過調整利率來達成二％的通膨目標。這些政策會慢慢地影響整個金融體系，正如我們先前所討論的。當通膨率過高時，央行會降低公開市場操作（賣出政府債券，而非買進），這將導致銀行體系內的準備金減少，銀行借貸成本上升，進而減少放貸，抑制通膨。當通膨過低或經濟疲軟時，央行則會擴大公開市場操作，購買政府債券，增加準備金供應，促進銀行放貸，從而刺激經濟增長。

通膨目標政策通常會呼應央行獨立於政府的運作方式。紐西蘭在一九八九年率先推這項政策，加拿大在隔年跟進，英國則在前首相布朗執政期間於一九九八年實行。雖然歐洲央行和美國聯準會對於制定通膨目標與否的答覆含糊其詞（央行當然以神祕且捉摸不定的特性著稱），不過大家都心知肚明，兩者實施通膨目標的時長其實差不多。這些年來也有不少國家跟進，包括日本、瑞士、澳洲，以及最近的印度[26]。獨立運作的央行讓政治人物無法隨心所欲地調整利率——例如：為了即將到來的選舉而降低利率，以爭取選票。在央行獨立運作之前，通膨過高的部分原因正是政治人物為了選舉利益而壓低利率，導致經濟過熱[27]。

金融危機

長久以來，外界相信通膨目標是經濟政策的一大勝利。然而，二〇〇七至二〇〇九年的金融危機爆發，迫使經濟學界進行深刻反思——畢竟，本應負責監管經濟的央行，卻未能提前預見這場危機。通膨目標有一項微妙的侷限，就是並不了解資產泡沫對總體經濟的影響。當時人們認為，金融市場的動盪雖然重要，但未必會波及整個經濟體系。因此，央行著重於管理利率，確保通膨維持穩定，並同時留意經濟成長和失業率，畢竟這些指標都會受到泡沫破滅影響[28]。二〇〇一年網路泡沫破裂，美國並未陷入嚴重衰退，似乎也支持了這個觀點。在這種情況下，央行只會一如往常地降低利率來穩定經濟。

金融危機不僅暴露了金融體系的問題，最直接的衝擊是經濟崩盤。經濟衰退如此嚴重，以至於央行很快遇到了一個基本問題：利率無法降到零以下。如果銀行開始對存款收取費用（即負利率），人們通常寧願自己持有現金，而不把錢存入銀行[29]。在利率趨近於零且經濟積弱不振的情況下，央行擔心一九三〇年代的通縮螺旋將會重演。這正是現代量化寬鬆（quantitative easing, QE）政策的主要推動因素之一。因為這項政策讓央行不僅可以購買政府債券，也可以購買企業債券等其他資產，對抗經濟衰退。當時的期望是，跟上述傳統的公開市場操作相比，這項政策能影響更廣泛的利率環境，進一步降低借貸成本，而它也確實做到了。大家普遍認為，量化寬鬆政策確實成功避免了經濟崩潰，降低了企業與個人的借貸成本，但它是否顯著提升了經濟成長，仍然存在爭議[30]。

當央行採取積極的量化寬鬆政策時，可能未曾預料到這將對貨幣體系帶來長遠且根本性的變革。從那時起，民營銀行準備金大幅增加，導致央行已無法像過去那樣管理準備金供應量。這種情況就像試圖管理海洋的水量一樣困難，因為準備金已經過量，單靠傳統方式調控變得不切實際。因此，富裕國家的央行——尤其是美國的聯準會——也開始依賴其他貨幣政策工具，而非單純透過公開市場操作買賣債券來調節經濟。不過，這並不意味著之前提到的貨幣政策框架完全無效。央行的基本運作邏輯依然相同：透過調節準備金的借貸和流通來影響經濟活動。只是具體執行方式變得更加複雜，政策工具的使用也變得更為細緻。

如今，美國的聯準會主要透過向銀行的準備金帳戶支付利息來運作。這些帳戶（請記得這是銀行在聯準會的「存款」）的利率越高，銀行就越有可能把準備金留在帳戶，而非將其借出，這導致整個金融體系中的準備金流通減少。這種新機制同樣能有效控制市場利率，對銀行來說，如果持有準備金帳戶就能獲得更高回報，那麼它們就不會願意低利率地放貸。當聯準會提高準備金帳戶的利率時，銀行就會將這一成本轉嫁給借款人，導致整體經濟中的利率上升。然而，這種做法確實會改變我們對貨幣政策的關注點——因為在這個體系底下，整體的貨幣供應量變得比較不重要，因為影響經濟的主要變數已經轉向了準備金帳戶的利率調控，而非貨幣供應的數量本身[31]。

從某種角度來看，央行的歷史就像是一部不斷擺脫舊時代束縛、適應新現實的進化史，並且領悟一個事實——創造貨幣的方式必須不斷調整、與時俱進。最初，許多人認為中央銀行的存在是不負責任的，因為它可能會為揮霍無度的政府提供資金。當央行成立後，往往仍受限於「金屬本位」制度，直到經濟大蕭條時期，金屬本位制拖垮了整個經濟。接著，有了貨幣供應或通膨目標等嚴格規定，再加上獨立於政府之外的性質，央行承諾創造出靈活且清楚的規則。在二〇〇八年金融危機和二〇二〇年新冠疫情爆發之後，央行積極地參與了越來越多的行動，貨幣體系幾乎不再受到貨幣短缺的束縛，因為央行已經擁有更強大的工具來調控市場。儘管如此，中央銀行仍然在名義上以「通膨目標制」作為主要政策框架，持續透過調控利率來影響經濟活動。

你現在應該能明白，雖然經濟學家們設定了二％的通膨目標有其道理的，但是這個目標仍有質疑的空間。首先，世上有比通膨更值得關注的問題。如果低通膨伴隨著高失業率、低成長或是其他不良影響，我們可能會願意忍受二％以上的通膨。近幾十年來，央行因為沒有好好關注失業問題而遭人詬病，導致失業率長期高於必要水平。因此，部分經濟學家呼籲將通膨目標設為三％到四％，以放寬貨幣政策的束縛，減少對就業與經濟增長的不利影響[32]。

許多人對當前央行的運作模式提出更進一步的批評。當央行購買的資產主要由富人持有時，這可能進一步加劇財富不均[33]。另一些人則主張央行的政策應該納入環保目標，例如購買投資於再生能源公司的資產，以支持環境永續發展[34]。雖然我們先前提到央行發錢無上限的假設過於極端，不過，如果每位公民都能持有一個央行帳戶，並且按月存入足夠生活的最低津貼，這樣的想法就比較溫和一點。你可能會發現這是全民基本收入的實踐方式之一，我們曾在第四章提過這個概念。經濟學家法蘭西絲．柯波拉（Frances Coppola）提出「人民的量化寬鬆」（The People's QE）方案，目的是減輕最嚴重的貧困，並維持消費支出，從而促進就業。但同時，發放的金額應該足夠低且可預測，以避免引發大規模、無法控制的通膨[35]。

殖民地貨幣

你可能會很驚訝發現，法郎（Franc）竟然存留至今。雖然法國在一九九九年正式廢除法郎，改成使用歐元，但是世上超過一億六千萬人仍在使用某個版本的法郎。由於法國先前的殖民歷史，十五個西非國家都得使用西非法郎（CFA Franc）[36]。這意味著，他們許多經濟決策都得經過法國財政部的審批，而且也必須維持西非法郎與歐元之間的固定匯率。像西非這樣的地區——以及跟美元有著類似關係的拉丁美洲——這些國家央行的貨幣政策受到外國貨幣的影響遠遠超過富裕國家。我們之前的討論未涉及這些國家，主要原因是它們的貨幣政策涉及全然不同的考量，其中最重要的便是匯率問題。

假設西非法郎兌歐元的匯率是一千元兌一元，代表一千西非法郎可以兌換一歐元。假如你是象牙海岸共和國的央行，該怎麼確保能維持這個匯率呢？答案與我們之前討論的貨幣政策類似：升息或降息。象牙海岸升息就代表該國的貨幣是一項不錯的投資工具，因此會有更多人購買，進而提升貨幣的價值。這樣一來，法郎兌歐元的匯率可能會變成五百元兌一元；象牙海岸的人民從前需要用一千法郎兌換一歐元，現在只需要五百法郎就可以了。貨幣升值的結果是，象牙海岸的人民出國的時候，他們手上的錢就能買到更多的商品。

這一點之所以重要，主要有兩個關鍵原因。首先，對一個國家來說，想要同時維持固定匯率，並確保通膨、就業和經濟成長穩定相當困難——甚至是不可能的任務。道理很簡單：同時兼顧太多事情的話，反而無法維持平衡。失業率可能居高不下，但是由於國際市場的緣故，必須升息才能維持匯率。在這種情況下，即使失業率會進一步提高，利率仍需調升。因此，這些國家制訂政策的空間遠比富裕國家狹小許多。即使它們希望有效管理自己的經濟，仍然受限於貨幣政策的束縛，因為它們的貨幣並不完全由自己掌控。

其次，西非的殖民歷史代表這些國家跟法國之間的關係通常是為了——你猜對了——法國的利益服務。理論上，固定匯率體系可以透過足夠的國際合作來公平運作，但在現實中，這個體系卻是由法國主導的。法國刻意把西非國家的貨幣價值定得過高，例如：一百西非法郎兌一歐元。貨幣價值高聽起來似乎不錯，但實際上卻對西非國家的經濟發展極為不利，西非國家的出口產品在國際市場上變得過於昂貴，導致外國買家不願購買其工業製品。相反地，對於西非國家來說，進口商品變得更便宜，使得本地產業無法與國外商品競爭。這對法國而言自然是一大好處，因為歷史上的聯結，這些國家仍然習慣性地從法國進口商品。儘管二戰結束之後，西非開始試圖減少對法國的依賴，但是西非法郎的貨幣制度成立之後，他們的進出口再次回流到殖民母國法國身上。即使西非國家的殖民地時代在接下來的幾十年間結束，但是西非法郎依然存留至今，持續影響著這些國家的經濟自主權[37]。

即使拉丁美洲與美國的聯繫不像西非與法國那樣直接，但是他們仍然嚴重依賴美元。該地區的企業、金融機構乃至政府的許多交易都必須使用美元，這使得它們極度依賴一種自己無法控制的貨幣。這種依賴削弱了它們調控經濟、尤其是管理通膨的能力，因此，拉丁美洲遭遇過不少惡性通膨的慘痛案例。巴西或阿根廷製造業的衰退可歸因於這個問題：由於全球經濟在一九七〇和一九八〇年代出現變化，利率隨之調升，無論是政府還是私人企業，都被迫爭相獲取美元，以支付債務與進口成本。結果導致大規模企業破產，GDP下降，經濟陷入衰退[38]。

貨幣主權

受到美元影響的並非只有拉丁美洲。全球經濟有一個眾所皆知的祕密就是：長久以來，美元一直都是全球各地實質上的準備貨幣（reserve currency）。大多數國家在發行本國貨幣和財政支出上受到限制，因為如果它們發行過多貨幣，或將資金投入「錯誤」的領域，國際市場就會產生恐慌。然而，美元不同，因為它不僅在美國境內流通，更是全球金融機構廣泛使用的貨幣。由於全球對美元的需求極高，美國政府幾乎可以隨意發行美元和國債，而不會承擔太大的風險。這種特殊優勢被稱為美國的「囂張特權」（Exorbitant Privilege）[39]，讓美國得以享有全球經濟中無與倫比的財政靈活性。

根據投資人帕拉克·佩特爾（Palak N. Patel）的詳細論述，歷史顯示世界的領頭羊會隨著時間改變：五百年前的佼佼者是荷蘭，後來是英國，現在是美國。這三個國家在各自的巔峰時期都享有極低的利率，並對國際貨幣體系擁有很大的控制權[40]。他們走在科技的前緣，這往往也代表他們擁有軍事優勢。以荷蘭跟英國來說，他們通常是從擔任「世界工廠」的角色而獲益：從殖民地進口廉價商品，然後以高價出售當時的高科技產品——法國至今仍在其前西非殖民地複製這一模式。美國比較特別，因為該國實際上進口的商品遠遠大於出口，這意味著它的貨幣正在「流出」國外。然而，由於美元受到全球廣泛需求，與大多數其他國家不同，美國可以不受資本外流影響，而無需擔心投資者恐慌。

「貨幣主權」的概念指的是全球貨幣體系中，各國因其地位而受到的層級限制。在最頂端的是美元，接下來是其他主要貨幣，如英鎊、瑞士法郎、歐元、日圓和人民幣[41]。之後則是印度、南非、俄羅斯、伊朗，以及東歐和東南亞的許多國家，它們擁有一定的貨幣自主權，但仍在許多重要方面受到層級較高貨幣的制約。再往下是西非和拉丁美洲的國家，由於歷史因素，它們極度依賴美元等主導貨幣。最底層則是像馬達加斯加、蘇丹、剛果民主共和國等國家，它們甚至難以在自身領土內確保本國貨幣的穩定性，許多公民可能直接使用層級較高的貨幣，或乾脆回歸貴金屬交易。

二〇二〇年新冠疫情席捲全球之際，最初的恐慌甚至一度威脅到美元的穩定，所幸美國政府和聯準會積極干預，市場得以穩定下來。這讓人們意識到，即使是較富裕的國家，金融市場也有可能陷入動盪，而且全球的央行都急需美元[42]。二〇〇八年之後，聯準會決定在必要時刻向歐洲及英語系國家的央行提供免費的「貨幣交換協議」（swap line）。如今，貨幣交換協議擴及南韓、墨西哥和巴西，整段流程也大大簡化與擴張。如今，許多國家現在可以自由地將本國貨幣兌換成美元：基本上，該協議讓這些國家透過創造本國貨幣並進行兌換，這等同於它們能夠「變相印製」美元，透過創造本國貨幣並將其交易來獲取美元。我們之前提到央行是「銀行的銀行」，現在看來，美國聯準會似乎逐漸成為全球「央行的央行」。只不過，這份特權僅限於特定幾個國家[43]。

歷史上曾有過無數次試圖管理國際金融體系的嘗試。在一次大戰前，大多數西方國家都遵循著一套金屬本位制，這本意是為了促進貿易。然而，這個體系過於僵化，隨著戰爭的爆發最終崩潰。二次大戰後，布列敦森林體系（Bretton Woods）建立，旨在透過固定匯率機制來維持全球貨幣穩定，不僅是為了促進世界經濟增長，更是為了防止另一場政治災難的發生。

凱因斯則是想打造出不屬於任何國家的全球準備貨幣，他稱之為「班可」（Bancor）。然而，最終美國勝出，布列敦森林體系以美元為準，而當時的美元仍與黃金掛鉤。然而，這個體系最終也因其僵化的結構而遭遇困境，加上金融業的不滿，導致市場尋求規避體系限制的方式。經濟歷史學家亞當．圖茲（Adam Tooze）認為，我們不應該將過去的任何金融體系理想化，而應該把它們視為全球長期努力的一部分，目標是建立一個能夠有效監管金融市場、並且真正符合全球利益，而非僅僅服務於華爾街的金融體系[44]。

信任的重要性

在上一章，我們探討了住房問題，這是經濟中最具影響力的領域之一。而在本章則是討論了影響力不相上下的議題：貨幣。你可能已經注意到，這一章的內容比其他章節更加深入，這是因為貨幣政策與金融體系的討論，在現實世界中極為重要。如果不理解資產負債表和貨幣政策的基本概念，就幾乎不可能真正理解現代經濟如何運作。更重要的是，當我們將貨幣納入經濟分析時，往往會得出與傳統觀念截然不同的結論。這些討論挑戰了我們習以為常的經濟敘述，並幫助我們更清楚地認識到全球金融體系的真實運作方式。

正如格雷伯的提醒，所有貨幣在本質上都是債務[45]。在現代經濟體系中，大部分貨幣是由私人銀行透過提供信貸來創造的。因此，這本質上是一種雙重的「我欠你」，既是銀行對存款人的欠款（貸款），也是存款人對銀行的欠款（存款）。給予貸款其實是將未來的資源先拿來使用，這樣大家現在就能購買或投資，並在未來償還。整個金融體系仰賴參與者彼此的信任，確保他們之後會履行義務，以維持體系的運作。甚至就連支撐這段過程的現金或是準備金，本質上也是央行和政府給予銀行及人民的承諾，保證他們將會履行義務。

當貨幣體系崩潰時，這意味著信任的崩潰。最嚴重的表現形式是惡性通貨膨脹，當經濟、社會和政治體系陷入混亂時，人們對貨幣完全失去信心。這種情況也可能以更微妙的方式表現出來：許多人合理地認為，現行的貨幣政策更有利於民營銀行和企業，更不用說直接的金融紓困措施了。在政治層面，人民可能透過投票或示威反抗；在經濟層面，他們可能會尋找黃金或加密貨幣等替代貨幣。無論你對這些選擇有什麼樣的看法，當一個以信任為基礎的體系一再違背信任時，這些行為都是完全可以理解的。許多人覺得現有的貨幣體制讓他們變得更貧窮。

金錢是市場經濟的命脈，因此所有參與市場經濟的人都必須能夠信賴它。我們在生活中越來越常使用這些有價值的「借據」，它們必須保持其價值。然而，自疫情以來，許多人卻經歷了完全相反的情況，因為各方面的成本都在上升。人們需要更好地理解通貨膨脹，並參與管理它，而不是完全交由遙不可及的主管機構決定。現在，我們將從貨幣的抽象運作轉向更實際的問題，探討為什麼生活成本變得如此高昂。

第七章

為什麼通貨膨脹的影響這麼大？

因應物價上漲的驚人真相

在我的家鄉英國，樸實的弗雷多（Freddo）巧克力棒，長期以來一直堅守著價格穩定的陣地。這款小巧的青蛙形狀巧克力棒曾以十便士（約台幣四元）的價格聞名，事實上，這大概是你能用十便士硬幣買到的少數商品之一。當然，這也是最令人滿足的選擇。如果說弗雷多巧克力棒已經成為英國的文化象徵，一點也不為過。在「甜食日」（sweety day）這天（我不確定這是不是英國獨有的日子），只要我願意，我手中的五十便士可以買下五根完整的弗雷多巧克力棒。

然而，就連弗雷多也無法抵抗現代通膨。弗雷多巧克力於一九九四年上市後，吉百利（Cadbury）公司一直到二〇〇七年（全球金融危機爆發之際）才終於撐不住，把弗雷多的價格調漲到十五便士（約台幣六元）。當然，這件事引起許多人不滿，但是更讓人不滿的還在後頭，時間僅僅過了三年，價格再度調漲到令人不安的十七便士（約台幣七元）。這一次，大家感到不悅的原因並非只有漲價，而是根本沒有人會隨身攜帶十七便士的硬幣。這款巧克力簡單、平價的特色已經不復存在。一年之後，巧克力再次調漲到二十便士（約台幣八元）；二〇一七年，價格漲到三十便士（約台幣十二元）。後來，在新冠疫情爆發前夕，大眾的憤怒迫使吉百利將價格調降至二十五便士（約台幣十元）。

弗雷多巧克力的價格成為全英國關注的焦點，各大報紙也仔細地記錄每一次的價格異動。二〇一八年，《每日郵報》（Daily Mail）列出「弗雷多巧克力的漲價時間軸」；《太陽報》（Sun）則在報導中指出：「自從二〇〇〇年以來，弗雷多巧克力棒的價格已經漲了二〇〇%」。一年後，市調網站 YouGov 指出，英國民眾已經「搞不清楚」弗雷多巧克力的價格，只有九分之一的人知道它的零售價是二十五便士。二〇二二年，生活成本危機開始嚴重影響民生之際，《利物浦回聲報》（Liverpool Echo）報導了記者伊利諾・黛爾（Eleanor Dye）驚恐地發現弗雷多巧克力在 WH 史密斯商店（WH Smith）的售價高達四十九便士（約台幣二十元）。這則新聞迅速被其他媒體跟進：《鏡報》（Mirror）的報導表示：「弗雷多巧克力棒的價格漲到將近五十便士，巧克力迷深受生活成本危機衝擊」，LAD Bible 的報導也採用釣魚標題吸引眼球：「報紙調查弗雷多巧克力價格，最貴的價格令人震驚」。

如果說弗雷多巧克力有什麼有趣之處，這不僅是因為它證明英國人過度關注不太健康的食物，更重要的是，這根不起眼的巧克力棒其實揭示了一個關鍵問題：我們對日常物價變動的體感，往往與官方的通膨數據大相逕庭。根據官方定義，物價通膨的定義是：在一段特定的時間內，一個國家的商品與服務價格的整體變化。在一九九四年到二〇一九年間，官方的統計數據顯示英國物價上漲了六六％。然而，就算我們把吉百利將價格從三十便士調降回二十五便士算進去，弗雷多巧克力的通膨率也高達一五〇％。換句話說，在新冠疫情爆發前，這款巧克力棒的價格漲幅已經超過官方通膨數據的兩倍。疫情後的四年間，英國的通膨率漲了二一％；然而，就算我們參考黛爾調查到的最低價，弗雷多巧克力的價格依然漲了二〇％。如果我們參考 WH 史密斯商店的最高價，弗雷多巧克力的價格在疫情期間幾乎漲了將近一〇〇％[1]。

英國廚師、作家暨社會運動家潔珂・夢露（Jack Monroe）指出，弗雷多巧克力並非唯一一個價格飆升的日常食品。在過去幾年來，許多便宜的主食價格都大幅上漲。在二〇二一年到二〇二二年間，夢露家鄉的阿斯達超市（Asda）最便宜的義大利麵從二十九便士（約台幣十二元）漲到七十便士（約台幣二十八元），漲幅達一四一％，跟當時媒體報導「生活成本漲五％」形成強烈對比。茄汁焗豆的價格則是漲了四五％；罐裝義大利麵漲了一六九％；麵包漲了二九％。最便宜的一公斤白米曾經一袋只賣四十五便士（約台幣十八元）；現在五百克的價格漲到一英鎊（約台幣四十三元），漲幅高達三四四%。夢露發現對於最貧窮的人來說，生活成本的上漲幅度遠超官方的統計數據[2]。

那麼，這些差異究竟從何而來？雖然弗雷多巧克力和阿斯達超市的主食價格飆漲，但是許多其他商品的價格變動卻相對緩慢，甚至下滑。過去數十年來，英國服飾的價格下滑主要是因為生產基地轉移到中國、孟加拉等低薪國家。此外，平面電視、手機和電腦等較新的科技產品價格跌幅更為驚人。我還記得，平面電視曾是動輒數千英鎊的奢侈品，但現在不到二百英鎊（約台幣八千五百元）就能買到一台不錯的電視。

另一個導致我們對通膨的感受與官方數據不一致的原因，是官方統計數據並非僅來自單一商店。夢露在阿斯達超市的購物經歷有可能特別糟糕。根據零售分析師史蒂夫・德雷瑟（Steve Dresser）的說法，阿斯達超市的低價商品正逐漸被淘汰：「阿斯達超市已經減少販售低價商品一段時間了……但這並不代表整個市場也是如此。」對於住在阿斯達超市附近的消費者而言，這段話當然沒什麼安慰效果，但若要讓通膨統計數據真正反映全國情況，就必須納入來自不同商店的價格資訊，涵蓋那些在不同地方購物的人[3]。衡量通膨的最大挑戰之一，就是如何將全國範圍內多樣化的購物體驗納入統計，以確保數據的準確性和代表性。

放大看通膨

英國國家統計局（Office for National Statistics, ONS）觀察約六百項商品與服務的價格變動，以此衡量通膨的平均值。他們挑選出「一整籃」的商品，用來代表「一般」家庭的支出。你會發現食品類有牛奶、肉類、水果等的日常食物；服飾類有服裝和鞋子；「帳單」類包括水費、天然氣費和房租。神祕的「其他」類則包含個人保養（美髮、打扮）與私人財物（珠寶、手錶）。當然，公共服務很難納入通膨，畢竟物價指數只考量私人支出。醫療方面主要是計算設備費、藥品費以及醫師、牙醫和護理師的收費。教育方面通常會以大學和私立學校的學費進行衡量。其目標是追蹤人們實際支付的費用變化，以反映生活成本的變動[4]。

由於商品籃每年都有變動，因此觀察哪些商品被列入或剔除，實際上也是一種記錄經濟與文化變遷的好方法。近年來新增的商品有：無肉香腸、抗菌濕紙巾和油電混合車；而被移除的商品則是男士西裝、煤炭和攝影機[5]。根據英國國家統計局的數據，在一九九〇年到二〇一九年間，降價幅度最大的是視聽設備，雖然現在設備的品質遠勝以往，售價幾乎只有過去的二十分之一。漲幅最大則是高等教育，價格已經翻了三倍——我們這一代的人對此感受特別深刻。

我想像這一切的方式，這就好比使用 Google 地球（還有人在用嗎？我們先假設有人好了）。

我們如果單看一支弗雷多巧克力棒，就好比放大看地圖的某個區域，去觀察一條河流一樣。對於住在這條河附近的人來說，都知道它在那裡，曉得河流的樣貌、寬度和流速等等。同時我們也發現，周遭的景觀還有更多變化。我們不能僅僅觀察這個部分，就得出整個世界就是一條河的結論；同樣地，我們也無法僅憑弗雷多巧克力的價格來衡量整體通膨。我們需要稍微把鏡頭拉遠一點，看一看周遭，才能對整體情況有更全面的理解。

當我們將視角放大，我們可能會看到地圖上的草地、樹木、長椅和一些野生動物。現在我們換個場景，來到夢露當地的阿斯達超市，看看各種主食的價格，更了解一般低收入的顧客會購買的義大利麵、豆子和麵包。即便如此，我們仍然只看到局部的圖畫。在 Google 地球上，我們觀察的區域有可能地勢較高，也許是在山頂。然而，如果把鏡頭拉得更遠，我們就能看到整片區域：河流沿著山坡向下流淌，地勢低窪的陸地有沼澤、茂密的草地和湖泊，蜿蜒的道路與鐵路貫穿整個地區，人們在城鎮和村莊定居。這就像是觀察各種商品的價格，像是義大利麵、白米、主食、奢侈品，阿斯達超市的商品以及特易購量販店（Tesco）的商品。

如果再把鏡頭拉得更遠，我們會看到整個國家，國內有鄉村和都市，有遼闊的農田和高樓大廈；蜿蜒的海岸線與遠方內陸的巍峨山巒形成對比。這就越來越接近英國國家統計局收集的完整商品籃，理應能涵蓋各類商品的價格——正如我們現在的視野能夠看到景觀的各種特徵一樣。透過這種層層推進的觀察方式，我們希望能夠獲得足夠的知識，以理解整個經濟體中通膨的變化。

但現在我們有了新的問題：視野越廣，細節可能反而變得模糊，景觀的有趣特徵可能也會變得平淡無奇。對於製圖師來說，在Google地球上觀賞整個國家很有趣，但是對實際的觀光客而言，其實用處不大。正如一般薪資家庭都會固定在當地的阿斯達超市購物，登山客也會想親自攀爬登頂，如果跟他們說「不用擔心這座山，因為從平均高度來看，這片地區的地勢並不算高」，那麼結果可能是你的小腿會留下被登山杖打過的痕跡。

通膨的不同層面

夢露和弗雷多巧克力的價格變動，讓我們重新思考經濟學中對通膨與生活成本的理解。其中最重要的一點是，通膨並不是單一的概念，官方公布的總體數字往往掩蓋了許多關鍵的細節，以至於我們甚至應該重新考慮這個指標的有效性。正如英國經濟學家哈福德曾說：「彩虹是什麼顏色？以平均來說是白色的。那麼英國目前的通膨率是多少呢？平均是五．四％。雖然這兩個答案都對，但是都少了某些重要資訊[6]。」現有的通膨測量方式無法真正反映其對不同群體的影響，使我們在應對持續的生活成本危機時準備不足。而就像我們在許多案例中所見的那樣，經濟波動對貧困群體的衝擊往往最為嚴重。

當報紙報導指出通膨率為五％，這指的是國家統計局列入全英國消費的六百項商品與服務的平均值。然而，平均值可能會產生誤導，因為它可能掩蓋了巨大的差異——例如：不同的商品與服務、北部和南部、阿斯達和特易購，或是富人和窮人——恐怕會產生誤解。

以富人和窮人為例，我們舉個極端的例子：假設人口劃分為富人和窮人兩類，富人只吃蛋糕，窮人只吃麵包，且兩者的總消費額一樣。十年來，蛋糕的價格維持不變，而麵包的價格卻漲了一〇％。在這種情況下，官方的通膨指數會顯示通膨率是五％（〇跟十的平均值），但是這個數字卻不符合任何一方的情況。由於富人經歷的通膨為〇％，而窮人卻經歷了一〇％的通膨，所以官方統計的五％皆無法真實反映雙方的情況——明明這種情況對窮人的衝擊更加嚴重。

實際上，通膨的測量方式並沒有這麼極端，畢竟不同族群遇到的商品價格有不少重疊之處。大部分的人都會買蛋糕和麵包，也會購買汽車、住宅和電力等其他常見品項。雖然某些族群可能會購買少量的某一品牌商品，其他族群則是購買大量的另一品牌商品，但整體而言，這些消費模式的重疊程度足以讓通膨率成為一個大致可參考的基準。然而，這項指標只能做為我們了解通膨如何運作及應對的起點。若要更了解情況，我們必須像在 Google 地球上縮放地圖一樣，仔細觀察受通膨影響的不同族群。

經濟學家越來越意識到，我們的通膨測量方式長期忽略了最貧窮的族群。長久以來，英國和世界各地的統計學家都依據一個看似合理的原則來計算通膨：一英鎊、一美元、一日元或一雷亞爾（real）（巴西通用貨幣）的價值都是一樣的。「一元一票」的計算方式意味著，國家統計局的商品籃能準確反映英國的整體所得花在什麼地方。我們重新回到蛋糕和麵包的例子：如果整個國家各花一百英鎊（約台幣四千三百元）購買麵包和蛋糕，那麼商品籃內就是麵包和蛋糕各占一半。如果大家突然愛上蛋糕，並且將蛋糕的支出提高到一百五十英鎊（約台幣六千四百元），商品籃也會隨之出現變化。如此一來，我們就能得出反映國家怎麼花錢的通膨數據。

這一切看似非常合理——直到我們開始思考買麵包跟蛋糕的人究竟是誰。假如有一百名窮人，每人花一英鎊買麵包，這樣總共是一百英鎊；同時也有十個富人，每人花十英鎊買蛋糕，總額加起來也是一百英鎊。計算通膨時，將十個富人和一百個窮人的花費畫上等號，這麼做顯然不太公平。由於富人收入較高，他們在通膨統計中的影響力也更大。這種計算方式因過度受富裕家庭影響，英國國家統計局將這種衡量通膨法稱之為「富豪主義」（plutocratic）。另一種作法則是讓每個家庭的權重都相等，因此被稱為「民主」的測量方法。

當英國國家統計局試著運用民主的測量方法，以更貼近低收入家庭的支出情況時，他們發現通膨率比官方統計數據稍微高一點。雖然每年僅相差〇．一％，看起來微不足道，但正如我們從弗雷多巧克力的例子得知，平均值的微小變化可能對個別商品產生巨大的影響[7]。對於低收入家庭而言，食物和住宅是兩項主要支出，這些支出的差異通常比〇．一％更高。你可以把這些支出當成前例中的「麵包」，而民主的通膨計算方式對此給予較高的權重。這只是貧困族群的通膨率比官方數據更高的一個例子，但真實情況遠不只如此。

正如哈福德指出，官方的通膨數據仍有不少改善空間。很多時候，官方數據甚至根本沒涵蓋最窮困族群所買的商品——等於完全忽略了範例中的麵包[8]。雖然英國國家統計局通常會瞄準最受歡迎的商品，但是該單位並未真正深入調查，了解這些商品能否代表夢露提到的低收入戶主食。我多希望自己能說只有英國是這樣，但很遺憾的，全球的通膨統計數據都有類似的缺陷，蒐集資訊暨燒錢又困難重重，但是說到底，蒐集價格往往也不過是某個統計員親自去當地的超市走一趟而已，但這樣的方法本身就存在局限。例如，當某樣商品當天售罄時，這可能會影響數據的準確性。這正是二〇二一年英國的通膨商品籃將「羊肩排」移除的原因——因為統計人員去超市調查的時候，羊肩排都賣完了[9]！

這種派國家統計局的人（大概是辦公室裡抽中倒楣籤的苦主）前往阿斯達超市蒐集價格的

過時做法逐漸被淘汰。現代的研究試著更準確地追蹤不同家庭的實際支出模式，例如：請他們記錄日常開支日誌。這其實比你想的更重要，因為這樣能夠避免國家統計局在計算通膨時出現巨大的數據缺口，特別是針對低收入群體的消費情況。可惜的是，儘管國家統計局正在努力改進統計方式，但還沒有完全到位，因此，要觀察這類技術如何影響通膨測量，我們還得把目光轉向大西洋彼岸的美國[10]。

我們越是考量到富人和窮人購買不同商品的事實，就會發現通膨對窮人的影響通常更嚴重，而對富人來說則相對較低。根據較能反映出貧窮家庭典型消費情形的數據，貧窮家庭的通膨通常比富裕家庭高出〇．四％[11]。同樣地，這些差異雖然看似微不足道，但是累積起來（尤其是經過幾十年的歲月）會相當可觀。既然經過民主加權之後，通膨率會高出〇．一％，那我們不妨把〇．一％跟〇．四％相加（我承認這個做法很粗糙）。這樣的話，貧窮家庭的通膨率就會多〇．五％，等於三十年後，窮人所購買商品的價格將比富人所面對的價格高出一六％。這種長期的累積效應，使得貧富之間的經濟壓力差距進一步擴大。

美國現代通膨研究會直接使用超市條碼掃描器的資料，以獲得更多樣化的商品資訊，並且根據商品掃描情況即時更新價格資訊。雖然你可能對「條碼掃描器的數據」沒有感覺，但使用這些資料的結果相當驚人，甚至會讓你嘖嘖稱奇。研究顯示，使用這些資料反而擴大了富人和窮人之間的通膨差距。美國有一篇二〇一七年的研究就使用了條碼掃描器的資料，結果顯示經過九年的時間，窮人的通膨率比富人高出了八到九％，或者每年大約多一％[12]。

我們已經在第四章探討過富人和窮人彷彿生活在不同的世界裡。物價就是一個典型例子。富人跟窮人可能都住在同一個城市，但因為居住在不同區域、在不同商店購物，購買不同商品，他們對通膨的體驗也截然不同。富裕地區的商店通常會迎合有錢人的需求，這意味著經濟實惠的商品可能不會上架，導致居住在這些地區的窮人被迫購買昂貴的商品（如果有賣低價商品的話，他們才不會買這麼貴的東西）。這種經濟上的「隱形隔離」是肉眼看不見，卻真實存在的，或許這也是許多人對官方通膨數據產生懷疑的原因之一[13]。

這一切都清楚指出本章開頭，夢露困惑反映出經濟學家測量通膨時產生的真正問題。長期以來，我們蒐集了自己眼中「常見的」商品和服務資料，卻沒有考慮這些資料能否反映貧窮家庭的實際消費情況。我們過於依賴平均值，忽略富人和窮人對通膨的感受天差地遠，也忽視了不同經濟區域的價格變化。這些因素導致我們低估了最貧窮族群面臨的物價上漲壓力，在許多情況下，窮人承受的實際通膨率遠高於官方數據。由於每年通膨一點一滴地侵蝕收入，使得窮人跟富人之間的差距越來越大[14]。

另一方面，弗雷多巧克力的例子也點出很明確的問題，也就是過度關注一小部分的經濟，而不考慮其他部分（像是不同品牌的巧克力棒，或是完全不一樣的經濟領域等等）。正如對登山客而言，Google地球上某一小塊區域的地形相當重要，對於許多家庭來說，夢露在阿斯達超市購買低價商品的通膨經驗也很重要。不過，這就跟觀察地形的小特徵一樣，如果我們過度關注片面的資訊，就會導致其他人的情況被忽略，最終得出偏頗的結論。希望未來的通膨管理能讓高層的專家和基層的觀察人員之間持續交流，以確保我們獲得更全面、公正的經濟圖景。

通膨的卡士達理論

這個世界充滿了有趣且微妙的複雜性。舉例來說，卡士達是一種非牛頓流體（non-Newtonian liquid），意思就是卡士達平時就跟一般的液體一樣，但在施加足夠的壓力時，就會變成固體。如果你家有卡士達，可以親自試驗這種特性：先製作卡士達，再把它搓成球狀（我得補充一句，你得先等卡士達冷卻才行，我可不想被罵），接著觀察它在你手上的變化。你會發現，卡士達的狀態會根據周遭的環境而改變——在這個例子中，卡士達的狀態就取決於它是否有被一雙手壓緊。

正如我們所見，新聞上看到的通膨數據，背後實際藏著一個複雜的價格世界，每個價格都固執地朝著自己選擇的方向移動。但是跟卡士達一樣，也有一個關鍵的例外：當通膨很高時，這些分散的價格變動不再是獨立的，而會逐漸融合為一個統一的現象。在許多富裕國家，尤其是一九七〇及一九八〇年代間，通膨率達到兩位數，並且開始展現出一種「自我增長」的節奏。到了這個階段，通膨不再只是零散的價格變動，而是一種全面性的經濟現象，其推動因素是大部分的物價與薪資齊漲，並且勞工、消費者和政府皆預期漲勢會持續下去[15]。就像卡士達在壓力下的狀態會改變一樣，通膨也會在經濟體系廣大的壓力下產生變化。

目前控制通膨的方法在一九七〇至一九八〇年代間誕生。雖然我們在上一章已經簡短討論過通膨目標，但現在我想更仔細地剖析這個問題。你可能也記得，央行控制通膨的主要工具就是利率。一九八〇年代物價飆漲時，央行決定升息以抑制通膨，因為提高利率會讓存錢變得更有吸引力，而借錢則變得更昂貴。高利率通常不僅會讓家庭和企業降低開銷，也會讓他們多存一點錢，這樣就能幫經濟踩剎車，進而抑制物價上漲。在一九八〇年代，英美兩國的央行曾將利率調升到將近二〇％，以遏制通膨惡性循環，並將物價穩定下來。

相反地，當通膨不再是主要問題（降到每年只有幾％的時候），央行就會放心地調降利率。這會刺激經濟消費，促進經濟成長，並降低失業率，與升息時的情況恰好相反。央行的理想願景是維持一定的低利率，好讓經濟順利運作。雖然這在一九八〇年代無法實現，但到了二

○○○年代，大部分富裕國家的通膨平均大約是二%左右。自從我出生以來，利率管理一直都是政策的一環。我還記得，兒時聽的床邊故事就是英格蘭銀行如何英勇地拯救了英國經濟（澄清一下，這件事並未發生）。

誰為通膨買單？

通膨目標在大部分的時間看起來都很成功，多數富裕國家的通膨率通常維持在二%左右。雖然會有短暫波動——例如二○○七至二○○九年的金融危機過後，英國的通膨率一度飆升到五%左右（啊，多麼天真的歲月）——但通膨最終都會降回來。雖然英格蘭銀行前總裁莫文．金恩（Mervyn King）曾示警，設定通膨目標會讓央行變成「通膨狂人」（為了降低通膨而犧牲了經濟成長、失業率等等），但央行大多都能忍受短期的波動。當時，各地的經濟學家都對通膨維持穩定之際，經濟成長及就業情況亦能維持佳績感到高興[16]。然而，疫情過後，通膨似乎變成央行難以掌控的棘手問題，這也引發了對傳統通膨控制方式的質疑與討論。

如果通膨的測量方法忽略了勞動階層，通膨的因應政策恐怕會對他們不利。利率的一大祕密就是：利率主要是透過相當殘酷的機制發揮作用。許多讀者可能深有同感，利率變高代表房貸成本也會變高，這迫使家庭支付更多貸款利息，減少可支配收入，進而抑制消費支出，導致經濟活動。簡而言之，就是屋主（以及承擔轉嫁成本的房客）的錢被拿走，導致他們買不起東西，這將對企業與整個經濟產生連鎖反應。最終，央行的目標其實是提高失業率，迫使勞工接受較低的薪資，才能「有望」壓低物價。

更令人不安的是，「失業率調控」這一手段之所以能發揮作用，可能只是因為過去幾十年來，勞工的力量變得極為薄弱，尤其是在英美等國家。在這些國家，工會會員人數大幅下滑，科技發展使得工作變得更加不穩定，而勞工權益也逐漸遭到削弱。許多西方國家將工作外包給幾乎沒有勞工權利的國家，導致富裕國家的勞工不得不跟全球各地薪資較低的勞工競爭。在二戰過後的二、三十年，失業率常常只有二%，但是從一九八〇年代起，失業率通常達到六、七%。央行人士將低失業率的情況稱為「勞動市場緊縮」。而這種說法掩蓋的現實是：央行並不樂見就業機會過於充足，因為這樣會讓勞工有更多議價空間[17]。

如果這聽起來像是陰謀論，那麼請放心，決策者們對此完全心知肚明。在一九八〇年代，時任聯準會主席保羅·伏克爾（Paul Volcker）非常重視工會的會議紀錄，而且關注工會勞工的程度並不亞於對金融市場的關注。當時，美國的飛航管制員發動罷工，羅納德·雷根（Ronald Reagan）總統直接動用行政命令開除了所有罷工的管制員。伏克爾形容這件事是「政府在抗通膨戰役中最重要的一步」。十年後，新任聯準會主席艾倫．葛林斯潘（Alan Greenspan）讚賞「節節攀升的工作不安全感」所導致的「低迷薪資」，是促成一九九〇年代的經濟繁榮的原因。現任聯準會主席傑羅姆．鮑威爾（Jerome Powell）為二〇二二到二〇二三年的升息辯護時表示：「當前勞動市場非常、非常地緊縮，緊縮到不健康的程度。正如你描述我們的做法奏效……如果能減少職缺數量，薪資上漲的壓力會減輕，勞動力短缺的情況也會減少[18]。」

我並不是要讓你覺得利率在控制通膨方面完全無用——事實上，它確實能產生影響。但問題是，利率往往是用扼殺患者的方式來解決通膨疾病。利率能「奏效」是因為只要利率夠高，就能減緩成長以降低通膨。利率會增加借貸成本，降低需求，進而提高失業率。利率也能戳破金融泡沫，引發破產的浪潮，進而拖累整體經濟。這正是為什麼大量證據表明：利率調控在「降低就業與經濟增長」方面比「促進就業與經濟復甦」更有效，而非推動兩者上揚。利率有可能會傷害經濟，卻不太擅長拯救它[19]。

如果說富裕國家的升息會傷害國內的窮人，那麼最貧窮國家受到的影響恐怕是災難性的。由於許多拉丁美洲國家必須借美元來用（畢竟他們無法印製美元），這意味著美國升息會提高政府的借貸成本。像一九八〇年代那樣的升息不僅會帶來經濟困難，甚至可能引發全面的金融危機：投資者撤資、信貸緊縮、經濟增長暴跌，導致整個地區陷入經濟混亂。如今，當前的升息恐將再次在拉丁美洲國家引發嚴重問題，而這種情況尤其令人憤慨，因為這些國家相對貧困，且對這些關鍵決策完全沒有民主參與權[20]。

艱鉅任務

通膨管理確實是需要小心處理的艱鉅任務，不應該被當成簡單的差事。失控的薪資需求再加上激進的工會運動，可能會引發「薪資－物價螺旋」（wage-price spiral），這在一九七〇年代曾經發生過。薪資上漲後，物價也跟著上漲，接著薪資又漲，最後沒有人是贏家。即使薪資調漲，但當物價同步上漲時，實際購買力並未增加，因為手中的錢買不到比以前更多的東西。同樣地，企業在支付不斷上升的薪資成本時，也難以維持或提高利潤。薪資－物價螺旋最終會讓所有參與者白忙一場，而通膨螺旋則會讓整體經濟更加不穩定。

當通膨失控時，人們往往會開始進行道德批判並相互指責。對左派而言，問題通常出在調漲售價的貪婪企業身上，這又稱為賣家通膨（sellers' inflation），甚至被戲稱為「貪婪通膨」（greedflation）（這麼糟糕的組合詞彙顯然還不夠多）。對於右派來說，問題出在拒絕接受現實、要求的薪資高於職位的勞工身上。幾十年來，雖然央行聲稱中立，但央行的立場其實更接近後者。英格蘭銀行的首席經濟學家皮爾在二〇二三年表示：「英國勞工得『接受』自己變得更窮，別再尋求加薪」。這段發言自然引起喧然大波[21]。你可能已經發現，本書傳達的主要訊息就是：我們不應該接受這種說法。

直接限制勞工要求加薪的政策並非應對如此複雜經濟現象的解決之道。首先，通膨螺旋上升的原因並不只是勞工要求薪資更高而已。細心的讀者會發現「薪資－物價螺旋」一詞也提到了物價，這意味著企業在這一過程中同樣扮演了關鍵角色。企業會在薪資上漲後提高物價，以維持自身的盈利，這就是為什麼有些人改用「利潤－物價螺旋」[22]這一說法。其實，這兩種說法並沒有孰優孰劣的問題，但值得強調的是，這種語言上的細微變化並不是重點，真正重要的是我們能夠從這場辯論中汲取哪些教訓。

簡單來說，央行家太過留意薪資，尤其是薪資上漲的時候，他們往往會認為這是一件壞事。然而，我們並未充分討論這項政治決策，用不著像皮爾那樣推卸責任，而是應該將通膨視為有待解決的協調問題。對於勞工（尤其是工會）來說，為成員爭取最好的待遇是再自然不過的事情——畢竟，這就是他們的工作。同樣地，企業在通膨的環境下調漲價格也很合理——沒有這麼做的企業恐怕會被股東懲罰，甚至破產。持續的通膨是因為勞工與企業相互爭奪經濟產出的好處，倘若這場勞資爭奪戰局勢惡化，通膨就會失控。請想像一群貓被關在袋子裡打架的畫面，你大概就能明白雜亂無章的通膨政策長什麼樣子了。

唯一能停止這種惡性循環通膨的就是促進勞工團體和企業彼此合作。乍看之下，這種協商政策看似理想化、不切實際，但其實不然。以德國為例，工會在全國勞資關係上占有一席之地。由於德國非常依賴知名的BMW和福斯汽車等高品質產業，為了維持物價穩定和出口競爭力，工會歷來對薪資的要求相當保守。數十年來，德國透過這樣的協調機制成功管理通膨和薪資。而斯堪地納維亞國家也有類似的機制，工會能進行區域甚至全國等級的協商，與企業協調薪資要求[23]。事實上，大部分的歐陸國家都有類似的制度。

通膨戰爭

經濟學家奧利維耶·布朗夏爾（Olivier Blanchard）承認，解決通膨最好的辦法是所有主要的利益相關者談判，協商出一個可行的方案。如果勞工能接受一定幅度的調薪，企業同意一定範圍的漲價，而央行和政府則負責制定相關的利率、稅收與支出政策，那麼這場經濟衝突就能得到緩解。這樣的協商機制可以防止通膨進一步惡化，避免潛在的通膨螺旋，雖然大多數的參與方可能無法完全滿意，但至少不會有任何一方完全被犧牲[24]。

如果要舉一個高通膨的例子，大部分人最鮮明的記憶，莫過於俄羅斯入侵烏克蘭後的能源價格危機。毫無疑問，能源危機反映出真正的稀缺情境：戰爭爆發之前，石油和天然氣的供應量充足；戰爭爆發後，我們親身經歷了過去難以想像的漲價幅度，英國一般家庭的能源價格幾乎翻了一倍[25]。大多數人被迫在短期內減少能源使用，而各種節能省錢建議也開始在全國流傳。例如：將暖氣調低一度、洗冷水澡、燒開水時只加剛好需要的量、投資購買電熱毯——以上是馬丁·路易斯（Martin Lewis）等省錢專家在過去幾年給英國民眾的建議[26]。

對個別家庭來說，這些確實都是很實用的建議，但從更宏觀的角度來看，我們不妨問一問：誰應該節省能源，而且該怎麼做才好呢？首先，我們怎麼確保節能措施不會嚴重影響到最弱勢的族群？再者，我們怎麼確保這件事不會引發通膨螺旋？

即使不盡完美，但是各國政府已經充分回應了第一個問題。透過家庭補助，各國政府提供更多資金給低收入民眾，緩和能源價格上漲造成的財務壓力。這項措施確保大家即使開銷變大，最無力負擔的族群也能得到幫助。這份援助其實也有助於解決第二個問題，畢竟領取津貼的家庭本身就不太可能要求加薪以彌補開銷差距。不過戰爭爆發後，薪資壓力相對變小，補助可能就是其中一個原因[27]。

再來看利潤方面的問題，在英國，民眾對於英國天然氣（British Gas）等公司收取高額能源費用的抱怨早已屢見不鮮。然而，這些零售能源供應商的實際利潤率其實相對較低，通常只有五％左右。然而，負責把天然氣輸配至全國的公司利潤率卻超過四〇％，而這個行業也是英國市場最集中的產業之一[28]。當能源價格一漲，這些公司就將成本轉嫁給零售業和消費者身上。他們能否犧牲一部分可觀的利潤，吸收一些成本呢？由於這些企業不太可能自願如此，政府必須介入才行。

然而，將所有負擔完全加諸於這些企業，或是單一經濟參與者，並不合理。即便企業的利潤歸零，俄羅斯入侵所造成的巨大衝擊仍會導致能源價格上漲。在這個情況下，布朗夏爾提議讓主要參與者共同協商的方法就能發揮作用。所有人都必須有所犧牲，但關鍵在於確保負擔能夠公平分配，讓富裕家庭與高利潤企業承擔更多責任。同樣重要的是，如果所有參與者都能達成共識，這將為經濟帶來穩定，進而抑制通膨，並避免陷入「薪資—物價螺旋」的惡性循環。

這種歐洲式的薪資與價格談判政策確實有助於持續管理通膨，但仍然不夠全面。生活成本危機主要來自於能源、微晶片和食品等特定領域的物價飆升所致，物價和薪資全面上漲並非危機的成因。換句話說，我們手上的卡士達明明是液體，卻把它當成固態來處理[29]。處理這兩種類型的「卡士達」——抱歉，我是說通膨——的政策並非只有控管薪資—利潤—物價螺旋那麼簡單。一個全面的通膨管理政策，必須考慮到我們至今討論過的所有因素，並制定聰明且具前瞻性的策略。而如果要舉例說明完全相反的政策，那麼二〇一〇年代英國政府的緊縮政策便是最典型的反面教材。

撙節政策與通膨

二〇一〇年，卡麥隆擔任首相，領導由英國保守黨主導的聯合政府。十九歲的我曾投票支持這個聯合政府中的小黨「自由民主黨」。結果當他們加入聯合政府之後，我對英國政治的熱忱便迅速消退。正如保守黨所承諾的，立刻實行嚴格的撙節緊縮措施，全面削減教育、健康、交通等公共服務，尤其是地方服務砍最多。然而，我很懷疑撙節政策能否達到預期目標，一面是因為我有經濟學A級證書，但最主要是因為我具備基本的邏輯思考能力。當時政府承諾撙節政策能降低國債、精簡公共服務並促進經濟成長，但實際上，這些目標一個都沒達成[30]。

我在二〇二三年撰寫這段文字時，剛參加完一場罷工回來，這場罷工有超過十萬名教育界工作者參加，不僅包含老師和學者，就連醫生、護理師、鐵路工會和公務員也參與其中，他們在此之前和之後也發動了多次罷工。自從二〇一〇年以來，許多參與罷工的職業團體的實質薪資，經過通膨調整後，實際上已經下降，還要面臨減薪的狀況變得無法再忍受[31]，導致我們現在看到的政治動盪。這些團體面臨的問題並不是一般意義上的「通膨」，而是工資未能跟上物價上漲的速度，導致他們在經濟利益分配的競爭中節節敗退。

我之所以提到英國的撙節政策，是因為這個例子完美展現了管理通膨需要前瞻性思維和多層面的策略。除了普遍減薪之外，卡麥隆政府在二〇一三年執行了引人深思的直接干預措施——這種干預其實少之又少，畢竟卡麥隆在擔任首相期間似乎花了不少時間看電視[32]。當時他命令公職部門「丟棄所有環保廢物」，也就是砍掉改善住宅隔熱、補助太陽能板和建設風力發電場的計畫。當時的能源帳單費用也很昂貴，所以他認為只要刪除這種多餘開銷，選擇更便宜且行之有年的化石燃料，就能降低家庭能源成本。

二〇二二年一月，智庫Carbon Brief估計英國由於環保能源投資不足，每個家庭一年需額外支付五十英鎊（約台幣二千元）的能源費用，全國的開支總計高達二十五億英鎊[33]（約台幣一千億元）。由於住宅設計較不完善，再加上可用的能源選項有限，最終導致能源成本上升。卡麥隆的干預措施不但沒有降低燃料成本，反而讓成本變得更高——甚至情況變得更糟。因為在Carbon Brief發表報告後不久，俄羅斯就入侵了烏克蘭。Carbon Brief隨後將政府十年前大砍「環保廢物」導致的額外花費提高為三倍：每個家庭一年的天然氣費和電費多花一百五十英鎊（約台幣六千元），全國總開支增加至七十五億英鎊[34]（約台幣三千億元）。當時若是加速投資腳步，讓大部分的電力都來自綠能，罷工潮下的通膨率狀況是否會有所不同？

你不妨把英國雜亂無章的策略跟西班牙的策略放在一起比較。到了二〇二三年，西班牙的通膨率已經穩定維持在可接受的範圍內，大約是二%到四%左右，遠比其他歐洲國家更低。西班牙當局跟大部分的政府一樣，也提供電費和天然氣費的補助，不過，他們還採取了進一步的行動，設定了天然氣費的上限，這樣西班牙家庭支付的費用就不會超出一定金額。這項措施稱為「伊比利亞例外」（Iberian Exception）。此外，政府也實施一連串的額外政策，像是提高基本薪資、限制房租漲幅，並提供免費大眾交通等等。這些措施不僅減輕了家庭與企業的經濟壓力，也避免了因破產增加、失業率上升和貧困惡化而造成的長期經濟損害。在西班牙，降低整體通膨和幫助民眾應付生活成本是齊頭並進的[35]。

二〇二三年年中，我的教父困惑地問：「為什麼在家庭經濟已經如此艱難的時刻，政府的解決方案竟然是升息，讓人們的生活變得更辛苦？」這就凸顯了我們當前政策有多荒謬，房子明明是大多數人和企業最大的開銷，但因應生活成本危機的主要策略竟然是提高房屋成本。二〇二四年，一群經濟學家提出跟我教父相似的觀點，他們認為美國目前衡量通膨的方法忽略了房貸支出，如果把這部分納入計算，實際通膨率會更高[36]。

通膨與生活成本

整體通膨與生活成本之間的關係，並不像表面上看起來那麼簡單直接。即使通膨居高不下，若薪資隨之上漲，也不會引發生活成本危機，畢竟民眾負擔得起更高的物價。問題是，我們將一九七〇、一九八〇年代物價和薪資普遍上漲的通膨類型，與二〇二二年起價格混亂變動所引發的生活成本危機通膨混為一談。實際上，兩者是截然不同的經濟危機，需要完全不同的策略。找出哪些經濟領域對通膨影響最大，哪些領域最容易受到利率影響，以及那些無法透過利率控制的因素，都是有待解決的難題，需要更龐大的因應對策。

由於利率只會透過特定管道發揮作用，因此跟這些管道相關的經濟領域會受到極大的影響。最明顯的例子就是建築業，由於住宅建設往往仰賴房貸融資，所以更容易受到房貸利率影響。房市是「順景氣循環」（pro-cyclical）產業，也就是說，景氣好的時候，房市上揚；景氣差的時候，房市也會下跌。順景氣循環的產業通常對利率變化更敏感——其他例子包含餐飲業與觀賞體育賽事，這些活動通常在經濟景氣時更受歡迎[37]。果不其然，二〇二三年初升息之後，美國的房價便停滯不前[38]。在英國，消費者團體 Which? 的報告指出，這段期間英國的房租、房貸和其他帳單的拖欠情形暴增[39]。

自然會有人問：那些最受利率影響的產業，是否真的對控制通膨最為關鍵？假如你還沒察覺本章的主題，我得先說答案是「並不完全是」。德國經濟學家伊莎貝拉・韋伯（Isabella Weber）及其團隊探討哪些產業會對美國經濟的通膨率造成「重大影響」[40]。他們將「重大影響」分成直接影響和間接影響兩類。直接影響的定義簡單明瞭：這個價格對通膨的影響有多大？住宅會直接影響通膨，因為它是許多民眾的主要支出，所以計算通膨時，住宅占了不少比重（一四％）。這一點都不神祕：我們說住宅對通膨而言很重要，就好比說麵粉對蛋糕來說很重要一樣。如果你把大量的甲加進乙，那麼甲的變化就會影響到乙。

而韋伯及其團隊在研究分析第二部分時就比較棘手。他們探討了經濟的「向前關聯」（forward linkages），即特定商品的通膨會如何影響其他下游商品。舉例來說，如果羊毛漲價了，我奶奶編織的毛帽也會漲價，因為她的成本變高了（雖然也有可能只是奶奶運用壟斷的權力而已）。與前文提到的住房不同，石油與天然氣的開採並不會直接反映在消費者物價（化石燃料開採〔例如石油鑽探〕跟汽油銷售等項目的所屬類別不同）。但它對通膨的影響是來自對其他產業的成本推動，特別是依賴化石燃料的行業。基本上，這會影響到各行各業，畢竟化石燃料是能源和交通的必需品，因此，當化石燃料的開採成本上漲時，這些產業的整體成本也會變高。

這些所謂的間接影響不僅顯示了通膨在整個經濟體系當中環環相扣，也說明一個產業對其他產業可能產生的影響有多大。事實上，開採石油和天然氣對通膨的間接影響大到足以在「重要」大宗商品排行榜上位居第二。此外，雖然住宅幾乎沒有什麼向前關聯，但它仍然在七十一種大宗商品中排行第七，顯示出其對通膨的影響力。「汽油和煤炭」類排行第一，這種商品的直接和間接影響都相當顯著，不僅對許多家庭來說是一項龐大開銷，也廣泛用於各行各業。其他排名較高的相關產業包含農業、公用事業以及「食品、飲料和菸草產品業」。韋伯及團隊將前九名重要產業分為三大類：能源、生活必需品（例如弗雷多巧克力）和生產必需品。如果你想一下這些產業，就會發現這樣的分類十分合理，因為所有產業都需要能源，每個人都需要基本生活必需品，而所有行業也都仰賴金屬、其他原物料等生產必需品。

雖然韋伯在二〇二二年完成這項研究，他們使用的也是二〇一九年以前的數據。令人詫異的是，倘若這項研究能在新冠疫情出現之前完成，那麼它可以在危機爆發前成功找出最重要的產業，從而幫助政府制定政策，加強這些關鍵產業的韌性，減少供應短缺與通膨壓力。卡麥隆的緊縮政策削減了英國的能源生產力，與大眾的需求截然相反。未來，我們得挹注更多資金給重要產業，以確保這些產業的成本下降。長期投資綠色能源、交通和住宅，不僅能夠減輕這些產業的成本壓力，還會對上游產業與其他相關商品與服務產生正向影響。

花錢解決問題

經濟學家曼森和亞濬・加雅德夫（Arjun Jayadev）認為，我們需要更積極思考如何解決通膨問題。通膨其實是一體兩面的問題，但大家卻往往將其混為一談，實際上，它是由多種不同因素構成，而我們可以進一步深化這一觀點[41]。通膨其實是一種經濟失衡的症狀，當人們的需求超過經濟供應能力時，就會出現通膨。我們目前採取的是撙節措施：需求過高時調升利率，讓人們減少消費。不過，還有另一種做法則是針對供應不足的領域進行投資，不僅擴大產能，還透過更有效的經濟協調來提升供應效率。美國的策略更接近西班牙模式（不過美國更注重投資和創新），不僅成功迅速降低通膨，經濟同時也保持強勁增長[42]。

大家難免會認為這種做法是「砸錢解決問題」，但是從長遠來看，它實際上代表了我們對通膨監測與管理方式的根本轉變。這種新模式將由專門負責「系統性關鍵商品與服務」的組織來主導，並賦予它們干預市場、穩定價格的權力。這與央行目前對貨幣系統的管理方式類似，但這種機制可以進一步擴展到其他關鍵商品。事實上，類似的政策已經存在，例如各國政府會儲備石油、糧食等重要物資，但這些措施目前仍然是臨時性的。如果能將這些政策制度化，我們就能更精確地監測經濟體系內的產能狀況，在面對類似疫情這種突發危機時，也能更迅速做出反應。此外，國際協調將有助於納入長期被忽視的地區，如拉丁美洲與西非，讓全球經濟體系更加穩定。

本書即將付梓之際，全球通膨已經下滑。然而，即使生活成本危機逐漸淡出人們的記憶，我們仍應記住，當時我們的應對能力有多麼不足，以及這場危機造成了多大的傷害。畢竟，通膨下降並不代表物價回落，只是物價上漲的速度放緩而已。二〇二二年至二〇二四年間，生活成本暴增的影響仍會繼續讓全球許多家庭感到手頭吃緊。在氣候變遷、戰爭，甚至是另一場全球疫情爆發的環境下，未來幾年的全球經濟將會變得更加不穩定，如果我們不採取行動，未來可能面臨的危機只會更加嚴峻。

疫情與封城暴露出經濟體系有許多弱點，本章提到的方法能幫助我們建立經濟體系應對兩者的能力。正如曼森和加雅德夫指明，通膨只是嚴重問題的徵兆。長久以來，我們追求效率和自由貿易的狹隘理念，卻忽視了經濟體系的韌性。許多全球供應鏈不是處於緊繃狀態，就是過度仰賴特定地點，一旦遇到健康、政治、環境或金融危機時極易崩潰。請記住上述弱點，我們準備進入下一章，也是本書的最後一章。

第八章 為什麼全球經濟會崩潰？

我們龐大、奇妙、高效、脆弱、剝削的經濟工廠

在《辛普森家庭》中，內糊小學的學生正在參加全國標準測驗。考試剛結束，兩名全副武裝的警衛就走進教室，宣稱他們是來「拿考卷的」。他們搭著飛機橫越美國，將考卷送到愛荷華州。雖然試卷袋上寫著「小心處理」，但是抵達機場時，這些考卷卻被隨意丟進一輛貨車的後車廂。接著，這批考卷被送到國家考試中心，並且被放在輸送帶上，由一台大型機器統一處理。結果霸子的考試成績經過這台機器時，機器剛好故障，導致整個系統停擺。這時畫面轉到機器旁邊的老人，他坐在搖椅上臭著一張臉，拿起掃帚敲了一下機器，大喊：「艾瑪，動起來！」機器再度運轉，於是老人滿意地靠回搖椅，繼續悠閒地搖晃著

這個片段生動地展現了我們如何組織全球供應鏈。供應鏈聚集了全球各地的技術、材料和

勞動力，生產大家天天使用的數百萬種商品和服務。表面上，供應鏈雖然看似在「正常」時期運作流暢，但是仔細一看，就會發現這些供應鏈有著令人擔憂的弱點和設計缺陷，可能會致整個體系崩潰。一般的商品就跟孩子們的考試成績一樣，都會先經過一段非常複雜的正規流程，才會抵達某個地方，結果卻得仰賴某個老人（這是一個比喻）拿著掃把敲一敲機器，才能繼續前往下一個地點。

令人驚訝的是，這種供應鏈模式雖然運行了這麼久，且表面上運作良好，但其實一直隱藏著兩大問題，直到新冠疫情爆發後才浮現出來。首先，這種隨機拼湊的體系在面臨壓力測試時極易崩潰。其次，我們長期忽視了那些辛苦維持這一體系運作的勞工，將他們的努力視為理所當然。過去幾十年來，生產體系被拉得越來越長，關鍵商品的供應鏈被延伸到全球，從食品、服裝到電子產品，跨越國界、遠渡重洋，最終送達目的地。然而，當這一體系遭遇連續的衝擊後，我們才發現：這個系統不僅脆弱，還充滿剝削與不穩定性。

新冠疫情爆發後，全球各地封城，各地企業關閉，國際貿易幾乎停擺。這原本應該只是短暫放緩，只要封城結束，經濟就會恢復，但事實證明，經濟難以復甦。我們高度仰賴的中國等國家實施更嚴格的封城措施，導致關鍵商品的生產（最有名的例子就是晶片）長期停擺。世界各地步伐不一地結束封城之後，全球經濟的各個部分已經無法同步運作。在一場高度協調的經濟運作中，只要有一個環節出錯，就可能影響整個體系。如果我們想要避免未來再次發生類似的動盪，就必須更深入地理解全球經濟的運作方式。

現實與虛構經濟

少了釘子，丟了蹄鐵。
少了蹄鐵，丟了戰馬。
少了戰馬，丟了騎士。
少了騎士，丟了情報。
少了情報，吃了敗仗。
吃了敗仗，丟了王國。
全因少了一顆馬蹄釘。
——古老韻文[1]

在一場著名的講座上，自由市場經濟學家彌爾頓·傅利曼（Milton Friedman）描述了手中鉛筆的製作過程。他驚嘆道：「世上沒有任何一個人知道怎麼製作這支鉛筆。基本上，這支鉛筆是成千上萬的人通力合作的成果。這些人說著不同的語言，信仰不同的宗教，如果他們相遇，可能還會討厭彼此。」他指出，這支鉛筆及其原物料的產地來自美國、拉丁美洲、英屬馬來亞（British Malaya，現在分成馬來西亞和新加坡），說不定還有其他國家。正如傅利曼所言，這是現代資本主義的一大奇蹟，整個過程竟然能在缺少「中央辦公室指揮官發號施令」的情況下自發完成[2]。

傅利曼是個出色的演說家，即使是像鉛筆這樣簡單的物品，他也為此著迷，並且在演講中表露無遺。不過，我總是發現他提出的問題往往比解答的還要多。依照他的說法，木材「據我所知」來自華盛頓州，而石墨「可能」來自南美洲的礦坑。至於鉛筆的其他組成部分，例如標誌性的黑黃條紋油漆，他則坦承自己「完全不清楚」它們的來源。當然，這種無知本身正是傅利曼想表達的觀點之一。他認為資本主義與全球市場的運作如此複雜，以至於我們無法完全理解它們的內部機制，即便我們每天都在購買那些供應鏈遠比鉛筆更複雜的商品。或許傅利曼的演講風格是在刻意「裝傻」，以此作為一種修辭技巧，來吸引聽眾的注意與共鳴。

然而，讓我感到好奇的是，這場關於鉛筆經濟學的著名演講，由歷史上最著名的經濟學家之一所發表，卻並未真正提供更多關於鉛筆製造過程的具體資訊。身為經濟學家，我們應該都很清楚供應鏈各個環節。正如傅利曼透過木材和石墨展示整個過程，我們也許會心懷敬畏地看待，但這種態度同時也可能讓我們過度神祕化全球化、市場與資本主義，彷彿這些系統是無法完全理解或控制的。

鉛筆的供應鏈體現了經濟學中的一個古老概念：專業分工（specialization）。我們可以將商品的生產拆分成不同的獨立任務，讓每個任務都能以最高效率完成。這就是專業分工的理念。你可能也會在家裡進行專業分工：一個人洗碗，另一個人擦乾碗盤並歸位，這樣做更輕鬆且更有效率。如果兩個人同時洗碗、擦乾並歸位，問題就會接踵而來：頻繁切換工作會浪費時間，彼此可能會擋住對方的動線，而且還需要加倍的水槽、抹布、海綿等工具。因此，將洗碗的過程拆分成不同任務，不僅能讓工作更輕鬆，還能提高整體效率。

我們對專業分工的執著可以追溯到亞當．斯密身上，以及他提出的著名別針（不是鉛筆）範例。亞當．斯密觀察到，一個人獨自製作別針的話，一天最多只能「勉強做出一個」。然而在當時的工廠，製作別針的流程被分解成「十八項獨立作業」。這就是本書開頭提到的勞務分工概念：「一個人拉出金屬絲，另一個人負責把線拉直，第三個人將其負責剪斷……」等等。亞當．斯密聲稱，十個工廠工人一天能製作四萬八千個別針，平均一個人就能做出四千八百個別針，這個數字遠超一個人一天能做的別針數量。根據亞當．斯密的說法，拆解一項任務能大幅提升效率。從一個小工廠變成一間大工廠，別針的產量可以成長好幾百倍[3]。

在全球經濟中，我們對於專業分工的講究達到極致。照著這個理念思路，如果一間別針工廠能透過專業分工獲益，那麼我們就可以將這個方法延伸到世界各地。隨著供應鏈的不斷延長，每個環節的任務也變得愈發專業化。以前，汽車公司會自行採購原物料、製造零件、組裝、批發和銷售汽車；如今，大部分的環節交由不同的專業公司負責。這些公司在自己的專長領域都是箇中翹楚，甚至厲害到全世界只有他們辦得到。正如傅利曼和亞當．斯密所言，這種高度專業化的供應鏈所生產的商品種類與數量都令人驚嘆，堪稱現代經濟的一大奇蹟。

然而，這種專業化的理念往往被過度解讀。尚路易．普賽爾（Jean Louis Peaucelle）和卡麥隆．古斯里（Cameron Guthrie）研究亞當．斯密舉的例子之後，發現這些數字是編出來的[4]。別針工廠的作業程序根本不到十八項，最多只有八、九項。此外，一個人一天能製作的別針數量也不只一個，最多可達兩千個。結果顯示，無論員工人數不到六位，還是多達二十位，不同規模的別針工坊即使專業分工程度不一，競爭條件依然相近。正如普賽爾和古斯里表示：「生產力的提升並不如亞當．斯密所描述的那麼驚人，實際上，這個數字應該更接近二．四倍，而不是二百四十倍。」這個著名的案例與現實數據的嚴重偏差，提醒我們在談論專業化時，應當保持謹慎，而不是將其過度神祕化或絕對化。

更令人擔憂的是，專業分工雖然提升了效率，但也增加了經濟的脆弱性。早在新冠疫情爆發的十三年前，記者貝里．林因（Barry C. Lynn）在二〇〇七年曾簡短總結了全球化現象，現在回頭看來，這段言論的先見之明令人起雞皮疙瘩[5]：

嶄新的全球工廠看起來確實很有效率，但是這種效率不僅犧牲了靈活性，也毀了永續性。我們現在應該要擔憂的，是當某一天——也許很快——戰爭、革命、疾病或自然災害讓我們無法再依賴這些分散在全球各地的勞工群體，這些人負責生產關鍵的工業零件，或處理至關重要的後勤資訊。當我們的全球供應鏈因為缺少其中一個或幾個關鍵環節而斷裂時，整個工業體系將會崩潰——從別針、電子產品、製藥業，到食品供應，無一倖免。

倘若供應鏈上某個環節中斷，在缺乏替代方案的情況下，唯一的選擇就是停止生產。舉Xirallic顏料為例，這種顏料能讓汽車看起來有一種閃閃發亮的黑色光澤，別具現代感，通用汽車（General Motors）、福特汽車、克萊斯勒（Chrysler）、BMW和福斯汽車都廣泛使用這種顏料。然而，全球只有一家企業能夠生產Xirallic——日本的默克（Merck），當二〇一一年日本遭遇地震、海嘯和輻射外洩等災難時，默克的供應鏈癱瘓，導致Xirallic全面短缺。這些汽車公司只能放棄使用 Xirallic，畢竟他們也無法從其他地方獲得這種顏料[6]。結果導致所有閃閃發亮的黑色汽車停產。雖然大部分的人都不在意，只有少數富裕的車主會耿耿於懷，因為他們買不到在陽光下閃閃發亮的豪車，不過，默克所象徵的高度專業化導致經濟變得脆弱不堪，而且會影響到所有人。

效率與韌性

人體構造雖然相當了不起，但同時也非常沒效率。舉例來說，我們有兩顆腎臟來清除體內多餘的液體和廢物，儘管醫學專家心知肚明，人類就算只有一顆腎臟也能過得很好。當一顆腎臟停止運作時，另一顆腎臟可以承接額外的負擔，獨自維持身體機能。如果人體的設計完全以「效率」為導向，那麼它應該會主動排除第二顆腎，畢竟這顆腎占據空間，且大部分時間並未被充分利用[7]。正如身體的各個部分，腎臟也需要營養，畢竟腎臟組織必須不停獲得養分並汰舊換新。既然這樣，為什麼還要保留第二顆腎呢？

答案就是強韌（robustness）或韌性（resilience）。第二顆腎臟能提供「緩衝」，讓身體保留備用容量，以防另一顆腎暫時或永久失去功能。這也是為什麼只有一顆腎的人必須更加注意飲食與活動——因為他們承擔著更高的風險，如果唯一的腎臟受損，就會陷入嚴重的健康危機。不過，如果你能保證生活維持健康飲食、不受傷、不生病，身體負荷始終維持在最理想的水平，那麼只有一顆腎可能是最「高效」的選擇。不過，大家都知道這跟現實相去甚遠。演化決定人體必須多一顆腎臟，因為上述理想條件很難達成，而此時我們就需要韌性來應對那些不可避免的變數。

然而，韌性並不是我們有意識融入經濟體系的事物。事實上，我們常常為了講究專業分工與效率，犧牲了韌性。過去幾十年來，全球生產最顯著的趨勢之一就是「即時」（just-in-time）生產模式的崛起。這種方法是由日本豐田汽車創立，他們只在消費者買車的時候才會訂購材料，這樣的話不僅存貨較少，倉儲費用較低，訂購的原物料數量也能更準確地與賣出去的汽車數量相符。使用即時生產模式的企業，不會因為誤判市場需求而囤積無用庫存，從而減少浪費與財務風險。然而，即時生產是高度的專業分工，供應鏈不僅要有獨特環節，而且這些環節的時間和地點都必須到位[8]。

想當然，對於豐田或其他採用「即時生產」模式的公司來說，這個方法讓企業獲利頗豐。然而，將生產運作維持在極度精確的平衡點，也讓這種模式極易受到外部衝擊的影響。在二〇二〇年下半年，汽車需求的回溫速度出乎意料地快，導致豐田等車廠陷入晶片短缺的窘境。由於即時生產模式，車廠習慣即時取得晶片。但是疫情過後，晶片製造商要求提前六個月訂購晶片，再加上整體供應鏈問題，晶片廠的產能已經處於極限。雖然汽車需求量大，但是車廠也只能閒置廠房，讓員工放無薪假。據估算，這場供應鏈危機導致汽車產業在二〇二一年損失一千一百億美元（約台幣三兆六千億元），而且比原本規畫的汽車產量少了四百萬台[9]。

當今的經濟體系，就像只有一顆腎的人體。我們仰賴的許多商品，像是晶片、汽車、藥品等，往往幾乎完全依賴於單一國家、單一地區，甚至單一企業負責生產。你可能有聽說，全球大部分的晶片都是臺灣生產的，但事實不只如此，大部分的臺灣晶片都來自同一間公司：台積電（TSMC）[10]。這些晶片構成了各種關鍵技術的基礎，涵蓋範圍從智慧型手機、電視，到飛彈與軍事軟體。也就是說，全球大眾都仰賴一個國家的一間企業來生產每天都會用到的東西。

臺灣是位於中國沿海、日本以南、菲律賓以北的小島，跟周遭許多鄰國一樣，自二戰以來國內迅速工業化。由於明智的政策，臺灣在數十年內從農業經濟體搖身一變成為全球領先的製造業中心[11]。然而，這座島嶼也面臨不少難題。對於美國和中國而言，臺灣具有重要的戰略地位。因此，地緣政治的較量導致該國的命運十分危險，尤其是中國不承認臺灣的主權，並認為臺灣理應屬於中華人民共和國，進一步加劇了區域緊張局勢。

除此之外，臺灣位於兩個板塊的交界，因此非常容易受到地震影響（這是我國中地理課的內容，謝謝霍雷特老師的教導）。一九九九年，一場毀滅性的地震重創臺灣，不僅造成兩千五百人喪命，也摧毀了許多地區。這場地震不僅造成當地的悲劇，也演變成一場全球危機，畢竟晶片的供應因此中斷。一場發生在東亞的地震，最終導致遠在美國的汽車工廠關閉，工人失業[12]，顯示出全球供應鏈的高度依賴性。如今，全球對晶片的需求比二十五前更加重要，這讓我們對單一地區的依賴變得更加脆弱。

儘管晶片常是人們最關注的議題，但全球供應鏈的問題遠不止於此。中國在世界經濟中的角色快速增長，甚至成為一種文化現象。在我小的時候，「中國製造」常常是笑話的梗（雖然並不怎麼好笑）。中國雖然以製造玩具、服飾聞名，但是它的產業發展早已與現代經濟同步。中國不僅提煉全球大部分的鋰和鈷，也開採大部分的石墨。石墨是鉛筆的關鍵材料，而鋰、鈷、石墨也是電動車電池必備的三種原料。中國生產的電動車數量遠超其他國家，且這個差距正持續擴大。除此之外，中國也負責生產全球八〇%的太陽能板以及約五〇%的印刷電路板[13]。

過去幾十年來，中國一直都是穩定的經濟強國。然而，新冠疫情證明不管一個國家有多龐大、生產力有多高，對它過度依賴都會產生問題。新冠疫情的源頭武漢市不僅是製造業樞紐，也是中國商品出口必經的重要港口。更諷刺的是武漢西邊的仙桃市剛好是全球防疫急需的個人防護設備（Personal Protective Equipment, PPE）生產重鎮。仙桃市生產的個人防護設備得經過武漢才能送到世界各地，但偏偏遇上武漢封城，導致全球各國難以獲取必要的防護設備[14]，進一步加劇了疫情的挑戰。

全球供應鏈的問題並不僅限於東亞地區。雖然我們已經討論過俄羅斯入侵烏克蘭對能源價格的影響，但這場戰爭帶來的後果遠遠不止於此。首先，烏克蘭是氖氣的主要出口國，在晶片半導體的製程中，氖氣是不可或缺的原料（你猜對了）。再者，更令人擔憂的是，烏克蘭是全球重要的小麥出口國（黃藍相間的烏克蘭國旗實際上象徵的就是小麥田）。戰爭威脅到糧食不穩定的中東、非洲地區的糧食供應[15]。此外，由於許多出口商品都會經過黑海（即使和平時期也處於高度敏感的戰略區域）的港口，全球惴惴不安地關注此事，隨著戰爭局勢的每一次重大變動，俄羅斯與烏克蘭之間的貿易協議（允許烏克蘭經由黑海出口小麥）都變得更加岌岌可危。

對於中東和非洲國家來說，「韌性」與「安全性」從來不是新鮮事。跟許多西方國家不同，這些地區在歷史上從未能夠穩定依賴任何商品的供應，無論是糧食、鉛筆還是半導體。長期以來，這些國家一直在與糧食安全問題抗爭，甚至導致數百萬人陷入饑荒。反觀西方國家，大家突然驚覺自己並不樂見（非必要的）商品供應中斷，對這些地區的人來說，恐怕顯得有些諷刺。此外，由於某些制度妨礙這些國家實現糧食安全（他們過度依賴西方貨幣也是其中一個阻礙因素），情況更是雪上加霜。例如，較貧窮的國家通常被禁止補貼本國農業，而與此同時，美國與歐盟卻對自己的農業提供大規模補貼，導致市場競爭的不平衡。因此，如果我們真要為所有人建立可靠的供應體系，首要之務應該是拆解這些不公平的全球經濟結構，而不是僅僅專注於短期對策。

冗餘與隔離

林因嚴厲批評亞當・斯密和傅利曼等經濟學家選擇宣揚市場和全球化，沒有盡責地深入剖析系統的脆弱性。像全球經濟這樣的專業分工體系，本質其實相當脆弱，專業分工和脆弱程度其實是一體兩面的事。如果供應鏈的每個節點都不可或缺且獨一無二時，任何一個環節出問題都會導致整個系統癱瘓。不僅日本的 Xirallic 顏料是如此，中國武漢仙桃市的個人防護設備影響更嚴重。若要建立更穩健的經濟體系，我們可能需要犧牲部分短期效率，換取更高的韌性與穩定性。林恩提出了設計韌性系統的兩大核心原則，而且在全球經濟互相聯結的情況下，實現這些原則的可能性更高[16]。

第一個關鍵原則就是「冗餘」（redundancy），意即確保某項功能有多種替代方式，即使在正常時期看起來有些多餘。舉例來說，網路就有不少冗餘，所以「整個網路完全崩潰」的情況幾乎無法想像。網路並非單一個體，而是分布在全球數不清的伺服器上，而這些伺服器由無數的企業、政府和家庭持有。當局部地區發生故障時，網路會自動繞道而行，確保資訊仍能傳輸到目的地。優秀的工程師都曉得，萬一系統受到干擾，建立冗餘空間（就好比多一顆腎臟、多一個電腦伺服器、多一家能生產 Xirallic 的公司）是確保系統穩定性與韌性的關鍵，能讓我們在遭遇干擾時仍保持運作。

工程師會使用的第二項關鍵原則是「隔離」（compartmentalisation），即將系統的不同部分劃分為獨立單元，以防止問題蔓延。網路本身也具備區隔化機制。如果我家的寬頻路由器壞了，並不會直接影響到鄰居的網路。我們都有各自的住家網域，不僅可以獨立運作，而且就算故障也不會影響系統其他部分。這種設計確保了局部問題不會擴散成系統性災難，從而提升了整體穩定性與韌性。

我們很容易忘記，過去的經濟體系也採用了冗餘和隔離原則。舉例來說，二十世紀的汽車公司幾乎所有生產環節都在內部完成，這意味著即使某家公司出事，也不會波及整個產業。每間公司都是自行採購原物料並製造零件，所以如果某種原物料忽然供應中斷，依賴該供應的企業可能受影響，但其他公司仍能運作，因為它們有不同的供應來源。如果通用汽車的某個零件有一筆訂單未交貨，這件事並不會蔓延到整個經濟體系，只會影響通用汽車而已[17]。

令人諷刺的是，隨著經濟逐漸全球化，隔離與冗餘變得更容易實現，但我們卻選擇不走這條路。值得慶幸的是，隔離和冗餘制度可以透過類似的政策來達成。其中最明顯的例子就是各國近年來擴展晶片生產的努力。美國的《晶片與科學法》（CHIPS and Science Act）斥資兩千八百億美元（約台幣九兆二千億元）用於半導體研發與製造；日本政府贊助台積電在日本建新工廠；歐盟祭出補貼措施，目的是讓歐盟的半導體市占率從九％提升至二〇三〇年達到二〇％；印度啟動半導體計畫（Semiconductor Mission）；中國也成立了中國國家積體電路產業投資基金（China Integrated Circuit Industry Investment Fund）；臺灣和韓國則是擴大現有的補助規模，以保持其全球競爭力。

全球經濟正在朝向更強的區隔化發展，這一趨勢已經在推動供應鏈重組，並且伴隨著各種令人頭疼的流行詞彙。舉例來說，有境內轉包（onshoring，將先前外包海外的工作帶回本國）、回流（reshoring，跟境內轉包意思相同）；近岸外包（nearshoring，外包地點設在鄰近國家，而非世界的彼端）；以及令人特別尷尬的「友岸外包」（friendshoring，外包地點設在我們不會跟它吵架的國家——這對我的國家來說太難找了）[18]。這些趨勢在半導體產業中尤為明顯，但它們正在更廣泛地影響全球供應鏈，而且並不總是由政府補貼或監管驅動的。企業自身也開始意識到供應鏈過於分散所帶來的風險，並開始做出調整。例如，二〇二一年美國透過回流創造了十六萬個工作機會，這個數字仍持續攀升[19]。

我的意思並不是要重返「輝煌年代」——讓汽車生產完全在單一國家內完成，雖然英國的里來恩特知更鳥（Reliant Robin）三輪車長得很可愛，但是我們不需要它重返市場。同樣地，也不是說每個國家都得具備完全掌握晶片供應鏈的能力。畢竟，荷蘭企業艾司摩爾（ASML）的紫外光鏡可以擊中月球上的乒乓球，但這種技術不是其他國家能夠輕易複製的[20]。更廣義來說，現代供應鏈的全球化已經是一個不可逆轉的現實。我們需要在享受全球化帶來的好處的同時，確保整個體系具備足夠的韌性，以應對疫情、氣候變遷、戰爭、政治動盪與金融危機。正如二十一世紀已經教會我們，這些危機並非過去才有的歷史遺跡，而是現實世界的一部分。

理所當然

在陽光明媚但繁忙的洛杉磯海岸，墨西哥裔卡車司機奧馬爾．阿瓦雷斯（Omar Alvarez）大部分的時間都在等待。他在緩慢移動的高速公路上駕駛著卡車前往港口，並負責將船上卸載的貨物載到附近的倉庫或鐵路貨櫃場，之後這些貨物才會運往全美各地。然而，阿瓦雷斯到了港口之後，他還得繼續等待。他可能需要花上幾個小時的時間，先卸下前一天的空貨櫃，再花更多時間去載今天的新貨櫃。阿瓦雷斯表示，這種無薪且不可預測的等待時間會「直接威脅」到他賺錢養家的能力。在洛杉磯，像他這樣的港口卡車司機約有一萬兩千名，他們負責確保貨物能順利送達目的地，但他們的貢獻卻長期被嚴重低估[21]。

很多卡車司機都跟阿瓦雷斯一樣是移民，物流公司把他們視為獨立承包商，也就是說，他們沒有基本薪資的法規保障，也沒有健保，而且扣掉卡車相關費用之後，他們的稅前年收入只有兩萬八千美元（約台幣九十萬元）。他們的卡車也是跟雇主XPO物流公司租借的。由於司機的薪資是根據運送的貨物數量計算，因此，他們排隊取貨的時間都不會得到補償。他們等待時間可能非常漫長，尤其在新冠疫情期間，整個物流系統變得非常緩慢，有些司機甚至需要等上六個小時[22]。那裡也沒有廁所，而且很容易排錯隊伍，浪費了好幾個小時，如果忍不住想上廁所的話，簡直是雪上加霜。

經濟社會學家史蒂夫．維賽利（Steve Viscelli）表示：「數十年來，港口卡車司機一直都是整個系統的調節者。」維賽利進一步指出，整個配送系統「是建立在卡車司機免費等待貨櫃的勞力基礎之上」，這個情況對司機以及依賴他們的供應鏈來說都很危險[23]。很多司機都在考慮要不要繼續做這行：大約有三〇％的司機平日不再上班，週末停工的比例更是高達五〇％。在新冠疫情的供應鏈危機期間，報紙曾報導過卡車司機短缺的問題，但正如阿瓦雷斯所說：「真正短缺的是良好的工會工作，不僅給予勞工合理的補償，也能給予我們應得的尊嚴和尊重[24]。」

長久以來，長途卡車駕駛（跟只在港口及附近工作的司機不同）不僅是美國生活的根基，也是勞工階級的象徵。行駛在遼闊的道路上（這是《辛普森家庭》某一集的主題，但是應編輯的要求，我不會詳細討論這一集），通常被描繪成辛苦且有所回報的工作。對於國土幅員廣闊、消費水準又高的國家來說，運輸大量貨物是維持經濟運作的關鍵。考量到美國的經濟規模以及它從全球各地進口的貨物數量，長途卡車運輸產業不僅對美國極為重要，更是全球供應鏈的重要一環。然而，儘管我們極度依賴長途卡車司機，但與在港口工作的同行一樣，他們長期以來都遭受過度勞動、低薪與低估。

二〇二一年，美國卡車協會（American Trucking Association）估計，美國卡車司機短缺了八萬名，未來這個數字還會持續攀升。即使在疫情爆發之前，每年辭職的卡車司機高達驚人的九四%[25]。這也不足為奇，畢竟跟建築工人、倉儲工人等類似相比，卡車司機的薪資並不具競爭力。此外，由於卡車司機的工時長，而且得往返各地並停留，對家庭關係造成極大壓力，而且一邊開車一邊用餐對健康不好，罹患肥胖與糖尿病的比例遠高於其他職業。當這類艱苦但至關重要的工作不被重視時，我們也不該驚訝於這些勞動者選擇退出，最終導致整個系統崩潰。

但情況並非向來都是如此。富蘭克林．羅斯福（Franklin D. Roosevelt）總統在一九三〇年代推行新政（New Deal）時，卡車運輸業也是受益於勞工新政策的行業之一。卡車司機能夠組成工會，爭取更好的薪資和工作條件，並在全美各地團結起來。對於流動性高的卡車司機來說，工會非常重要，畢竟卡車司機常常四處移動，所以跟個別企業或城市談判並不容易[26]。卡車司機組成團體就能要求更好的薪資、退休金和健保，因為有了團體的凝聚力，雇主也沒辦法讓司機相互競爭、削弱談判籌碼。最後，全美的卡車司機都獲得了基本保障，這也成為二戰過後終身穩定的藍領階級的工作典範。

然而，卡特總統於一九八〇年開始放寬行業管制之後，局勢發生巨大變化。《公路承運人法》（Motor Carrier Act）廢除了卡車司機已經習慣的基本保障。由於一九七〇年代爆發經濟危機，這段期間經濟衰退且通膨升溫，大眾希望改革經濟政策。政治風向也讓卡車司機無力有效阻止放鬆管制，畢竟當時大眾普遍認為工會領袖有性別歧視和種族歧視，而且又跟黑手黨勾結（雖然這個觀點並非完全錯誤）。無論背後原因為何，卡特解除管制之後，獨立的卡車司機和小型企業更容易進入市場分一杯羹，結果導致了整體薪資和行業標準全面下滑[27]。

這些問題並不僅限於美國。二〇一八年，巴西卡車司機因柴油價格過高而發動罷工，並且封鎖了聯邦公路整整了十一天。這場罷工導致巴西農業損失了十七・五億美元（約台幣五百七十七億元），依賴運輸的產業陷入癱瘓，超市貨架上空空如也，甚至需要配給物資。這場事件的影響持續了很長一段時間，正如我們在新冠疫情期間所經歷的一團亂，而這件事也稍微波及到全球[28]。在印度，大部分貨物運輸依賴公路，而卡車通常裝飾有當地文化風格的彩繪，這不僅是一種傳統，也象徵著對司機的尊重。然而，與其他國家一樣，印度的卡車運輸業長期被經濟上低估，這一問題在疫情期間變得更加突出[29]。

在二〇〇〇年代的美劇《白宮風雲》（The West Wing）中，政治顧問托比·齊格勒（Toby Ziegler）自信滿滿地宣稱：「食物變得更便宜，衣服也更便宜……價格變低了，收入變高了……自由貿易停止了戰爭。」然而，現代勞工所面臨的殘酷現實駁斥了這些童話故事。雖然我們過度追求專業分工，犧牲了經濟體系的韌性，但是這並不意味著我們對韌性的需求已經消失。我們仰賴卡車司機等隱形勞動者在僵化體系中發揮靈活性，而這個行業之所以長期被忽視，正是因為我們習慣把它視為理所當然，認為它會「自然而然地運作」。

運輸業情報公司FreightWaves的執行長克雷格·富勒（Craig Fuller）估計，貨運（商品運輸）大約占全球經濟的一二％，另外大約還有四〇％的全球經濟間接仰賴於此[30]。全球各地的運輸業員工跟以前的卡車司機一樣，理應獲得更高的薪資、更好的工作條件、終身穩定的職位、醫療保險以及合理的工時限制。這不僅是基本勞工權益的問題，更是經濟發展的必要條件。如果我們不把這些產業的勞工視為真正的必要工作者，他們可能會以驚人的速度流失，最終導致整個供應鏈系統徹底崩潰。

瀕臨崩潰邊緣

二〇二一年三月，超大型貨櫃船長賜號（Ever Given）在蘇伊士運河擱淺了整整六天，不僅成為國際關注的焦點，也成為大量網路迷因的素材。這艘船之所以如此難移動是因為它的體積等同一座帝國大廈（Empire State Building），在狹窄的運河內幾乎沒有迴旋空間。最終，出動了好幾艘拖船和挖泥船（dredger）才能讓這艘船脫困，疏浚期間甚至有一個人不幸喪生。長賜號終於恢復航行時，已經有三百六十九艘船在運河兩側排隊等待，導致全球大約九十六億美元（約台幣三千億元）的貿易受到影響。這起事件不僅讓全球各地的企業頭痛不已，甚至可能對全球經濟造成永久的損害[31]。

蘇伊士運河的擱淺事故雖然是一場不幸的偶發事件（雖然二〇二三年底差點事故重演[32]），但現代貨櫃船的龐大尺寸早已成為常態，這些巨無霸貨櫃船造成的問題在全球各地屢見不鮮。航運公司的規模擴張受益於科技的進步，導致貨櫃船的體積變得前所未有的龐大。現代貨櫃船的尺寸已達到驚人的程度，僅僅用「船」這個詞根本無法準確形容它們。而且高度集中的航運產業為了自身利益不停地擴大規模，但整個系統的運作效率卻變得越來越低。在美國，一艘大船在洛杉磯卸貨後直接空船返回中國，會比裝載美國出口貨物再橫越太平洋更具經濟效益[33]。這種情況只對壟斷企業有利，卻對出口商、小型航運業者、全球經濟、當地社區和環境來說都造成嚴重影響。

如今，全球前十大航運公司的市占率超過八〇%，這個比例是一九九八年的兩倍[34]。二〇二二年初，正值全球供應鏈危機加劇之際，全球最大的航運公司——丹麥企業馬士基（Maersk）獲利突破一百一十七年來的最高紀錄[35]。航運業變得越來越集中，這對潛在競爭者、勞工以及整個航運體系都會造成嚴重問題。港口不再是穩定的貨物流通樞紐，反而三不五時得處理摩天大樓般船隻卸下的龐大貨物。船隻越大，停泊所需的港口規模也必須更大。隨著貨輪尺寸越來越大，較小被閒置的港口也越來越多，航運業者越來越依賴像洛杉磯這樣的大型港口，而較小的港口（如附近的聖地牙哥）則陷入相對閒置狀態。

混沌理論（chaos theory）中有一項著名概念叫做「蝴蝶效應」，意思是一隻蝴蝶搧動翅膀可能會導致世界另一端颳起颶風。在全球經濟中，航運產業是說明蝴蝶效應的最佳代表。雖然媒體上廣為流傳的照片通常是水洩不通的美國港口，但事實上，從中國到歐洲、非洲和南美洲航線的價格漲幅，甚至超過了美國的航線。而臺灣長榮海運旗下的長賜號從高雄出發，行經蘇伊士運河前往鹿特丹所造成的事件，影響最大的反而是前往巴西桑托斯（Santos）的航線，而這條航線根本沒經過蘇伊士運河[36]。這種供應鏈衝擊所引發的全球連鎖反應之廣泛，令人震驚。如果一個產業無法妥善管理這種風險，那麼它就根本不適合現代經濟的需求。

經濟學家喬．魏森塔爾（Joe Weisenthal）表示，問題的起因是全球物流有許多關鍵環節是「用膠帶黏起來的」，隨時可能綳開。一般人可能會認為，從中國運送數千噸貨物到美國這樣的大事，想必都有一套嚴謹的正規流程，然而，事實並非如此。在許多情況下，根本沒有正式的合約，僅僅依靠「雙方達成協議後，服務應該會被提供」的默契來運作。魏森塔爾以購買火車票的例子比喻這段流程：你買了票之後，並不能保證下一班火車一定有空位，萬一沒有位子，你也不能強制要求補償。同樣地，企業即使安排了貨運，也不能保證貨物一定能裝上貨船，因為如果貨船滿載，貨物可能就會被擱置[37]。

當貨物抵達美國之後，物流溝通變得更加隨意，甚至依賴 WhatsApp 群組、Facebook 或 Craigslist 這類平台來溝通協調。舉例來說，有人會在群組裡發帖詢問：「有沒有人能把幾個貨櫃從一個州運到另一個州？」，然後可能會有人回覆：「可以，我剛好在附近，可以幫忙[38]。」如今，物流調度越來越依賴類似 Uber 或交友軟體，卡車司機隨時都能找到最合適的「匹配貨物」。看來，美國的物流體系竟然與我平時的五人制足球隊組織方式相差無幾。但是物流系統跟球隊不一樣，這種混亂的物流管理方式對全球供應鏈影響深遠。相較之下，監管更嚴格的歐洲與中國，雖然港口壅塞的程度較低，仍因美國境內的問題而出現物流瓶頸。蝴蝶效應果然無所不在。

過去，航運產業受到監督與規範，不同規模的船舶能夠同時運作，形成一個健康的物流生態系統。大、中、小型船隻都能夠靈活對接不同港口，確保貨物順利流通。跟船隻一樣，船公司為數眾多、規模不一，價格也受到監管，以防止大型企業剝削小型業者和勞工。多家公司和船隻運送同樣的貨物時，某些商品發生供應瓶頸的可能性就會降低，即使一家航運公司出現問題，其他業者仍可填補缺口。與其讓幾艘巨型貨輪歪七扭八地停靠大港，不如讓每艘船都能在大大小小的港口穩定卸貨。只有某些船能停靠特定港口的問題讓人想起《俄羅斯方塊》（Tetris），正如你在《俄羅斯方塊》將幾塊不合適的方塊拼在一起，很快就會輸掉遊戲一樣，過度集中化與缺乏靈活性的航運模式，讓全球供應鏈變得更加脆弱。

二〇一五年，美國聯邦海事委員會（Federal Maritime Commission, FMC）提出警告，航運業的發展模式已導致大排長龍和港口壅塞問題，而長期投資不足則會導致維持港口運作的關鍵設備與機械供應短缺[39]。早在新冠疫情爆發的五年前，他們就已經注意到這種缺少長遠規畫和協調的問題，卻沒有人聽進去，因為幾乎沒有人會去讀聯邦海事委員會的報告。而如今我們再也沒有理由忽視這些問題。大型航運公司不僅主導市場，加上它們只關心短期利潤，無視對整個物流系統的影響，最終導致了一個嚴重失衡且不適用於當代經濟需求的體系。這些龐大且造價高昂的貨輪，不僅破壞了港口的正常運作，還成為新企業進入市場的巨大障礙。對於一般人來說，創辦一家航運公司已經極為困難，而要擁有一艘像「長賜號」那樣的巨型貨輪，幾乎是不可能的事。

幸好，目前已有可行且成本相對低廉的解決方案。與通膨問題類似，航運業的首要問題在於全球缺乏正式的協調機制。有一份二〇二二年的報告指出，「供應鏈上的各方往往只為自己著想，這反而加劇了整個系統的問題[40]。」該報告建議，應摒棄「先到先得」的無序運作模式，因為這種做法讓港口只能被動應對突發狀況，一旦出現問題，便可能引發嚴重延誤。相反地，建立固定時段的貨物卸載機制，即便聽起來再簡單，也能大幅改善現狀。此外，技術解決方案也可以幫助提升航運協調效率。例如，來自拉丁美洲的「Inspectorio」，就是一款專門用於供應鏈資訊共享的工具，有助於加強各方的協作，減少不必要的延誤與混亂[41]。

Flexport 等企業致力於將長期四分五裂、撲朔迷離的「全球貿易生態系聯結起來[42]」。其執行長萊恩・彼得森（Ryan Petersen）形容現在的物流流程就像是「傳送 PDF 文件到世界各地，試圖讓事情運作起來[43]」。目前的資訊系統可以追蹤商品的生產和運輸流程——但這些通常是相關企業的保密資訊。理想的情況是將技術整合並公開，這樣就能聯結整個系統提升效率並最大限度地發揮其價值。目前歐洲的港口已經透過一座集中數據庫共享數據並進行協調，這種模式完全可以被擴展應用至全球物流系統，不僅限於港口，還應涵蓋整個供應鏈與運輸網絡[44]。若能進一步將卡車司機、鐵路運輸及其他與港口銜接的運輸系統納入整合範圍，整體物流效率將會顯著提升。

學者蔡夏曼（Charmaine Chua）指出，港口一向都是資本主義的核心，甚至比大家認為的更重要。恩格斯在一八四五年出版的《英國勞工階級狀況》中，開頭就從倫敦的港口談起，描述其帶來的壯觀景象，並將其與當時工人階級的貧困與艱辛生活形成對比。一百年後，博蘭尼則認為，市場經濟的誕生源自港口及全球貿易的擴張——這種經濟模式往往是為了殖民主義效力，而非亞當．斯密等人提倡的「以物易物迷思」。蔡夏曼認為，現今的港口雖然不如過去那般顯眼，但其重要性絲毫未減。有別於十九世紀的倫敦，現代港口通常不在市中心，遠離大眾的視線。然而，港口仍然承載了高達八〇％的全球貿易流通量，一旦港口停擺，全球經濟體系也會陷入危機[45]。

美劇《火線重案組》（The Wire）第二季以一九九〇年代的巴爾的摩為背景，描繪一個因缺乏工作機會而陷入困境的港口。工時不足導致某些勞工犯下違法的勾當，收入不足也使得工會與業主涉入組織犯罪。這種情況與現實相呼應，過去幾十年來，港口工作已變得不再穩定可靠。但這一問題並不僅限於港口或物流業，而是技術發展、企業治理變革，以及勞工權益下降，共同導致美國乃至全球各地產業的動盪與資源短缺。重新思考供應鏈，也許意味著我們需要重新審視長久以來治理經濟體系的理念[46]。

二十一世紀的韌性

二〇二一年，白宮有一份報告調查了新冠疫情暴露出來的供應鏈問題。該報告譴責了過去幾十年由美國主導的全球化理念，結論甚至指出，由於「私人市場的誘因失衡和短視近利」導致「美國的市場結構無法鼓勵企業花錢投資品質、永續性或長期生產力[47]」。這份報告呼應了卡車司機的故事，而且還提到「幾十年來，大家將勞力視為需要控制的成本，而非值得投資的資產。這不僅導致實質薪資停滯、工會影響力下降，同時也讓企業難以吸引並留住技術人才[48]」。結論很明確：早在疫情爆發之前，這種主導經濟運作的模式就已經讓大多數人處於比應有狀況更糟的境地。

科技公司英特爾就是一個鮮明的例子。一九七〇和一九八〇年代，英特爾開創了晶片科技，首創知名的八〇八八微處理器，並用於第一代個人電腦。英特爾在電腦市場上獨占鰲頭數十年，至今仍然具有相當的市場優勢。然而，他們並未投資智慧型手機和平板電腦，導致競爭力落後。臺灣的台積電和南韓的三星早已積極拓展智慧型手機和平板電腦市場，英特爾仍固守於個人電腦領域的壟斷地位，錯失關鍵發展機會。英特爾的策略逐漸從「投資於尖端技術」轉變為「濫用市場壟斷優勢」，甚至採取有合法疑慮的做法——這樣講比較委婉。更令人矚目的是，在二〇〇一年到二〇一〇年間，英特爾回購自家股票的金額甚至超過其淨收入[49]。這意味著，公司並未舉債進行技術投資，而是將資金用於自我炒作與市場投機。

英特爾在微處理器技術方面的落後並不令人意外。我們通常用「奈米」衡量晶片技術有多進步，不過這不是指晶片本身的大小（晶片通常跟大拇指的指甲一樣大），而是指構成晶片的數百萬個電晶體的尺寸。電晶體越小，處理速度與能源效率就越高。二〇二二年，台積電的晶片尺寸是英特爾的一半大。台積電計畫推出三奈米的半導體，而英特爾當時才剛開始研發七奈米技術。我來提供一個對比給大家參考：新冠病毒的直徑是十奈米。疫情與供應鏈危機或許讓英特爾開始意識到自己的競爭劣勢，因此二奈米技術的研發競賽正在進行中。截至撰稿時間為止，台積電似乎依然保持領先[50]。

進行這些比較時，我並不是要挑起西方和東亞之間的競爭或民族主義情緒。關鍵問題在於，這些案例代表了兩種截然不同的全球化理念。東亞國家長期推行積極的產業政策，政府會投資並支持關鍵產業，這種策略為這些國家帶來了巨大收益。在二十世紀下半葉，臺灣、南韓等國家從極度貧窮發展到人均所得可與西歐媲美的經濟體[51]。雖然西方國家過去也有產業政策的歷史，但如今大多已放棄這種做法，轉而採取「放任市場運作」的模式，並專注於最大化股東的短期利益。

英特爾與晶片產業並不是唯一受到短期主義影響的案例。同一份白宮報告指出，在二〇〇九年至二〇一八年間，美國前五百大企業的九一％收入都用來回購股票。由於法律變更，企業即使操控自家股價也不太會惹上麻煩。於是，各家企業的執行長把股票當成主要薪酬，這讓他們有了新的動機推高公司股價，透過大量回購股票來增加個人財富。與此同時，企業對資本設備和研發的長期投資的支出卻逐漸縮水[52]。

這引發了對現代企業結構的深層問題。美國的主流觀點是透過削減成本來使企業保持精簡——例如：減少投資、降低員工薪資，或是將重要工作外包到其他國家等等。來自投資者和華爾街的壓力要求企業提高短期利潤（讓投資者都能分一杯羹），導致長期目標被拋諸腦後。結果，原本應該具備應對嚴重衝擊（例如疫情）的穩健系統，反而變得僵化不堪，以致於我們所需的生產技術也逐漸集中在全球某些特定地點。

在某種程度上，這讓我們回到了本書的問題，即某些企業在經濟中的主導地位，以及反壟斷法等法律未能有效限制它們的影響力。全球經濟的結構偏向於大型私人企業，這些企業多數來自美國或歐洲，它們實際上已成為治理全球經濟的主要角色。傅利曼的經濟哲學認為，市場經濟會自動調節，最終帶來對所有人最有利的結果，並創造出像鉛筆這樣的奇蹟。然而，無數案例表明，要使經濟體系既具有韌性，又能公平對待所有參與其中的勞動者，將需要付出持續且有意識的努力，只是這些努力往往會和大企業的利益相悖。

為此，目前正在對馬士基等大型航運公司展開調查，這是針對我們所見到的各種問題所做出的回應，例如大型貨櫃船的低效率以及它們對像阿瓦雷斯這類卡車司機的影響[53]。長期以來，航運公司一直被反壟斷法所豁免，理由是它們需要相互協調運作，但這種豁免可能已經淪為它們從事反競爭行為的藉口。業界人士告訴我，大家普遍認為這些航運公司暗中勾結，操縱價格。目前，美國與歐盟都在對此行為展開調查，如果調查結果證實這些指控，航運公司的反壟斷法豁免權可能很快就會取消[54]。

現實可能比這更加嚴峻。印度經濟學家賈亞蒂．高希（Jayati Ghosh）跟主流的看法相反，他認為俄羅斯入侵烏克蘭後，小麥價格上漲的原因並非小麥短缺。雖然戰爭爆發後，小麥產量確實曾短暫下降，但全球供應很快恢復，根據估計，二〇二二年七月到二〇二三年六月間，全球小麥供應量甚至超過了需求。這是因為全球各地都有生產小麥，其他產地能填補烏克蘭下滑的缺口[55]。然而，價格仍持續上揚，這是因為全球最大的穀物貿易商獲得了破紀錄的利潤，金融市場上的小麥投機行為也推高了價格。若想抑制全球的價格波動，可能也得抑制這類過度的金融炒作（financial excess）。

用合作代替競爭

在上一章中，我們討論了通膨問題以及各國央行如何透過升息來應對。希望本章對供應鏈各種影響因素的探討，能讓你理解這種方法的荒謬之處。提高借貸和房貸開銷所造成的連鎖效應會導致民眾失業，這個做法既不能解決港口壅塞問題，也無法讓半導體憑空出現。長遠來看，這種做法甚至可能對擴大產能產生反效果。央行官員其實很清楚這一點，英國央行現任總裁就曾強調，他們的政策無法解決這些問題[56]。雖然這不完全是央行的錯，但是這也說明我們需要更完善的經濟管理方式，不僅是為了控制通膨，更是為了整體經濟的健康發展。打造、監管並維持一個彈性靈活且公平的全球經濟體系，才是既能保護經濟，又能保障所有參與其中人們的唯一辦法。

現在我來回答本章開頭提出的問題，全球經濟崩潰是因為它太脆弱。在缺乏有效機制來確保經濟體系正常運作並造福所有人的情況下，強大的私人企業按照自身利益塑造經濟，而這對大多數人來說是有害的。許多西方國家的經濟體因為缺乏長期投資，導致其在全球競爭中落後於那些採取更長遠、務實策略的企業。負責運輸幾乎所有實體商品的工人，並未被賦予應有的地位與權利，反而被迫從事極不穩定的就業，而非成為體系中擁有話語權並能公平分配利益的一部分。請想想阿瓦雷斯跟同事們對港口運作所累積的豐富經驗，然後再問問自己，這些航運公司是否真的會聆聽他們的聲音。

有一個可能的反駁論點是：雖然發生了供應鏈危機，但是許多企業和產業依然找到了變通方法，並且成功穩定運作。有些人可能會將這視為市場運作「神奇力量」的又一證明，而這確實是有點道理。但更重要的是，這場危機迫使公私部門重新思考過去以效率為導向的策略，轉而更重視韌性與協調。從各國政府的投資力道和新成立的物流管理公司身上都能看出這個跡象。儘管我們最終艱難地度過了二〇二一年到二〇二二年間的恐慌與動盪，但不應因此掉以輕心。蝴蝶效應告訴我們，某一天，整個經濟體系可能真的會崩潰到無法修復的地步。

「合作勝於競爭」不只是世界大同的空想，而是一種經濟發展的必然需求。這正是我對經濟問題的看法——讓不同的利益相關者共同協作，以確保經濟體系能夠符合各方利益，這並非市場或資本主義能夠輕鬆辦到的事，而是持續治理的問題。那些將市場神聖化或神祕化的人，只是在逃避這個難題，他們與那些相信經濟能夠單靠「愛與氛圍」運作的人並無太大區別。這一切都引出了如何挑戰並改變現有經濟體系的問題，而這正是我們接下來要探討的議題。

第三篇

重新定義經濟局勢

第九章 經濟的政治

更好的經濟並不會輕易到來

二〇二三年九月，豪宅開發商暨百萬富翁提姆．葛納（Tim Gurner）因為發表了以下言論，登上頭條新聞：

我們得看到失業率上升才行。我認為失業率應該要上升四、五〇％。我們得親眼見證經濟的苦難，我們得提醒大家，他們是為雇主工作，而不是雇主為他們效勞。現在的風氣變得不一樣了，員工覺得雇主應該要慶幸還好有他們在，而不是員工感激雇主。

由於當時全球經濟繁榮，尤其是美國相當接近充分就業（full employment），基本薪資因此上漲，許多餐旅業的勞工選擇辭職，工會和罷工行動也日漸增多。顯然，葛納並不樂見這種情況，因為他認為工人們的想法「太過膨脹」了[1]。

有趣的是，這並不是葛納第一次發表爭議性言論。早在二〇一七年，他堅稱千禧世代買不起房子是因為花太多錢在酪梨吐司上，這段言論讓他聲名狼藉。他說：「當年我想買下第一間房子的時候，根本不會花十九美元（約台幣六百元）去買一份酪梨吐司，也不會一天喝四杯四美元（約台幣一百二十元）的咖啡。」正如第五章所述，跟前幾代的人相比，我們這一代以及更年輕的世代確實更買不起房子，而住宅短缺的問題也導致全球許多人生活在極為不堪的環境中。因此這種言論根本讓人笑不出來。許多人實際計算後發現，即使完全省下買酪梨吐司的開銷，依據地點不同，至少也需要一百年以上的時間才能攢夠房屋的自備款[2]。

我之所以提到這件事，並不是因為一個百萬富翁的經濟分析竟然歸結為「我的員工不聽話」和「年輕人不應該把水果放在吐司上吃」這般可笑的結論。也不是想質問他憑什麼自以為是地向大眾高談闊論，擺出一副自己是權威人物的模樣。我這麼說，是因為通往更好經濟的道路沒那麼好走。有些讀者可能覺得我的分析過於著重經濟層面，而缺乏對政治的討論。對此，我只能請大家見諒：畢竟經濟學是我的專業，也是我熱愛的領域，與其做一個拙劣的政治分析，我寧願不談政治。但即便如此，我們仍應停下來思考，通往更好經濟的道路究竟會遭遇哪些阻礙。

波蘭經濟學家米哈爾・卡列茨基（Michal Kalecki）的知名論文《充分就業的政治層面》（The Political Aspects of Full Employment）即指出：隨著就業率提升，勞工會要求更高的薪資，這將會削弱雇主的權力[3]。即使從客觀的角度來看，充分就業的經濟對所有人都有利：勞工更有動力工作、愉快地從事生產並消費，讓資本家獲得更高的利潤；只不過，這同時意味著資本家的權力會相對下滑。因此，最富有且最具影響力的人往往都會強烈反對充分就業。從這個角度來看，許多更好的政策之所以無法實現，並非因為經濟上的可行性問題，而是因為政治上的阻力。

公民復興

雖然葛納後來為失業率的言論道歉[4]。然而，他的主張基本上與我們在第七章討論過的央行實際作法基本上不謀而合：透過壓縮經濟空間來提高失業率，從而降低薪資要求。這個做法不僅限於薪資問題，也延伸到其他經濟利益，正如我們在第四章所見，巴西的富裕家庭擔心社會進步會讓他們請不到女傭。同樣，這或許也能解釋央行為何更傾向支持金融業，而不是直接為民眾提供服務——這點在第六章已經探討過。此外，我們也看了無數成功的經濟政策，但是反對這些政策的力量不容小覷，要克服這些阻力，或許需要更根本性的改革。

伍德曾指出，西方有兩種對民主的見解經常被混為一談[5]。其中一種源自古希臘的「demos」（公民）概念，勞動者同時也是積極參與治理決策的人；另一種觀念源自古羅馬並逐漸取代了古希臘的「demos」，也就是「我們人民」（we, the people）的理念，這一概念被英美兩國及其他西方國家在不同程度上接受並實行。兩者的關鍵差異在於，後者將經濟和政治生活基本上是分開的，政府交由特定的菁英階層管理。勞工和農民雖然可以選出管理政府的人，但這些政府單位並未參與他們的日常生活，不太會影響他們的村莊或工作場所。伍德提到有一名中國哲學家不僅強調這種區別，甚至為其辯護。眼尖的讀者或許會發現，這句古老的格言正是出現在本書第一章開頭的那句話這：

> 你為什麼覺得……治理國家的人有時間去種田呢？其實，某些工作適合交給偉大的人，某些工作適合交給平凡人。即使人人都有十八般武藝，但倘若凡事都得親力親為，大家都會被疲勞壓垮。「或勞心，或勞力；勞心者治人，勞力者治於人；治於人者食人，治人者食於人。」這句話說得沒錯[6]。

著名的希臘哲學家柏拉圖也持相似觀點。他不認為被統治者有權利參與統治，至少不該參與重大決策。但是當時的情況讓他很失望，畢竟古希臘的公民文化相當普及。儘管該社會跟所有古代社會一樣都有奴隸制度，但完整的公民通常在經濟生活中不受國家專制的束縛，也不會被（本書第一章和第四章提到的）市場經濟的劇烈變化影響。

古希臘有許多小規模生產者，像是農夫、工匠、商人等等。他們自力更生，並沒有第二章中提到的被龐大企業和億萬富翁主導經濟的情況。柏拉圖曾與同時代的普羅泰哥拉（Protagoras）爭論「鐵匠和鞋匠」能否參加公民大會，柏拉圖嫌棄他們沒有專業知識，但普羅泰哥拉則堅持認為他們的知識是無價的。

伍德將公民文化對比現代的民主觀念。現代的自由民主（liberal democracy）通常是代議制：國家由一個獨立的政治家和政策制定者階層管理，他們雖然是由人民選舉產生，但決策權掌握在他們手中。這就是「我們人民」的概念，一面區分人民與政府，另一面人民也能透過政府發聲。雖然這一概念起源是古羅馬，但是最具代表性的則是「美國憲法」[7]。這個概念並非用來團結民主，起初也遭受批評，許多人認為民主的權力怎麼可以交給高於人民的聯邦政府。

「我們人民」的概念有一個特徵：經濟通常被視為獨立的領域，擁有自己的規則，並與政治分離。經濟從十六世紀的英格蘭開始發展出自己的步調，逐漸演變為一種獨立的力量，使全球所有人都必須面對市場生存的挑戰與動盪。然而，這種影響不僅止於此——它甚至已經滲透並掌控了我們的政治。即使經濟仍然被視為某種神祕的存在，我們也完全接受這個觀念，將其視為一種無法改變的龐然大物，命令大家「不要干涉」，也就是法文的 laissez-faire（意：自由放任）。「自由放任」或是維持市場自由的觀念，本質上正是要求國家不得干涉經濟的指令。

然而，正如我們一次又一次所見，所謂「獨立於政治的經濟」這一概念從來都是一種幻想。政治、法律和社會以無數種方式與經濟相互影響，而明確揭示這些影響方式，是改善現狀的第一步。智慧財產權法規雖然到十九世紀才出現，但如今這些法規已經被不斷拓展並強化，甚至重新塑造了網際網路的運作方式，使財富更加向上集中，同時也似乎破壞了我們的使用體驗。全球各國管理土地和住宅的方式都不太一樣，因此將二〇〇〇年代集中於英美兩國的房地產泡沫視為經濟自然發展的結果，實在有些牽強。而認為西非依賴法郎（殖民統治的影響）跟政治無關的想法更是荒謬。

本書所說的一切其實都是呼籲大家擺脫「我們人民」的概念，並復興公民理念。無論是讓大眾更多參與經濟決策（第一、二、七章），採用更平等的方式分配資源（第一到四章，以及第六章），讓民眾掌管自己的土地和住宅（第五章），或是讓全球所有國家在國際機構中享有平等地位（第四、六、八章）——目標都是讓經濟的每個層面都納入民主控制之下。

有一點我可以確信地說，民主參與本身就是好事一件，也通常能夠改善決策結果，因為它能更充分地運用所有人的知識與經驗，特別是那些過去未曾有機會發聲的人。讓民眾更感激、生產力更高的方法並不是以失業要脅，而是讓他們參與決策。「誰有發言權」的政治問題跟「誰獲得資源」的經濟問題其實彼此相關，畢竟前者在很大程度上決定了後者。

治理經濟

把經濟作為一個獨立領域的假象，或許讓那些從中攫取財富的人得以逃避責任。其中最典型的例子大概就是現代資本主義的代表——企業。正如第一章所述，現代企業本質上就是法律核准的壟斷機構，其目的也會隨著時間改變。最早的企業更像是公共項目，而非我們今天所熟知、以盈利為目的的組織。坦克斯和路克．荷瑞因（Luke Herrine）概述了企業隨著時間演變的過程[8]：

> 在十九世紀之前，成立公司是一種極為特定的法律特權，主要用於大型基礎建設投資（像是磨坊、道路或橋梁）或是拓展全球貿易和殖民主義。不論是哪種情況，企業都有政府授權（其實就是壟斷權）協調某些領域的社會資源配置。雖然這些授權可以（也常常）更新，

但是時間、地點和用途都有限制。此外，企業本身也被設計為一種政治機構，遵循著貴族共和制的良政原則。

如今，全球各地企業的運作方式仍各有不同。經濟學家張夏準指出，瑞典富豪汽車進駐南韓之後，竟無法在當地順利運作，因為富豪汽車跟德國企業一樣，習慣有強大的工會，並且讓勞工加入董事會。富豪汽車的生產理念包含勞工參與決策，但是像南韓的大宇（Daewoo）這樣的企業更偏向資本主義，這也跟南韓資本導向的歷史背景有關。一九九七年亞洲金融危機過後，富豪接管了三星旗下的建設公司，但三星卻有嚴格的反工會政策。結果，富豪不得不要求建立工會，以便按照他們原有的運營模式正常運作[9]。

推動公民治理經濟的第一步，或許是朝向更具民主性的所有權模式發展。近年來，「合作社」的理念獲得廣泛關注。合作社是由消費者、勞工或社區（或是結合三者）持有的機構。這其實並不是新概念——合作社的歷史至少可以追溯至十九世紀，但現今合作社正迅速成長。合作社並不是將公司的控制權交給少數人管理，而是讓大家投票決定公司的運作方式（包含管理公司資源在內），藉此平衡控制權。

員工所有權（employee ownership）的知名專家約翰．羅格（John Logue）和賈克琳．葉茲

（Jacquelin Yates）曾解釋這類組織背後的理論依據[10]：

> 身為成員或勞工控制的民主企業，合作社試圖在多種目標之間保持平衡，像是工作與所得保障、民主控制及參與、工作場所的安全與健康、利潤分配與紅利分配，以及對社區的關懷等等。因此，員工持有的企業和合作社無法以「每位勞工創造的價值」這樣傳統的生產力定義，因為這些組織通常會同時提供經濟報酬和社會回饋，給予成員與整個社區，並不是追求單純的經濟收益。

那些支持股東或業主經營公司的人可能會擔心，合作社比較缺乏動力和競爭力，無法有效生產我們所需的商品和服務。然而，這種擔憂幾乎可以確定是沒有根據的。以勞工合作社為例，你很難找到證據顯示它們在生產力、產量和企業存活率等指標的表現比較差。事實上，以工作滿意度、員工留任率和薪資平等來說，合作社似乎表現得更好[11]。一項特別有趣的研究發現，當工人同時擁有企業股份（所有權）和投票權（決策權）時，企業不僅能夠提高員工的留任率，還不會對企業收益造成負面影響。這些企業的工人更加積極參與日常運營，而最終的結果是讓大家都受惠[12]。

治理一個更好的經濟，意味著確保每個人都擁有維持基本生活所需的資源。這不僅包含食物、住所和衣物等基本需求，也涵蓋更廣泛的層面。整個經濟體系必須能夠持續再生產，這意味著我們需要思考的不僅是企業的規則，還包括市場本身的運作規則。以現代資本主義的另一個代表——金融市場為例。在商品交易所，大家極為頻繁地買賣小麥和黃金等大量商品。他們也會交易衍生性金融商品，即對商品價格走勢的投機押注。然而，在這一連串的金融活動之下，仍然存在明確的限制，其中之一就是所有交易必須通過交易所進行。交易所本質上是一個組織化的市場，它擁有固定的地點，並且需要獲得許可與監管。在交易所外是無法進行合法商品交易的[13]。

即使交易所被限制在固定地點，並有明確的營業時間，它仍然需要內部治理。由於金融市場無法避免波動，崩盤的風險始終存在。因此，如果價格跌幅過大，交易所就會啟動「熔斷機制」（circuit breaker）暫停交易。即使市場沒有崩盤，許多交易仍會受到穩定價格與市場規範的約束，好讓參與者能夠進行計畫與決策。防止價格過度波動造成嚴重影響，是市場治理的一個關鍵課題。違反這類規則不僅會妨礙交易本身，即使在法律允許的範圍內，也仍然被視為重大問題並加以制止。市場正是建立在這些治理規則之上：要是少了這些限制，市場就無法正常運作[14]。

我在本書開頭談到二〇〇七年至二〇〇九年的金融危機對我影響深遠。金融危機過後，出現了討論銀行和金融市場的政治辯論：我們該跟銀行和金融市場收多少稅；應該監管到什麼程度；是否應採取國有化等較激進措施。雖然我不打算在這場爭論中表明立場，但我反對一個盛行的觀點：改變或監管銀行勢必會造成災難。雖然銀行擁有許多特權（政府紓困、央行支持、有限責任），但是商品交易所的例子也說明，凡事都要有規則。金融業既然已經適應了之前的規則，那麼將來也能適應新規範。

同時，我也不希望你認為所有的經濟規則都是隨意制定的，或者任何做法都行得通。資本主義與市場經濟的興起是歷史上獨特而複雜的現象，管理它絕非易事。在所有可能的經濟治理方案中，恐怕大多數都無法真正奏效。也許未來的世界將完全擺脫市場與資本主義，但實現這一目標需要循序漸進。這並不意味著每次只能跨出一小步，而是說我們必須要有清楚且具體的規畫。雖然廢除現有體制的想法能引起共鳴，但必須轉化為確實可行的具體方案，才能真正推動一個更美好的未來。

積極參與

參與公民行動的方式有很多，其中第一步就是閱讀這類書籍，所以恭喜你已經踏出第一步了！接下來，你可以選擇參與對你來說重要且實際可行的行動。近年來出現了一個新興的概念叫做「社區財富建設計畫」（community wealth building），結合了本書提到的許多建議，像是合作社、必要服務、土地與住宅的共同管理方式。只要上網搜尋一下，你可能就能會找到所在地的相關活動。不論最終參與的行動或大或小，只要每位讀者都能更積極地參與，就能產生巨大的影響。當我寫下這段話的同時，我也終於下定決心，加入當地的信用合作社擔任志工。

想打造這樣的未來絕非易事。無論是亞馬遜員工的罷工，還是亞馬遜雨林居民抵制砍伐森林，大家都需要經過一番奮鬥才能有所收穫。不論是政治人物提出的生活成本措施等歐陸新政策（第七章），或是美國和東亞的「境內轉包」投資（第八章），雖然可能都不盡完美，但是都能促使我們改變對經濟的理解與應對方式。安德魯．哈爾丹（Andrew Haldane）在英格蘭銀行任職期間，曾呼籲更多的民主參與，從不同的角度參與這場改革。許多像他這樣的人都在不同的領域為此奮鬥[15]，許多學者也在努力去殖民化與多元化他們的學術領域[16]。我也希望這本書能夠在這場變革中盡一份微薄之力。

不過，我覺得作家往往高估了寫作的重要性。舉例來說，經濟學家凱因斯曾寫下這段名言：

> 經濟學家和政治哲學家的觀點，不論是對是錯，都比人們普遍認為的更具影響力。事實上，

世界基本上就是由這些觀點所支配的。

凱因斯的話既正確，也錯誤。理念確實重要，人們需要它們來推動變革。抱怨現有體系的人常常會被問：有沒有解決方案？我認為這本書提供了充足的方案，這要歸功於無數學者和行動者給予我靈感。然而，二十世紀的歷史證明，光有好理念是不夠的。沒有經過一番抗爭，既得利益者不會輕易放棄經濟權力。當大眾獲益時，這些利益集團總會大肆渲染現有經濟秩序所面臨的「威脅」。我們的責任，就是不被這些聲音左右。

致謝

在撰寫本書以及前幾年的構思期間，我得到了很多人的幫助。全職作家並不是可以輕鬆賺錢的工作。在寫作過程中，我常常在思考該不該將本書命名為《房價為什麼越打越高？》。因此在這段期間，我也很需要智慧、精神及財務上的支持。感謝卡羅琳娜・阿爾維斯（Carolina Alves）給予這三方面的協助。感謝我的家人提供精神及財務支持，特別感謝理查（Richard）、瑞秋（Rachel）、西姆（Sim）、瑞奇（Rich）、迪（Dee）、翠西（Tracey）、格雷姆（Graeme）和茱迪絲（Judith）。感謝我的朋友法蘭克（Frank）、山姆（Sam）、艾蜜莉（Emily）、貝絲（Beth）、拿俄米（Naomi）、霍比（Hobbie）、奈爾（Niall）、崔斯坦（Tristan）、莉迪亞（Lydia）、羅茜（Rosie）、亨利（Henry）、克里斯（Chris）、亞歷克斯（Alex）、凱恩（Kane）、艾瑪（Emma）和喬西（Josie），謝謝你們在我需要的時候陪伴我。雖然我的朋友不只這些人，但我不會一一列出來。

謝謝丹妮爾・吉佐（Danielle Guizzo）、喬里・沙斯福特（Joeri Schasfoort）、湯姆・甘德（Tom Gander）、愛米・洛伊斯特（Amy Loyst）、大衛・鄧沃思（David Dungworth）、艾瑞克・萊特

（Aric Wright）、山姆・凱恩（Sam Kane）、查理・席爾瓦（Charlie Silva）、威廉・布朗（William Brown）和亞歷山大・布雷（Alexander Bray）為我的想法和草稿提供意見回饋。因此，如果本書還有沒挑出來的錯誤，那就是他們的不對。謝謝安柏莉（Amberley）、潔米（Jamie）、舒布（Shoaib）、喬（Jo）、湯姆和查理的編輯並協助整個過程。

我也要感謝雖然不在身邊，但是帶給我啟發的朋友們。我還要謝謝妮基（Nikky），她一定會喜歡這本書挑剔細節跟糾正錯誤的風格。謝謝詹姆斯（James），他一定會喜歡這本書的沉重口吻。我還要謝謝米西（Missy），雖然她可能會把這本書當成食物吃。

最後，感謝我的敵人，你們常常成為我前進的唯一動力。

註釋

【序言】研究經濟學的絕佳時機

1 Office for National Statistics (ONS), released 31 January 2023, ONS website, statistical bulletin, UK government debt and deficit: September 2023.

2 Marmot, Michael. 'Britain' s shorter children reveal a grim story about austerity, but its scars run far deeper,' Guardian, 25 June 2023. https://www.theguardian.com/commentisfree/2023/jun/25/britains-shorter-children-reveal-a-grim-story-about-austerity-but-its-scars-run-far-deeper.

3 Blenkov, Adam. 'Austerity is a False Economy that has Brought the Nation' s Roof Crumbling Down,' Byline Times, 5 September 2023. https://bylinetimes.com/2023/09/05/austerity-is-a-false-economy-that-has-brought-the-nations-roof-crumbling-down/

4 Jump, Rob Calvert, Jo Michell, James Meadway and Natassia Nascimento. 'The Macroeconomics of Austerity,' Macroeconomics (2023).

5 Tooze, Adam. Crashed: How a decade of financial crises changed the world. Penguin, 2018, 360–93.

6 'Revenge of the "PIGS" : Spain and the southern countries are pulling the eurozone cart in the face of stagnation in Germany and France,' 20minutos.com, 1 January 2024. https://www. 20minutos.es/lainformacion/economia/-revancha-los-pigs-espana-los-paises-sur-tiran-carro- eurozona-frente-estancamiento-alemania-francia-5213879/.

7 Williams, David and Henry Oks. 'The Long, Slow Death of Global Development,' American Affairs Journal, 20 November 2022. https://americanaffairsjournal.org/2022/11/the-long-slow-death-of-global-development/.

8 Coi, Giovanni. 'Mapped: Europe' s rapidly rising right,' Politico, 24 May 2024. https://www.politico.eu/article/mapped-europe-far-right-government-power-politics-eu-italy-finalnd-hungary-parties-elections-polling/?

9 Beauchamp, Zach. 'Biden' s America First hangover,' Vox, 1 May 2021. https://www.vox.com/policy-and-politics/22408089/

biden-trump-america-first-policy-immigration-vaccines.

10 Malik, Shiv. ‘Peter Mandelson gets nervous about people getting “filthy rich” Guardian, 26 January 2012. https://www.theguardian.com/politics/2012/jan/26/mandelson-people-getting-filthy-rich.

11 The Post-Crash Economics Society. ‘Economics, Education and Unlearning: Economics Education at the University of Manchester,’ April 2014. http://post-crasheconomics.com/wp-content/uploads/2024/05/Economics-Unlearning-and-Education-2014.pdf.

12 列舉如下：

Smith, Yves. ECONned: How unenlightened self interest undermined democracy and corrupted capitalism. St Martin’s Press, 2011.
Orrell, David. Economyths: ten ways economics gets it wrong. John Wiley & Sons, 2010.
Lanchester, John. Whoops!: Why everyone owes everyone and no one can pay. Penguin UK, 2010.
Keen, Steve. Debunking economics: The naked emperor dethroned?. Zed Books Ltd, 2011.
Aldred, Jonathan. The skeptical economist: revealing the ethics inside economics. Routledge, 2012.
Chang, Ha-Joon. 23 things they don’t tell you about capitalism. Bloomsbury Publishing USA, 2012.

13 Dubner, Stephen J. ‘The probability that a real-estate agent is cheating you (and other riddles of modern life),’ New York Times Magazine 23 (2003).

14 The Post-Crash Economics Society. ‘Is Economics Education Fit For The 21st Century?,’ May 2024. https://www.rethinkeconomics.org/wp-content/uploads/2024/05/PCES-Report-2024-3.pdf.

15 Lee, Hoesung, Katherine Calvin, Dipak Dasgupta, Gerhard Krinner, Aditi Mukherji, Peter Thorne, Christopher Trisos et al. ‘IPCC, 2023: Climate Change 2023: Synthesis Report, Summary for Policymakers. Contribution of Working Groups I, II and III to the Sixth Assessment Report of the Intergovernmental Panel on Climate Change [Core Writing Team, H. Lee and J. Romero (eds.)]. IPCC, Geneva, Switzerland.’ (2023): 1–34.

16 Al-Jubari, Ibrahim, Aissa Mosbah and Suha Fouad Salem. ‘Employee well-being during COVID-19 pandemic: The role of adaptability, work-family conflict, and organisational response,’ Sage Open 12, no. 3 (2022): 21582440221096142.

17 Kesar, Surbhi, Rosa Abraham, Rahul Lahoti, Paaritosh Nath and Amit Basole. ‘Pandemic, informality, and vulnerability: Impact of COVID-19 on livelihoods in India.’ Canadian Journal of Development Studies/Revue canadienne d’études du développement 42, no. 1–2 (2021): 145–64.

18 資料連結：https://pip.worldbank.org/poverty-calculator.

19 Behnassi, Mohamed, and Mahjoub El Haiba. 2022. ‘Implications of the Russia–Ukraine War for Global Food Security.’ Nature Human Behaviour 6 (754–755): 1–2. https://doi.org/10.1038/s41562-022-01391-x.’

20 Niarchos, Nicholas, ‘The Dark Side of Congo’s Cobalt Rush’ ,The New Yorker, 24 May 2021. https://www.newyorker.com/magazine/2021/05/31/the-dark-side-of-congos-cobalt-rush’ .

21 Wallace-Wells, David. The uninhabitable earth: A story of the future. Penguin UK, 2019, 125.

22 IPPR Environmental Justice Commission. ‘Faster, further, fairer: Putting people at the heart of tackling the climate and nature emergency.’ (2020).

23 Saloni Dattani, Fiona Spooner, Hannah Ritchie and Max Roser (2023)– ‘Child and Infant Mortality.’ Published online at OurWorldInData.org. 網站連結：‘https://ourworldindata.org/child-mortality’ [Online Resource].

24 ‘Record Numbers Not Working due to Ill Health.’ BBC Business, 16 May 2023. https://www.bbc.co.uk/news/business-65596283.

25 ‘Tory MP Dismisses Disabled Woman Live on TV as She Tells Him “People Are Dying”.’ Independent 29 May 2017. https://www.independent.co.uk/news/uk/home-news/disabled-disablility-dominic-raab-dying-conservative-fiona-victoria-derbyshire-a7761291.html.

26 ‘Revealed: The Hidden Personal Cost of UK Long-Term Sickness That Cries out for a New National Health Mission.’ IPPR, 27 April 2023. https://www.ippr.org/news-and-media/press-releases/revealed-the-hidden-personal-cost-of-uk-long-term-sickness-that-cries-out-for-a-new-national-health-mission.

27 ‘Investing in Treatment for Depression and Anxiety Leads to Fourfold Return.’ www.who.int. 13 April 2016. https://www.who.int/news/item/13-04-2016-investing-in-treatment-for-depression-and-anxiety-leads-to-fourfold-return.

28 Marmot, Michael. ‘Health Equity in England: The Marmot Review 10 Years On.’ The Health Foundation 2020. https://www.health.org.uk/publications/reports/the-marmot-review-10-years-on.

29 Binagwaho, Agnes, Paul E. Farmer, Sabin Nsanzimana, Corine Karema, Michel Gasana, Jean de Dieu Ngirabega, Fidele Ngabo, et al. 2014. ‘Rwanda 20 Years On: Investing in Life.’ The Lancet 384 (9940): 371–75. https://doi.org/10.1016/s0140-6736(14)60574-2.

30 Race, Michael and Sri-Pathma. ‘Bank of England economist says people need to accept they are poorer,’ BBC News, 26 April 2023. https://www.bbc.co.uk/news/business-65308769.

31 觀點極端的範例請參閱 Sowell, Thomas. Basic economics. Basic Books, 2014.

【第一章】哪些人對經濟至關重要？

1 譯註：《孟子・滕文公上》

2 Wood, Ellen Meiksins. The origin of capitalism: A longer view. Verso, 2002, 44–46

3 Varoufakis, Yanis. Talking to My Daughter about the Economy: A Brief History of Capitalism. The Bodley Head, London, 2017, 19–21.

4 ibid, 17–20.

5 Wood, Ellen Meiksins. The origin of capitalism: A longer view. Verso, 2002, 95–105.

6 ibid, 98–99.

7 ibid, 100–103.

8 ibid, 103–105.

9 Varoufakis, Yanis. Talking to My Daughter about the Economy: A Brief History of Capitalism. The Bodley Head, London 2017, 34–36.

10 Perelman, Michael. The invention of capitalism: Classical political economy and the secret history of primitive accumulation. Duke University Press, 2000, 43–45.

11 Findlay, Ronald and Kevin H. O' Rourke. Power and Plenty: Trade, War, and the World Economy in the Second Millennium. Princeton University Press 2007, 106–108.

12 Graeber, David. 'Games With Sex and Death'. In Debt: The First 5000 years. Penguin UK, 2012.

13 Polanyi, Karl. Origins of Our Time: The Great Transformation. Gollancz, London 1945.

14 Graeber, David. Debt: The First 5000 years. Penguin UK, 2012, 351.

15 Chaker, Annie. 'The New Trick to Getting Work Done: Have a Stranger Watch,' Wall Street Journal, July 2023. https://www.wsj.com/articles/need-to-quit-procrastinating-hire-a-body-double-ebdeefc8?mod=life_work_featured_strip_pos1.

16 Zimmermann, Christian. 'What Makes an Economy Grow? I FRED Blog.' , FRED, n.d., https://fredblog.stlouisfed.org/2017/12/what-makes-an-economy-grow/.

17 Khaldun, Ibn, Franz Rosenthal, N. J. Dawood and Bruce Lawrence. The Muqaddimah: An Introduction to History. Princeton University Press, 2015, 273.

18 Smith, Adam. 'Of the Division of Labour.' In The Wealth of Nations. W. Strahan and T. Cadell, London 1776.

19 Styles, John. 2021. 'The Rise and Fall of the Spinning Jenny: Domestic Mechanisation in Eighteenth-Century Cotton Spinning.' Textile History 51 (2): 1–42. https://doi.org/10.1080/00404969.2020.1812472.

20 Marx, Karl. 'Chapter IV: The General Formula for Capital.' 1883. www.marxists.org. https://www.marxists.org/archive/deville/1883/peoples-marx/ch04.htm.

21 Engels, Friedrich. 2009. The Condition of the Working Class in England. Edited by David McLellan. Oxford World's Classics. London, England: Oxford University Press, 2.

22 Mazzucato, Mariana. The value of everything: Making and taking in the global economy. Hachette UK, 2018, 10, 66–68.

23 Engels, Friedrich and Karl Marx. The communist manifesto. Penguin UK, 2004, 222.

24 Rousseau, Jean-Jacques. A discourse upon the origin and foundation of the inequality among Mankind. R. and J. Dodsley, 1761, 55.

25 Smith, Adam. The Wealth of Nations. W. Strahan and T. Cadell, London 1776, 27.

26 Mazzucato, Mariana. The value of everything: Making and taking in the global economy. Hachette UK, 2018, 35-40.

27 George, Henry. Progress and Poverty: An Inquiry into the Cause of Industrial Depressions and of Increase of Want . . . With Increase of Wealth . . . The Remedy. Dover Publications, 1879.

28 Pistor, Katharina. The code of capital: How the law creates wealth and inequality. Princeton University Press, 2019.

29 ibid, 11. 這並不是說當資本主義者對個人來說一定更好。身為自僱者，我親身經歷穩定性和福利勢必有所犧牲。皮斯托的觀點是解釋法律編制如何打造出資本主義。

30 Marglin, Stephen A. 'What do bosses do?: The origins and functions of hierarchy in capitalist production.' In Radical Political Economy, Routledge, 2015, 19–59.

31 Ciepley, David. 'Beyond public and private: Toward a political theory of the corporation.' American Political Science Review 107, no. 1 (2013): 139–58.

32 Chang, Ha-Joon. 'Spices.' In Edible Economics: A Hungry Economist Explains the World. Penguin Books, 2023.

33 Ibid.

34 Davis, Mike. Late Victorian holocausts: El Niño famines and the making of the third world. Verso Books, 2002.

35 Varoufakis, Yanis. 'Yanis Varoufakis on the Death of Capitalism, Starmer and the Tyranny of Big Tech.' YouTube, 29 September 2023. https://www.youtube.com/watch?v=Q9lJQONTC7Y.

36 Naidu, Suresh. 'A political economy take on W/Y.' In After Piketty: The agenda for economics and inequality. Harvard University Press, 2017.

37 'England defender Harry Maguire mocked in Ghanaian parliament,' The Independent, 1 December 2022. https://www.independent.co.uk/sport/football/world-cup/harry-maguire-ghana-parliament-b2237040.html.

38 'List of most expensive association football transfers,' Wikipedia https://en.wikipedia.org/wiki/List_of_most_expensive_association_football_transfers.

39 'Explaining the Bundesliga's 50+1 rule,' Bundesliga.com. https://www.bundesliga.com/en/faq/what-are-the-rules-and-regulations-of-soccer/50-1-fifty-plus-one-german-football-soccer-rule-explained-ownership-22832.

40 ibid.

41 Kampfner, John. Why the Germans Do It Better: Notes from a Grown-Up Country. Atlantic Books, 2020.

42 ibid, 171.

43 Jäger, Simon, Shakked Noy and Benjamin Schoefer. 'The German model of industrial relations: balancing flexibility and collective action.' Journal of Economic Perspectives 36, no. 4 (2022): 53–80.

44 Ryan-Collins, Josh, Laurie Macfarlane, John Muellbauer, with the New Economics Foundation. Rethinking the Economics of Land and Housing. Zed Books Ltd, 2017, 215–16.

45 Harju, Jarkko, Simon Jäger and Benjamin Schoefer. ‘Voice at work. No. w28522.’ National Bureau of Economic Research, 2021.

46 Tooze, Adam. Crashed: How a Decade of Financial Crises Changed the World. Penguin Books, 2018, 84–85.

47 Kampfner, John. Why the Germans Do It Better: Notes from a Grown-Up Country. Atlantic Books, 2020, 19.

48 Mazzucato, Mariana. ‘Preface.’ In The value of everything: Making and taking in the global economy. Hachette UK, 2018.

49 ibid.

50 ‘Review of Ipsos Veracity Index 2022.’ Ipsos, 23 November 2022.

51 Oliphant, J. Baxter. ‘Top Tax Frustrations for Americans: The Feeling That Some Corporations, Wealthy People Don’t Pay Fair Share.’ Pew Research Center. 7 April 2023. https://www.pewresearch.org/short-reads/2023/04/07/top-tax-frustrations-for-americans-the-feeling-that-some-corporations-wealthy-people-dont-pay-fair-share/.

52 Blau, Francine D., Josefine Koebe and Pamela A. Meyerhofer. 2021. ‘Who Are the Essential and Frontline Workers?’ Business Economics 56 (3) 168–78. https://doi.org/10.1057/s11369-021-00230-7.

53 Xue, Baowen and Anne McMunn. ‘Working and caring during UK lockdown: who bears the brunt?’ World Economic Forum, May 2021. https://www.weforum.org/agenda/2021/05/women-working-caring-uk-lockdown/.

54 Guizzo, Danielle and Andrew Mearman. ‘Adam Smith today: re-productive labour.’ Economics Network, February 2024. https://economicsnetwork.ac.uk/showcase/guizzo_mearman_smith.

【第二章】為什麼有這麼多億萬富翁？

1 LaFranco, Rob, Grace Chung, Chase Peterson-Withorn. ‘Forbes World’s Billionaires List. The Richest In 2024.’ Forbes. 2024. https://www.forbes.com/billionaires/.

2 資料來源：作者自行計算的結果。根據英國國家統計局官網資料，從一九九一年二月到二〇二四年二月的通膨率是二二九%。

五千八百二十億×二．二九＝一．三三兆，不到十四兆的十分之一。https://www.ons.gov.uk/economy/ inflationandpriceindices/timeseries/l522/mm23.

3 Martin, Devin-Sean. 'The Countries With The Most Billionaires 2024.' Forbes. 2024. https://www.forbes.com/sites/devinseanmartin/2024/04/02/the-countries-with-the-most-billionaires-2024/?sh=6158605c54f8.

4 Matza, Max. 'Jeff Bezos and the secretive world of superyachts.' BBC News, May 2021. https://www.bbc.co.uk/news/world-us-canada-57079327.

5 Noah, Trevor. 'Elon Musk's Billionaire Games– between the Scenes I the Daily Show.' YouTube, 2022. https://www.youtube.com/watch?v=Gqlbn2nPO-A.

6 Kuper, Simon. 'I' m bullish about France, but few agree,' Financial Times, 27 June 2024. https://www.ft.com/content/479d815d-167b-4717-a079-476f1af46e88.

7 'Master of the Brand: Bernard Arnault.' Forbes. 16 July 2012. https://www.forbes.com/forbes/2010/1122/fashion-bernard-arnault-lvmh-luxury-dior-master-of-brand.html?sh=664457ae62ea.

8 Vance, Ashlee. Elon Musk: How the billionaire CEO of SpaceX and Tesla is shaping our future. Random House, 2015, 85– 90.

9 Kenton, Luke. 'Tesla's Actual Creators Speak about "Complicated" Elon Musk.' Mail Online. 8 February 2021. https://www.dailymail.co.uk/news/article-9238037/Teslas-actual-creators-hit-Elon-Musk-eccentric-billionaire-complicated.html.

10 Hawkins, Andrew. 'How Elon Musk took over Tesla using money, strong-arm tactics, and his own popularity,' The Verge. 2 August 2023. https://www.theverge.com/23815634/tesla-elon-musk-origin-founder-twitter-land-of-the-giants.

11 Vance, Ashlee. Elon Musk: How the billionaire CEO of SpaceX and Tesla is shaping our future. Random House, 2015, 270.

12 Solca, Luca. 'How LVMH Dominates the Luxury Business.' The Business of Fashion, 27 July 2022. https://www.businessoffashion.com/opinions/luxury/how-lvmh-dominates-the-luxury-business/.

13 Khan, Lina M. 'Amazon's anti-trust paradox.' Yale Law Journal, 2017: 710–805.

14 編註：一八七二年二至三月的短短六個禮拜間，洛克斐勒的標準石油迅雷不及掩耳地收購了克利夫蘭境內的二十二家煉油商（當地業者總計二十六家），這就是著名的克利夫蘭大屠殺（Cleveland Massacre）。

15 Buckham, David, Robyn Wilkinson and Christiaan Straeuli. 'The Industrialists.' Essay. In Unequal: How Extreme Inequality Is Damaging Democracy, and What We Can Do about It. Mercury, an imprint of Burnet Media, South Africa 2023, 84–88.

16 Buckham, David, Robyn Wilkinson and Christiaan Straeuli. ‘Standard Oil and the Sherman Anti-Trust Act.’ Essay. In Unequal: How Extreme Inequality Is Damaging Democracy, and What We Can Do about It. Mercury, an imprint of Burnet Media, South Africa 2023, 89–94.

17 Khan, Lina M. ‘Amazon’s anti- trust paradox.’ Yale Law Journal, 2017: 710–805.

18 ibid.

19 Buckham, David, Robyn Wilkinson and Christiaan Straeuli. ‘Amazon.com.’ Essay. In Unequal: How Extreme Inequality Is Damaging Democracy, and What We Can Do about It. Mercury, an imprint of Burnet Media, South Africa 2023, 33–35.

20 Khan, Lina M. ‘Amazon’s anti-trust paradox.’ Yale Law Journal, 2017: 710–805.

21 Clayton, James. ‘Europe Agrees New Law to Curb Big Tech Dominance.’ BBC News, 25 March 2022. https://www.bbc.co.uk/news/technology-60870287.

22 Song, Victoria. ‘US v. Apple: everything you need to know.’ The Verge, 2 May 2024. https://www.theverge.com/24107581/doj-v-apple-anti-trust-monoply-news-updates.

23 譯註：BASIC 有好幾個版本，比爾蓋茲等人編寫的版本應該是 Microsoft BASIC。

24 你可以在維基百科找到這封信以及後續爭論的概要：https://en.wikipedia.org/wiki/An_Open_Letter_to_Hobbyists.

25 Baker, Dean. ‘Chapter 9 Is Intellectual Property The Root Of All Evil? Patents, Copyrights, And Inequality.’ In The Great Polarization: How Ideas, Power, and Policies Drive Inequality. Columbia University Press 2022, 275–96.

26 ‘Ed Sheeran Wins Thinking out Loud Copyright Case.’ BBC News, 4 May 2023. https://www.bbc.co.uk/news/entertainment-arts-65480293.

27 Baker, Dean. ‘Chapter 9 Is Intellectual Property The Root Of All Evil? Patents, Copyrights, And Inequality.’ In The Great Polarization: How Ideas, Power, and Policies Drive Inequality. Columbia University Press 2022, 275–96.

28 ‘Disney Refuses Grieving Father’s Request to Put Spider Man on Son’s Tombstone.’ The Independent, 5 July 2019. https://www.independent.co.uk/news/uk/home-news/spider-man- tombstone-marvel-disney-kent-ollie-jones-superhero-a8988336.html.

29 Brodkin, John. ‘Bill Gates Still Helping Known Patent Trolls Obtain More Patents.’ Ars Technica, 14 August 2013. https://arstechnica.com/tech-policy/2013/08/bill-gates-still-helping-known-patent-trolls-obtain-more-patents/.

30 Baker, Dean. Rigged: How Globalization and the Rules of the Modern Economy Were Structured to Make the Rich Richer. Center

for Economic and Policy Research, Washington, DC, 2016, 86.

31 Baker, Dean. 'Chapter 9 Is Intellectual Property The Root Of All Evil? Patents, Copyrights, And Inequality.' In The Great Polarization: How Ideas, Power, and Policies Drive Inequality. Columbia University Press 2022, 275–96.

32 'Steve Jobs Pissed off by Faulty Camera.' YouTube, 15 January 2016. https://www.youtube.com/watch?v=1M4t14s7nSM#.

33 Guth, Robert A. 'Raising Bill Gates.' Wall Street Journal, 25 April 2009. https://www.wsj.com/articles/SB124061372413054653.

34 Goodin, Dan. 'Revisiting the Spectacular Failure That Was the Bill Gates Deposition.' Ars Technica, 10 September 2020. https://arstechnica.com/tech-policy/2020/09/revisiting-the-spectacular-failure-that-was-the-bill-gates-deposition/.

35 Battelle, John. 'Ballmer Throws A Chair At "F*ing Google" ,' Searchblog. September 2005. https://battellemedia.com/archives/2005/09/ballmer_throws_a_chair_at_fing_google.

36 'Steve Jobs Was 'Super Rude' to Elon Musk.' YouTube, 1 October 2018. https://www.youtube.com/watch?v=voBpeN9t7Nw&amp.

37 Mann, Mark. 'The Story of Elon Musk's First Company.' Site Builder Report. Accessed 9 October 2023. https://www.sitebuilderreport.com/origin-stories/elon-musk.

38 Tabahriti, Sam. 'Elon Musk Would Get 'Really Angry' When Employees at His First Company Zip2 Weren't Still Working at 9 o'clock at Night, an Ex- Colleague Told a BBC Documentary.' Business Insider, 13 October 2022. https://www.businessinsider.com/musk-really-angry-zip2-employees-not-working-after-9-pm-2022-10?op=1&r=US&IR=T.

39 Ohnsman, Alan. 'Inside Tesla's Model 3 Factory, Where Safety Violations Keep Rising.' Forbes, 30 April 2019. https://www.forbes.com/sites/alanohnsman/2019/03/01/tesla-safety- violations-dwarf-big-us-auto-plants-in-aftermath-of-musks-model-3-push/?sh=c67e87d54ceb.

40 Chokshi, Niraj. 'California Sues Tesla, Saying the Company Permitted Racial Discrimination at Its Factory.' New York Times, 10 February 2022. https://www.nytimes.com/2022/02/10/technology/tesla-racial-discrimination-california-suit.html.

41 Siddiqui, Faiz. 'Six Tesla Workers File Additional Lawsuits Alleging Sexual Harassment.' Washington Post, 14 December 2021. https://www.washingtonpost.com/technology/2021/12/14/tesla-sexual-harassment/.

42 McHugh, Rich. 'A SpaceX Flight Attendant Said Elon Musk Exposed Himself and Propositioned Her for Sex, Documents Show. The Company Paid $250,000 for Her Silence.' Business Insider, 19 May 2022. https://www.businessinsider.com/spacex-paid-250000-to-a-flight-attendant-who-accused-elon-musk-of-sexual-misconduct-2022-5?op=1&r=US&IR=T.

43 Smith, Adam. The Wealth of Nations. W. Strahan and T. Cadell, London 1776, 409.

44 Bloodworth, James. 'Constantly Monitored, Searched and Exhausted – My Month Undercover in an Amazon Warehouse.' The Times, 10 February 2018. https://www.thetimes.co.uk/article/constantly-monitored-searched-and-exhausted-my-month-undercover-in-an-amazon-warehouse-xvgmlh39r.

45 Chan, Jenny, Greg Distelhorst, Dimitri Kessler, Joonkoo Lee, Olga Martin-Ortega, Peter Pawlicki, Mark Selden and Benjamin Selwyn. 'After the Foxconn suicides in China: a roundtable on labor, the state and civil society in global electronics.' Critical Sociology 48, no. 2 (2022): 211–33.

46 Sandoval, Marisol. 'Foxconned labour as the dark side of the information age: Working conditions at Apple's contract manufacturers in China.' TripleC: Communication, Capitalism & Critique 11, no. 2 (2013): 318–47.

47 'Conflict in the Democratic Republic of Congo', Global Conflict Tracker, updated 21 February 2024. https://www.cfr.org/global-conflict-tracker/conflict/violence-democratic-republic-congo.

48 Niarchos, Nicholas, 'The Dark Side of Congo's Cobalt Rush', The New Yorker, 24 May 2021. https://www.newyorker.com/magazine/2021/05/31/the-dark-side-of-congos-cobalt-rush.

49 Sandoval, Marisol. 'Foxconned labour as the dark side of the information age: Working conditions at Apple's contract manufacturers in China.' TripleC: Communication, Capitalism & Critique 11, no. 2 (2013): 318–47.

50 Buyya, Rajkumar, Shashikant Ilager and Patricia Arroba. 'Energy-efficiency and sustainability in new generation cloud computing: A vision and directions for integrated management of data centre resources and workloads.' Software: Practice and Experience 54, no. 1 (2024): 24–38.

51 Smith, John. 'The GDP illusion.' Monthly Review 64, no. 3 (2012): 86–102.

52 O' Connor, Sarah. 'Amazon Unpacked.' Financial Times, 8 February 2013. https://www.ft.com/content/ed6a985c-70bd-11e2-85d0-00144feab49a.

53 Childs, Simon. 'Wrexham Fans, Decide: How Do You like Your Football – Dignified or Disneyfied?' Guardian, 20 September 2023. https://www.theguardian.com/commentisfree/2023/sep/20/wrexham-football-disney-hollywood-clubs.

54 Belluz, Julia. 2015. 'The Media Loves the Gates Foundation. These Experts Are More Skeptical.' Vox, 10 June 2015. https://www.vox.com/2015/6/10/8760199/gates-foundation-criticism.

55 編註：TED Conferences, LLC 是一家美加非營利媒體組織，以「想法改變一切」為口號，在網路上免費發布國際演講。

56 Gates, Bill. 'The next Outbreak? We' re Not Ready | TED.' YouTube, 2015. https://www.youtube.com/watch?v=6Af6b_ wyiwl.

57 Mookim, Mohit. 'The World Loses Under Bill Gates' Vaccine Colonialism,' Wired. 19 May 2021. https://www.wired.com/story/opinion-the-world-loses-under-bill-gates-vaccine-colonialism/.

58 Bajaj, Simar Singh, Lwando Maki and Fatima Cody Stanford. 'Vaccine Apartheid: Global Cooperation and Equity.' The Lancet 399, 10334: 1452-1453. (February 23, 2022). https://doi.org/10.1016/s0140-6736(22)00328-2.

59 Cheng, Maria, Lori Hinnant. 'Countries Urge Drug Companies to Share Vaccine Know-How.' AP News, 1 March 2021. https://apnews.com/article/drug-companies-called-share-vaccine-info-22d92afbc3ea9ed519be007f8887bcf6.

60 Mookim, Mohit. 'The World Loses Under Bill Gates' Vaccine Colonialism,' Wired. 19 May 2021. https://www.wired.com/story/opinion-the-world-loses-under-bill-gates-vaccine-colonialism/.

61 Eisinger, Jesse. 'How Mark Zuckerberg' s Altruism Helps Himself.' New York Times, 3 December 2015. https://www.nytimes.com/2015/12/04/business/dealbook/how-mark-zuckerbergs-altruism-helps-himself.html. Cassidy, John. 'Mark Zuckerberg and the Rise of Philanthrocapitalism,' New Yorker, 2 December 2015. https://www.newyorker.com/news/john- cassidy/mark-zuckerberg-and-the-rise-of-philanthrocapitalism.

62 Dorfman, Jeffrey. 'The Biggest and Best Tax Break of All Time.' Forbes, August 2017. https://www.forbes.com/sites/jeffreydorfman/2017/08/13/the-biggest-and-best-tax-break-of-all-time/?sh=75c303ec2b23.

63 Saez, Emmanuel and Gabriel Zucman. How to get $1 trillion from 1000 billionaires: Tax their gains now. University of California, Berkeley, 2021.

64 Alexander, Ella. 'Has Arnault Made Peace With Libération?' Vogue. 17 September 2013. https://www.vogue.co.uk/article/bernard-arnault-drops-lawsuit-against-liberation.

65 Warrington, James. 'Bernard Arnault Tightens Grip on French Media amid Editor' s "Brutal Eviction" .' Telegraph, 24 March 2023. https://www.telegraph.co.uk/business/2023/03/24/french-journalists-uproar-claims-lvmh-founder-bernard-arnault/.

66 Lipton, Ann. 'Every Billionaire is a Policy Failure.' 資料來源：SSRN 4442029 (2023).

67 Lopatto, Elizabeth. 'How the Elon Musk Biography Exposes Walter Isaacson.' The Verge, 1 October 2023. https://www.theverge.com/2023/10/1/23895069/walter-isaacson-biography-musk-review.

68 Grossman, Nicholas. 'The U.S. Government Can' t Allow Elon Musk the Power to Intervene in Wars.' The Daily Beast, September 2023. https://www.thedailybeast.com/us-government-cant-allow-elon-musk-the-power-to-intervene-in-wars.

69 'Elon Musk's "Vegas Loop" Called a "Death Trap" as Traffic Piles Up.' Independent, 7 January 2022. https://www.independent.co.uk/tech/elon-musk-vegas-loop-traffic-b1988974.html.

70 Chafkin, Max, Sarah McBride. 'Elon Musk's Vegas Tunnel Project Has Been Racking Up Safety Violations.' Bloomberg, 26 February 2024. https://www.bloomberg.com/news/features/ 2024-02-26/elon-musk-las-vegas-loop-tunnel-has-construction-safety-issues?sref=YfHlo0rL&embedded-checkout=true.

71 Matthew, Jessica. 'There's trouble below at Elon Musk's Boring Co.,' Fortune, 20 November 2023. https://fortune.com/2023/11/20/elon-musk-boring-company-las-vegas-tunnels-former-employee-interviews/.

72 Hall, Dale and Nic Lutsey. 'Effects of battery manufacturing on electric vehicle life-cycle greenhouse gas emissions.' ICCT, February 2018.

73 Hannah Ritchie (2023) – 'Which form of transport has the smallest carbon footprint?' Published online at OurWorldInData.org. 資料連結：'https://ourworldindata.org/travel-carbon-footprint.

74 Holland, Stephen P., Erin T. Mansur, Nicholas Z. Muller and Andrew J. Yates. 'Distributional Effects of Air Pollution from Electric Vehicle Adoption.' Journal of the Association of Environmental and Resource Economists, 6 (S1): S65–94. https://doi.org/10.1086/701188.

75 Olsen, Erik. 'SpaceX Starships Keep Exploding, but It's All Part of Elon Musk's Plan.' Popular Science, 4 March 2021. https://www.popsci.com/story/technology/spacex-starship-explosions/.

76 Roulette, Joey. 'SpaceX Ignored Last- Minute Warnings from the FAA before December Starship Launch.' The Verge, 15 June 2021. https://www.theverge.com/2021/6/15/22352366/elon-musk-spacex-faa-warnings-starship-sn8-launch-violation-texas.

77 Whittaker, Ian. 'Is SpaceX Being Environmentally Responsible?' Smithsonian, 7 February 2018. https://www.smithsonianmag.com/science-nature/spacex-environmentally-responsible-180968098/.

78 Wray, Dianna. 'Elon Musk's SpaceX Launch Site Threatens Wildlife, Texas Environmental Groups Say.' Guardian. 5 September 2021. https://www.theguardian.com/environment/2021/sep/05/texas-spacex-elon-musk-environment-wildlife.

79 Salazar, John. 'Coastal Texas Community Feels Pressure to Sell Homes to Elon Musk's Space X.' Spectrum Local News, November 2020. https://spectrumlocalnews.com/tx/austin/news/2020/11/26/coastal-texas-community-feels-pressure-to-sell-homes-to-elon-musk-s-space-x.

80 Wolfe, Daniel. "You Must Exit Your Home" : SpaceX Launch Is Bad News for Locals.' Quartz. 25 August 2019. https:/

qz.com/1694822/spacex-starhopper-launch-prompts-blast-warnings-from-local-police.

81 Russell, Noel, Bernard Walters and David Young. UK Economy: Microeconomics and Macroeconomics, Second Edition. Pearson Custom Publishing, 2021, 460.

82 Bissel, Michael. 'A Public Transport Ticket that Moved a Country: Assessing the Value of the German 9-Euro-Ticket as a Socio-Technical Experiment.' Findings, August 2023.

83 Aydin, Eren and Kathleen Kürschner Rauck. 'Public Transport Subsidization and Air Pollution: Evidence from the 9-Euro-Ticket in Germany.' 資料來源：SSRN 4505249, 2023.

84 These 3 Sentences From Twitter Co-Founder Jack Dorsey Are a Masterclass in Leadership' – inc.com. 10 November, 2022. https://www.inc.com/minda-zetlin/jack-dorsey-elon-musk-twitter-layoffs-emotional-intelligence-leadership.html.

【第三章】誰能在經濟體系中向上晉升？

1 譯註：中譯版《一週工作4小時：擺脫朝九晚五的窮忙生活，晉身「新富族」！》於二〇一四年由平安文化出版發行。

2 Ferriss, Timothy. The 4-Hour Work Week: Escape The 9–5, Live Anywhere and Join the New Rich. Random House, 2011.

3 ibid, 22–26.

4 ibid, 121.

5 ibid, 167.

6 Smith, Adam. The Theory of Moral Sentiments. United Kingdom: n.p., 1812, 103.

7 Shermer, Michael. 'Deviations: A Skeptical Investigation of Edgar Cayce's Association for Research and Enlightenment,' Skpetic.com, 8 November 2003. https://www.skeptic.com/eskeptic/11-08-03/#feature.

8 若想了解倖存者偏差，維基百科是很棒的入門管道：https://en.wikipedia.org/wiki/Survivorship_bias.

9 編註：xkcd 是蘭德爾・門羅（Randall Munroe）創作的網絡漫畫。作者稱其為「關於浪漫、諷刺、數學和語言的網絡漫畫」。曾獲得網絡漫畫家選擇獎等獎項。

10 Reagle Jr, Joseph. 'Hacking Health.' In Hacking life: Systematized living and its discontents. MIT Press, 2019.

11 Ferriss, Timothy. The 4-Hour Work Week: Escape The 9–5, Live Anywhere and Join the New Rich. Random House, 2011, 16.

12 Chetty, Raj, Nathaniel Hendren, Patrick Kline, and Emmanuel Saez. 'Where is the land of opportunity? The geography of intergenerational mobility in the United States.' The Quarterly Journal of Economics 129, no. 4 (2014): 1553–623. Table II.

13 資料來源：作者自行計算，採用「英國年輕人縱貫性研究」（Longitudinal Study for Young People in England, LSYPE）網站數據。

14 Azevedo, Viviane and Cesar P. Bouillon. 'Intergenerational social mobility in Latin America: a review of existing evidence.' (2010).

15 Blanden, Jo. 'Cross-country rankings in intergenerational mobility: a comparison of approaches from economics and sociology.' Journal of Economic Surveys 27, no. 1 (2013): 38–73.

16 Alesina, Alberto F., Marlon Seror, David Y. Yang, Yang You and Weihong Zeng. 'Persistence despite revolutions.' NBER Working paper w27053 (2020).

17 Mischel, Walter. The Marshmallow Test: Understanding self-control and how to master it. Random House, 2014.

18 Sturge-Apple, Melissa L., Jennifer H. Suor, Patrick T. Davies, Dante Cicchetti, Michael A. Skibo and Fred A. Rogosch. 'Vagal tone and children's delay of gratification: Differential sensitivity in resource-poor and resource-rich environments.' Psychological Science 27, no. 6 (2016): 885–93.

19 Kidd, Celeste, Holly Palmeri and Richard N. Aslin. 'Rational snacking: Young children's decision-making on the marshmallow task is moderated by beliefs about environmental reliability.' Cognition 126, no. 1 (2013): 109–114.

20 Sheehy-Skeffington, Jennifer, and Jessica Rea. 'How poverty affects people's decision-making processes.' 2017.

21 Shah, Anuj K., Sendhil Mullainathan, and Eldar Shafir. 'Some consequences of having too little.' Science 338, no. 6107 (2012): 682–85.

22 Pratchett, Terry. Men at arms. Vol. 15. Random House, 2013, 29.

23 Parmar, Sheetal. 'I'm Sick of Influencers Asking for Free Cake.' BBC News, 16 October 2020. https://www.bbc.co.uk/news/business-54543279.

24 Mani, Anandi, Sendhil Mullainathan, Eldar Shafir, and Jiaying Zhao. 'Poverty impedes cognitive function.' Science 341, no. 6149 (2013): 976–80.

25 Shah, Anuj K., Eldar Shafir, and Sendhil Mullainathan. 'Scarcity frames value.' Psychological Science 26, no. 4 (2015): 402–12.

26 Bramley, Glen, Donald Hirsch, Mandy Littlewood, and David Watkins. 'Counting the cost of UK poverty.' Joseph Rowntree Foundation, York, 2016.

27 Lindert, Peter H. Making Social Spending Work. Cambridge University Press, 2021, 18.

28 Heckman, James J. 'Invest in early childhood development: Reduce deficits, strengthen the economy.' The Heckman Equation 7, no. 1–2 (2012).

29 Hendren, Nathaniel and Ben Sprung-Keyser. 'A unified welfare analysis of government policies.' Quarterly Journal of Economics 135, no. 3 (2020): 1209–1318.

30 'Jordan Peterson Debate on the Gender Pay Gap, Campus Protests and Postmodernism.' YouTube, 16 January 2018. https://www.youtube.com/watch?v=aMcjxSThD54&amp.

31 Blau, Francine D., and Lawrence M. Kahn. 'The gender wage gap: Extent, trends, and explanations.' Journal of Economic Literature 55, no. 3 (2017): 789–865.

32 Bruenig, Matt. 'The Gender Pay Gap Is Bigger Than You Thought,' Jacobin. April 2018. https://jacobin.com/2018/04/gender-pay-gap-statistics-national-womens-law-center.

33 'Jordan Peterson – Successful Men Are Insane And Work All The Time,' YouTube, 25 November 2019. https://www.youtube.com/watch?v=oteAPGPB6Uw.

34 Charmes, Jacques. The Unpaid Care Work and the Labour Market: An analysis of time use data based on the latest World Compilation of Time-use Surveys. Geneva: ILO, 2019.

35 Neumark, David. 'Experimental research on labor market discrimination.' Journal of Economic Literature 56, no. 3 (2018): 799–866.

36 Moss-Racusin, Corinne A., John F. Dovidio, Victoria L. Brescoll, Mark J. Graham and Jo Handelsman. 'Science faculty' s subtle gender biases favor male students.' Proceedings of the National Academy of Sciences 109, no. 41 (2012): 16474–479.

37 Steinpreis, Rhea E., Katie A. Anders and Dawn Ritzke. 'The impact of gender on the review of the curricula vitae of job applicants and tenure candidates: A national empirical study.' Sex Roles 41, no. 7–8 (1999): 509–28.

38 MacNell, Lillian, Adam Driscoll and Andrea N. Hunt. ‘What’s in a name: Exposing gender bias in student ratings of teaching.’ Innovative Higher Education 40 (2015): 291–303.

39 所有的研究都可以接受批評，而且理應如此。雖然並不是說參與研究的男性對研究結果的看法一定是錯的，但是男女不對稱這件事本身就很耐人尋味。請參見 Handley, Ian M., Elizabeth R. Brown, Corinne A. Moss-Racusin, and Jessi L. Smith. ‘Quality of evidence revealing subtle gender biases in science is in the eye of the beholder.’ Proceedings of the National Academy of Sciences 112, no. 43 (2015): 13201–206.

40 Rich, Judith, ‘What Do Field Experiments of Discrimination in Markets Tell Us? A Meta Analysis of Studies Conducted Since 2000.’ IZA Discussion Paper No. 8584, Available at SSRN: https://ssrn.com/abstract=2517887 or http://dx.doi.org/10.2139/ssrn.2517887.

41 Bertrand, Marianne and Sendhil Mullainathan. ‘Are Emily and Greg more employable than Lakisha and Jamal? A field experiment on labor market discrimination.’ American Economic Review 94, no. 4 (2004): 991–1013.

42 Harford, Tim. The logic of life: Uncovering the new economics of everything. Hachette UK, 2010, 134–36.

43 Mueller, Gerrit and Erik Plug. ‘Estimating the effect of personality on male and female earnings.’ ILR Review 60, no. 1 (2006): 3–22.

44 Babcock, Linda, Maria P. Recalde, Lise Vesterlund and Laurie Weingart. ‘Gender differences in accepting and receiving requests for tasks with low promotability.’ American Economic Review 107, no. 3 (2017): 714–47.

45 Heilman, Madeline E. and Julie J. Chen. ‘Same behavior, different consequences: reactions to men’s and women’s altruistic citizenship behavior. Journal of Applied Psychology 90, no. 3 (2005): 431.

46 Arrow, Kenneth J. ‘What has economics to say about racial discrimination?’ Journal of Economic Perspectives 12, no. 2 (1998): 91–100.

47 ‘Who Are “The New Puritans”? I Andrew Doyle’, YouTube, 18 August 2023. https://www.youtube.com/watch?v=ybSYxrninxc.

48 Singal, Jesse. ‘Social Science Is Hard: Resume Audit Studies Edition.’ Singal-Minded, 11 April 2021. https://jessesingal.substack.com/p/social-science-is-hard-resume-audit.

49 關於教師的影響，請參見：Campbell, Tammy. ‘Stereotyped at seven? Biases in teacher judgement of pupils’ ability and attainment.’ Journal of Social Policy 44, no. 3 (2015): 517–47.

關於同儕的影響，請參見：Raabe, Isabel J., Zsófia Boda and Christoph Stadtfeld. ‘The social pipeline: How friend influence and peer exposure widen the STEM gender gap.' Sociology of Education 92, no. 2 (2019): 105–23.

關於父母的影響，請參見：Parsons, Jacquelynne Eccles, Terry F. Adler and Caroline M. Kaczala. 'Socialization of achievement attitudes and beliefs: Parental influences.' Child Development (1982): 310–21.

50 Patrick, Carlianne, Heather Stephens and Amanda Weinstein. 'Born to care (or not): How gender role attitudes affect occupational sorting.' Labour, 2023.

51 'More women to be supported back into STEM jobs in Government-backed training.' News, Gov.uk, 11 February 2023, https://www.gov.uk/government/news/more-women-to-be-supported-back-into-stem-jobs-in-government-backed-training.

52 Ghodsee, Kristen. 'What the US can learn from women in the Soviet workforce,' Quartz, 13 November 2019. https://qz.com/1746284/socialist-countries-employ-more-women-in-math-and-science/.

53 Weingarten, Elizabeth. 'The Stem Paradox: Why Are Muslim-Majority Countries Producing so Many Female Engineers?' Slate, 9 November 2017. https://slate.com/human-interest/2017/11/the-stem-paradox-why-are-muslim-majority-countries-producing-so-many-female-engineers.html.

54 Lippmann, Quentin and Claudia Senik. 'Math, Girls and Socialism.' Journal of Comparative Economics 46, no. 3 (2018): 874–88.

55 Maria, Charles. 'What Gender Is Science?' Contexts, May 2011. https://contexts.org/articles/what-gender-is-science/.

56 Stout, Jane G., Nilanjana Dasgupta, Matthew Hunsinger and Melissa A. McManus. 'STEMing the tide: using ingroup experts to inoculate women' s self-concept in science, technology, engineering, and mathematics (STEM).' Journal of Personality and Social Psychology 100, no. 2 (2011): 255.

57 Hicks, Marie. 'Women' s work: how Britain discarded its female computer programmers' , New Statesman, 1 February 2019. https://www.newstatesman.com/politics/2019/02/womens-work-how-britain-discarded-its-female-computer-programmers.

58 Chang, Emily. 'Oh My God, This Is So F---ed Up' : Inside Silicon Valley' s Secretive, Orgiastic Dark Side' , Vanity Fair, 2 January 2018. https://www.vanityfair.com/news/2018/01/ brotopia-silicon-valley-secretive-orgiastic-inner-sanctum.

59 Reeves, Aaron, Sam Friedman, Charles Rahal, and Magne Flemmen. 'The decline and persistence of the old boy: Private schools and elite recruitment 1897 to 2016.' American Sociological Review 82, no. 6 (2017): 1139–66.

60 Savage, Mike. Social class in the 21st century. Penguin UK, 2015.

61 這是《金融時報》（Financial Times）記者暨《Chums: How a Tiny Caste of Oxford Tories Took Over the UK》的作者西蒙・庫柏（Simon Kuper）在達爾基書展（Dalkey Book Festival）上提出的觀察。

62 譯註：《亨利五世》（Henry V）是莎士比亞根據英王亨利五世的一生所創作的同名戲劇。

63 Bhattacharya, Snehashish and Surbhi Kesar. ‘Precarity and development: Production and labor processes in the informal economy in India.’ Review of Radical Political Economics 52, no. 3 (2020): 387–408

64 Banerjee, Abhijit, Marianne Bertrand, Saugato Datta and Sendhil Mullainathan. ‘Labor market discrimination in Delhi: Evidence from a field experiment.’ Journal of Comparative Economics 37, no. 1 (2009): 14–27.

65 Stansbury, Anna and Robert Schultz. ‘The economics profession’s socioeconomic diversity problem.’ Journal of Economic Perspectives 37, no. 4 (2023): 207–30.

66 Savage, Mike. Social class in the 21st century. Penguin UK, 2015, 189–201.

67 Rivera, Lauren A. and András Tilcsik. ‘Class advantage, commitment penalty: The gendered effect of social class signals in an elite labor market.’ American Sociological Review 81, no. 6 (2016): 1097–131.

68 Barr, Nicholas Adrian. The welfare state as piggy bank: information, risk, uncertainty, and the role of the state. Oxford University Press, 2001.

69 Sowell, Thomas. ‘Productivity And Pay.’ In Basic Economics. Basic Books, 2014.

70 ibid.

71 Savage, Mike. Social class in the 21st century. Penguin UK, 2015, 69–72.

72 Blumenstock, Joshua, Michael Callen and Tarek Ghani. ‘Why do defaults affect behavior? Experimental evidence from Afghanistan.’ American Economic Review 108, no. 10 (2018): 2868–901.

73 Barr, Nicholas Adrian. ‘Pension Design: the Options.’ In The welfare state as piggy bank: information, risk, uncertainty, and the role of the state. Oxford University Press, 2001.

74 Barr, Nicholas Adrian. ‘The Mirage of Private Unemployment Insurance.’ In The welfare state as piggy bank: information, risk, uncertainty, and the role of the state. Oxford University Press, 2001.

75 誠然，我在此處簡化了「逆向選擇」的縝密理論。請參閱：‘Hackmann, Martin B., Jonathan T. Kolstad and Amanda E. Kowalski. ‘Adverse selection and an individual mandate: When theory meets practice.’ American Economic Review 105, no. 3

(2015): 1030–66.'

關於美國健康保險更詳細的討論，請參閱：Handel, Benjamin, and Jonathan Kolstad. 'The Affordable Care Act After a Decade: Industrial Organization of the Insurance Exchanges.' Annual Review of Economics 14 (2022): 287–312.

關於醫療經濟學的概覽，請參考：Cookson, Richard Andrew, Karl Philip Claxton and Tony Culyer. The humble economist: Tony Culyer on health, health care and social decision making. University of York and Office of Health Economics, 2012.

76 Bruenig, Matt. 'Why We Need the Welfare State', People's Policy Project, 18 February 2022. https://www.peoplespolicyproject.org/2022/02/18/why-we-need-the-welfare-state/.

77 Folbre, Nancy. 'Care Provision and the Boundaries of Production.' Journal of Economic Perspectives 38, no. 1 (2024): 201–20.

78 Savage, Mike. Social class in the 21st century. Penguin UK, 2015, 184–88.

【第四章】貧窮狀況有改善嗎？

1 Rosling, Hans. Factfulness: Ten Reasons We're Wrong about the World – and Why Things Are Better than You Think. Flatiron Books, 2018. 中譯本《真確：扭轉十大直覺偏誤，發現事情比你想的美好》二〇一八年由先覺出版發行。

2 Pinker, Steven. Enlightenment Now: The Case for Reason, Science, Humanism and Progress. Penguin, 2019.

3 World Bank Poverty and Inequality Platform (2024) – with major processing by Our World in Data. '$2.15 a day – Number in poverty – World Bank' [dataset]. World Bank Poverty and Inequality Platform, 'World Bank Poverty and Inequality Platform (PIP) 20240326_2017, 20240326_2011' [original data]. 資料來源：https://ourworldindata.org/grapher/total-population-in-extreme-poverty 擷取日期：二〇二四年五月二十日。

4 Fischer, Andrew Martin. Poverty as Ideology: Rescuing Social Justice from Global Development Agendas. Zed Books, 2018, 76.

5 Stevenson, Tom. 'The Prosperity Hoax.' The Baffler. 8 November 2020. https://thebaffler.com/outbursts/the-prosperity-hoax-stevenson.

【註釋】

6 Drèze, Jean and Anmol Somanchi. ‘Weighty Evidence? Poverty Estimation with Missing Data.’ Ideas for India, 10 April 2023. https://www.ideasforindia.in/topics/poverty-inequality/weighty-evidence-poverty-estimation-with-missing-data.html.

7 編註：國內生產毛額（Gross Domestic Product，GDP），指一國在一段特定期間內，所生產的最終勞動或商品的總價值，為衡量一個國家經濟狀況和發展水平的重要經濟指標。

8 World Bank (2023); Bolt and van Zanden – Maddison Project Database 2023 (2024); Maddison Database 2010 – with major processing by Our World in Data. ‘Global GDP over the long run–World Bank, Maddison Project Database, Maddison Database–Historical data’ [dataset]. World Bank, ‘World Bank World Development Indicators’; Bolt and van Zanden, ‘Maddison Project Database 2023’; Angus Maddison, ‘Maddison Database 2010’ [original data]. 資料來源：https://ourworldindata.org/grapher/global-gdp-over-the-long-run. 擷取日期：二〇二四年五月二十日。

9 Fagan, G. Bathing in Public in the Roman World. University of Michigan Press, 2002, 181–189.

10 資料來源：the Shakespeare Bus Tour in Stratford-Upon-Avon.

11 Skoski, Joseph Richard. Public baths and washhouses in Victorian Britain, 1842–1914. Indiana University, 2000.

12 Guardian. ‘More than half of British homes don’t have a bathroom – archive, 1950’, 29 November 2018. https://www.theguardian.com/global-development/2018/nov/29/five-million-families-in-britain-living-in-houses-without-baths-archive-1960.

13 Hickel, Jason. ‘Progress and Its Discontents.’ New Internationalist, August 7th, 2019. https://newint.org/features/2019/07/01/long-read-progress-and-its-discontents.

14 Davis, Mike. Late Victorian holocausts: El Niño famines and the making of the third world. Verso Books, 2002.

15 Allen, Robert C. ‘Poverty and the labor market: today and yesterday.’ Annual Review of Economics 12 (2020): 107–34.

16 Jerven, Morten. ‘Development by Numbers–A primer.’ Development Research Institute Working Paper (2016).

17 ibid.

18 ibid.

19 Hannah Ritchie, Pablo Rosado and Max Roser (2023). ‘Hunger and Undernourishment’. Published online at OurWorldInData.org. 資料來源：‘https://ourworldindata.org/hunger-and-undernourishment’ [Online Resource].

20 Studwell, Joe. How Asia Works: Success and Failure in the World’s Most Dynamic Region. Profile Books, London, 2014.

21 Stevenson, Tom. ‘The Prosperity Hoax.’ The Baffler. 28 November 2020. https://thebaffler.com/outbursts/the-prosperity-hoax-

stevenson.

22 Pritchett, Lant. ‘Who is not poor? Proposing a higher international standard for poverty.’ Center for Global Development Working Paper 33 (2003).

23 貧窮估計數據的資料來源：https://pip.worldbank.org/poverty-calculator.

24 Williams, David and Henry Oks. ‘The Long, Slow Death of Global Development.’ American Affairs Journal. 20 November 2022. https://americanaffairsjournal.org/2022/11/the-long-slow-death-of-global-development/.

25 Thirlwall, Anthony P. and Penélope Pacheco-López. Economics of development: theory and evidence. Bloomsbury Publishing, 2017, 88–91.

26 Hochuli, Alex. ‘The Brazilianization of the World.’ American Affairs Journal, 20 May 2021. https://americanaffairsjournal.org/2021/05/the-brazilianization-of-the-world/

27 Williams, David, and Henry Oks. ‘The Long, Slow Death of Global Development.’ American Affairs Journal. 20 November 2022. https://americanaffairsjournal.org/2022/11/the-long-slow-death-of-global-development/.

28 Bhattacharya, Snehashish and Surbhi Kesar. ‘Precarity and development: Production and labor processes in the informal economy in India.’ Review of Radical Political Economics 52, no. 3 (2020): 387–408.

29 O’Connor, Sarah and John Burn- Murdoch. ‘Left Behind: Can Anyone Save the Towns the UK Economy Forgot?’ Financial Times. 16 November 2017. https://www.ft.com/blackpool.

30 Sandoval, Marisol. ‘Foxconned labour as the dark side of the information age: Working conditions at Apple’s contract manufacturers in China.’ In Marx in the Age of Digital Capitalism. Brill, 2016, 350–95.

31 Pinker, Steven. Enlightenment Now: The Case for Reason, Science, Humanism and Progress. Penguin, 2019, 129–130.

32 Clark, Andrew E., Paul Frijters and Michael A. Shields. ‘Relative income, happiness, and utility: An explanation for the Easterlin paradox and other puzzles.’ Journal of Economic Literature 46, no. 1 (2008): 95–144.

33 Sapolsky, Robert. Behave: the Biology of Humans at Our Best and Worst. Penguin Press, 2017, 291–296.

34 Wilkinson, Richard and Kate Pickett. The Inner Level: How more equal societies reduce stress, restore sanity and improve everyone’s well-being. Penguin, 2019, 41–43.

35 Stewart, Neil, Nick Chater and Gordon D.A. Brown. ‘Decision by Sampling.’ Cognitive Psychology 53, no. 1 (2006): 1–26.

36 譯註：出自美國同名漫畫，描述主角一家跟鄰居瓊斯家比較的故事。keeping up with the Joneses 後來引申為「和他人攀比」之意。

37 Smith, Adam. The Wealth of Nations. W. Strahan and T. Cadell, London 1776, 939.

38 Engels, Friedrich. 2009. The Condition of the Working Class in England. Edited by David McLellan. Oxford World's Classics. London, England: Oxford University Press, 151.

39 Frank, Robert, Adam Levine and Oege Dijk. 'Expenditure cascades.' Review of Behavioral Economics 1 (2004): 55–73.

40 Gobetti, Sérgio Wulff and Rodrigo Octávio Orair. 'Taxation and distribution of income in Brazil: new evidence from personal income tax data.' Brazilian Journal of Political Economy 37 (2017): 267–86.

41 Andrews, Christina W. 'Anti-poverty policies in Brazil: reviewing the past ten years.' International Review of Administrative Sciences 70, no. 3 (2004): 477–88.

42 Gobetti, Sérgio Wulff and Rodrigo Octávio Orair. 'Taxation and distribution of income in Brazil: new evidence from personal income tax data.' Brazilian Journal of Political Economy 37 (2017): 267–86.

43 Skoski, Joseph Richard. Public baths and washhouses in Victorian Britain, 1842–1914. Indiana University, 2000.

44 Lindert, Peter H. Making Social Spending Work. Cambridge University Press, 2021, 141–42, 169, 212–15.

45 'Global Gender Gap Report 2023', World Economic Forum, 20 June 2023, https://www.weforum.org/publications/global-gender-gap-report-2023/.

46 請參考兩篇探討全民基本所得（ＵＢＩ）多項試驗的評論，這些試驗顯示ＵＢＩ對工作時數沒有影響：de Paz-Báñez, Manuela A., María José Asensio-Coto, Celia Sánchez-López and María-Teresa Aceytuno. 'Is there empirical evidence on how the implementation of a universal basic income (UBI) affects labour supply? A systematic review.' Sustainability 12, no. 22 (2020): 9459.

Gilbert, Richard, Nora A. Murphy, Allison Stepka, Mark Barrett and Dianne Worku. 'Would a basic income guarantee reduce the motivation to work? An analysis of labor responses in 16 trial programs.' Basic Income Studies 13, no. 2 (2018): 20180011.

47 Egger, Dennis, Johannes Haushofer, Edward Miguel, Paul Niehaus and Michael Walker. 'General equilibrium effects of cash transfers: experimental evidence from Kenya.' Econometrica 90, no. 6 (2022): 2603–643.

48 Ferdosi, Mohammad, Tom McDowell, Wayne Lewchuk and Stephanie Ross. 'Southern Ontario's Basic Income Experience.' Hamilton Community Foundation, 2020.

49 Lakner, Christoph and Branko Milanovic. 'Global income distribution: From the fall of the Berlin Wall to the Great Recession.' World Bank policy research working paper 6719 (2013).

50 Hickel, Jason. 'We Can't Grow Our Way Out Of Poverty,' New Internationalist, April 2020. https://newint.org/features/2020/02/10/we-cannot-grow-our-way-out-poverty.

51 編註：購買力平價，是一種根據各國不同的價格水準，計算出貨幣之間的等值係數，使我們能夠在經濟學上對各國的國內生產毛額進行合理比較，但這種理論匯率與實際匯率可能有很大的差距。

52 Singer, Peter. 'The drowning child and the expanding circle.' 1997.

53 Aguilera, Rodrigo. 'Built For The Future.' In The glass half empty: Debunking the myth of progress in the twenty-first century. Repeater, 2020.

54 Baker, Dean. 'Introduction: Trading in Myths,' in Rigged: How Globalization and the Rules of the Modern Economy Were Structured to Make the Rich Richer, Center for Economic and Policy Research, Washington, DC, 2016, 9–20.

55 Shaxson, Nicholas. 'Tackling Tax Havens' IMF, September 2019. https://www.imf.org/en/Publications/fandd/issues/2019/09/tackling-global-tax-havens-shaxon.

56 Picciotto, Sol. Towards unitary taxation of transnational corporations. Tax Justice Network, London, 2012.

【第五章】住宅產業到底發生了什麼事？

1 'Established Titles | Become a Lord Today.' Established Titles, n.d. https://establishedtitles.com/.

2 Stone, Devin. 'Yes, Established Titles Is A Scam* | Legal Eagle' YouTube, 2022. https://www.youtube.com/watch?v=NG4Ws74RV04.

3 Cox, Wendell. 'Demographia International Housing Affordability–2023 Edition', Urban Reform Institute, 14 March 2023. https://policycommons.net/artifacts/3527078/demographia-international-housing-affordability/4327867/.

4 Perlman, Janice E. ‘The Myth of Marginality Revisited: The Case Of Favelas In Rio De Janeiro, 1969–2003.’ In Becoming Global and the New Poverty of Cities. Washington, DC: Woodrow Wilson International Center for Scholars, 2005, 15.

5 Quoted in ‘Carvalho, Camila, and Diogo de Carvalho Cabral. ‘Beyond the Favelas: An Analysis of Intraurban Poverty Patterns in Brazil.’ Professional Geographer 1–13 (2021). https://doi.org/10.1080/00330124.2020.1844571.’

6 ibid.

7 Perlman, Janice E. ‘The Myth of Marginality Revisited: The Case Of Favelas In Rio De Janeiro, 1969–2003.’ In Becoming Global and the New Poverty of Cities. Washington, DC: Woodrow Wilson International Center for Scholars, 2005, 9–55.

8 ibid.

9 ibid.

10 ibid.

11 Hardin, Garrett. ‘The tragedy of the commons: the population problem has no technical solution; it requires a fundamental extension in morality.’ Science 162, no. 3859 (1968): 1243–48.

12 Sen, Amartya K. ‘Rational fools: A critique of the behavioral foundations of economic theory.’ Philosophy & Public Affairs (1977): 317–44.

13 Wood, Ellen Meiksins. The origin of capitalism: A longer view. Verso, 2002, 105–15.

14 Ostrom, Elinor. ‘Beyond markets and states: polycentric governance of complex economic systems.’ American Economic Review 100, no. 3 (2010): 641–72.

15 Foster, Sheila R., and Christian Iaione. ‘Ostrom in the city: Design principles and practices for the urban commons.’ In Routledge Handbook of the Study of the Commons, Routledge, 2019, 235–55.

16 ‘Full Documentary. The Men of Fifth World – Planet Doc Full Documentaries,’ YouTube, 2 August 2014. https://www.youtube.com/watch?v=-1Td8VUcKk0.

17 Rikap, Cecilia. ‘Capitalism as usual? Implications of digital intellectual monopolies.’ New Left Review 139 (2023): 145–60.

18 Smith, Adam. The Wealth of Nations. W. Strahan and T. Cadell, London 1776, 27.

19 ibid.

20 Lent, George E. ‘The Taxation of Land Value.’ IMF Staff Papers 14 (1967) 89–123. https://link.springer.com/article/10.2307/3866385.

21 Quoted in Ryan- Collins, Josh, Tolloyd, and Laurie Macfarlane. Rethinking the Economics of Land and Housing. Zed, 2017, 74.

22 譯註：這段歌詞出自瓊妮・蜜雪兒的成名歌曲《大黃計程車》（Big Yellow Taxi）。

23 Kwak, Sally and James Mak. ‘Political Economy of Property Tax Reform: Hawaii’s Experiment with Split-Rate Property Taxation.’ American Journal of Economics and Sociology 70, no. 1 (2011): 4–29.

24 Oates, Wallace E. and Robert M. Schwab. ‘The impact of urban land taxation: The Pittsburgh experience.’ National Tax Journal 50, no. 1 (1997): 1–21.

25 Murray, Cameron K. and Jesse Hermans. ‘Land value is a progressive and efficient property tax base: Evidence from Victoria.’ Austl. Tax F. 36 (2021): 243.

26 ‘Moving House Stress Signals.’ Legal and General. 26 April 2022. https://www.legalandgeneral.com/insurance/lifeinsurance/moving-house-stress-signs.

27 Clarke, Stephen, Adam Corlett and Lindsay Judge. ‘The Housing Headwind: The Impact of Rising Housing Costs on UK Living Standards.’ Resolution Foundation, 28 June 2016. https://www.resolutionfoundation.org/publications/the-housing-headwind-the-impact-of-rising-housing-costs-on-uk-living-standards/.

28 Ryan-Collins, Josh, Tolloyd and Laurie Macfarlane. Rethinking the Economics of Land and Housing. Zed, 2017, 24.

29 ibid, 105–107.

30 ‘English Housing Survey, 2019 to 2020: Home Ownership.’ Gov.uk, 8 July 2021 https://www.gov.uk/government/statistics/english-housing-survey-2019-to-2020-home-ownership.

31 Clarke, Stephen, Adam Corlett and Lindsay Judge. ‘The Housing Headwind: The Impact of Rising Housing Costs on UK Living Standards.’ Resolution Foundation, 28 June 2016. https://www.resolutionfoundation.org/publications/the-housing-headwind-the-impact-of-rising-housing-costs-onuk-living-standards/.

32 Wheeler, Zak. ‘Horror Graph Finally Settles the Boomers vs Millennials Housing Debate.’ Mail Online. 9 September 2023. https://www.dailymail.co.uk/news/article-12499059/Horror-graph-finally-settles-boomers-vs-millennials-housing-struggle-argument.html.

33 Clarke, Stephen, Adam Corlett and Lindsay Judge. 'The Housing Headwind: The Impact of Rising Housing Costs on UK Living Standards.' Resolution Foundation, 28 June 2016. https://www.resolutionfoundation.org/publications/the-housing-headwind-the-impact-of-rising-housing-costs-on-uk-living-standards/.

34 Pettifor, Ann. The production of money: how to break the power of bankers. Verso Books, 2017, 52.

35 Ryan-Collins, Josh, Tolloyd and Laurie Macfarlane. Rethinking the Economics of Land and Housing. Zed, 2017, 122–169.

36 Ryan-Collins, Josh. 'Breaking the housing–finance cycle: Macroeconomic policy reforms for more affordable homes.' Environment and Planning A: Economy and Space 53, no. 3 (2021): 480–502.

37 Cheshire, Paul and Stephen Sheppard. 'Estimating the demand for housing, land, and neighbourhood characteristics.' Oxford Bulletin of Economics and Statistics 60, no. 3 (1998): 357–82 (Table 1).

38 Adler, Moshe. Economics for the Rest of Us: Debunking the Science That Makes Life Dismal. The New Press, New York, 209, 82.

39 Ryan-Collins, Josh. 'Breaking the housing–finance cycle: Macroeconomic policy reforms for more affordable homes.' Environment and Planning A: Economy and Space 53, no. 3 (2021): 126.

40 Kampfner, John. Why the Germans Do It Better: Notes from a Grown-Up Country. Atlantic Books, 2020, 228–32.

41 Mason, Josh. 'Wealth Distribution and the Puzzle of Germany.' Jwmason.org, 7 April 2014. https://jwmason.org/slackwire/wealth-distribution-and-puzzle-of/.

42 Sagner, Pekka, and Michael Voigtländer. "Supply side effects of the Berlin rent freeze." International Journal of Housing Policy 23, no. 4 (2023): 692–711.

Hahn, Anja M., Konstantin A. Kholodilin, Sofie R. Waltl, and Marco Fongoni. "Forward to the past: Short-term effects of the rent freeze in Berlin." Management Science 70, no. 3 (2024): 1901–1923.

43 Mason, Josh. 'Considerations on Rent Control.' Jwmason.org, November 2019. https://jwmason.org/slackwire/considerations-on-rent-control/

Kholodilin, Konstantin A., and Sebastian Kohl. "Do rent controls and other tenancy regulations affect new construction? Some answers from long-run historical evidence." International Journal of Housing Policy 23, no. 4 (2023): 671–691.

44 Murray, Cameron. The Great Housing Hijack: The hoaxes and myths keeping prices high for renters and buyers in Australia. Allen & Unwin, 2024, 199–200.

45 Sims, David P. "Out of control: What can we learn from the end of Massachusetts rent control?" Journal of Urban Economics 61, no. 1 (2007): 129–151.

46 Diamond, Rebecca, Tim McQuade, and Franklin Qian. "Who Benefits from Rent Control? The Equilibrium Consequences of San Francisco' s Rent Control Expansion." Stanford University Mimeo (2018): 1–6.

47 Sagner, Pekka, and Michael Voigtländer. "Supply side effects of the Berlin rent freeze." International Journal of Housing Policy 23, no. 4 (2023): 692–711.

Hahn, Anja M., Konstantin A. Kholodilin, Sofie R. Waltl, and Marco Fongoni. "Forward to the past: Short-term effects of the rent freeze in Berlin." Management Science 70, no. 3 (2024): 1901–1923.

48 Gardner, Max. "The effect of rent control status on eviction filing rates: Causal evidence from San Francisco." Housing Policy Debate (2022): 1–24.

49 Sims, David P. "Out of control: What can we learn from the end of Massachusetts rent control?." Journal of Urban Economics 61, no. 1 (2007): 129–151.

50 Bruenig, Matt. 'Why we need social housing in the US.' Guardian, 5 April 2018. https://www.theguardian.com/society/2018/apr/05/why-we-need-social-housing-in-the-us.

51 Kontrast.at. 'Finland Ends Homelessness and Provides Shelter for All in Need.' The Better. 29 January 2020. https://scoop.me/housing-first-finland-homelessness/.

52 Kontrast.at. 'Finland is successfully fighting homelessness–despite new political developments' The Better. 4 February 2024. https://thebetter.news/interview-juha-kahila-housing-first-finland/.

53 Ryan-Collins, Josh. 'Breaking the housing–finance cycle: Macroeconomic policy reforms for more affordable homes.' Environment and Planning A: Economy and Space 53, no. 3 (2021): 202–4.

54 Davis, Jenna and Joseph Weil Huennekens. 'YIMBY divided: A qualitative content analysis of YIMBY subreddit data.' Journal of Urban Affairs (2022): 1–27.

55 Coates, Ta-Nehisi. 'The Case for Reparations.' The Atlantic. 22 May 2014. https://www.theatlantic.com/magazine/archive/2014/06/the-case-for-reparations/361631/.

56 Britschgi, Christian. 'Eliminating Single-Family Zoning Isn' t the Reason Minneapolis Is a YIMBY Success Story.' Reason.com. 11 May 2022. https://reason.com/2022/05/11/eliminating- single-family-zoning-isnt-the-reason-minneapolis-is-a-yimby-success-

story/.

57 Cowgill, Matt. 'When You Buy a House, You Shouldn' t Buy the Neighbourhood with It.' Guardian, 25 December 2013. https://www.theguardian.com/commentisfree/2013/dec/26/when-you-buy-a-house-you-shouldnt-buy-the-neighbourhood-with-it.

58 Sisson, Alistair. 'Yes to the City: Millenials and the Fight for Affordable Housing.' Urban Policy and Research. 1–4 February. https://doi.org/10.1080/08111146.2023.2179882.

59 Niquette, mark, Augusta Saraiva, Bloomberg. 'Minneapolis Has a YIMBY Message for America: Build More Houses and Get Rid of Suburban-Style Zoning and Inflation Will Disappear.' Fortune, 9 August 2023. https://fortune.com/2023/08/09/minneapolis-housing-zoning-real-estate-inflation-yimby-nimby-minnesota/.

60 請注意，我不同意有人認為應該停止這些規畫，因為以這個情況來說，環境因素並不成立。請參見：Britschgi, Christian. 'Environmentalists' Lawsuit Brings Minneapolis' , YIMBY Success Story to a Screeching Halt.' Reason.com. 17 June 2022. https://reason.com/2022/06/17/environmentalists-lawsuit-brings-minneapolis-yimby-success-story-to-a-screeching-halt/.

Murray, Cameron. The Great Housing Hijack: The hoaxes and myths keeping prices high for renters and buyers in Australia. Allen & Unwin, 2024, 141–144.

61 Smith, Nicholas Boys and Kieran Toms. 'From NIMBY to YIMBY: How to win votes by building more homes.' Create Streets Research Report. https://www.createstreets.com/wp- content/uploads/2018/04/Nimby-to-Yimby-280418.pdf.

62 Roos, David. 'Kowloon Walled City Once Was the Most Densely Packed Place on Earth,' 7 December 2021. https://history.howstuffworks.com/world-history/kowloon-walled-city.htm.

63 Holleran, Max. Yes to the City: Millennials and the Fight for Affordable Housing. Princeton University Press, 2022, 46.

64 BritMonkey. 'BRITAIN IS A DUMP!!!!!!!!!!!!,' YouTube, 3 June 2024. https://www.youtube.com/watch?v=b5aJ-57_YsQ&list=WL.

65 Pennington, Mark. Property rights, public choice and urban containment: A study of the British planning system. PhD diss., London School of Economics and Political Science, 1998.

66 Moran, Cahal and Ganga Shreedhar. 'HS2 reveals the pervasiveness of optimism bias in government decision making.' British Politics and Policy at LSE, 2024.

67 Smith, Nicholas Boys and Kieran Toms. 'From NIMBY to YIMBY: How to win votes by building more homes.' Create Streets Research Report https://www.createstreets.com/wp- content/uploads/2018/04/Nimby-to-Yimby-280418.pdf.

68 Balmer, Ivo and Jean-David Gerber. ‘Why are housing cooperatives successful? Insights from Swiss affordable housing policy.’ Housing Studies 33, no. 3 (2018): 361–85.

69 Fruet, Genoveva Maya. ‘The low-income housing cooperatives in Porto Alegre, Brazil: a state/community partnership.’ Habitat International 29, no. 2 (2005): 303–24.

70 Kelleher, Ellen. ‘Call for UK national investment bank,’ Financial Times. 13 March 2011. https://www.ft.com/content/dce8a17c-4c20-11e0-82df-00144feab49a.

71 Makortoff, Kalyeena and Julia Kollewe. ‘Rachel Reeves launches £7.3bn national wealth fund,’ The Guardian, 9 July 2024. https://www.theguardian.com/business/article/2024/jul/09/rachel-reeves-national-wealth-fund-labour?

【第六章】 錢從哪裡來？

1 編註：繁體中文版於二〇一八年由商周出版社發行。

2 Graeber, David. Debt: The First 5,000 Years. Melville House Publishing, New York, 2011, 61.

3 ibid, 34–38.

4 ibid, 29.

5 ibid, 23.

6 Mining, Genesis. 2019. ‘New Genesis Mining Study Finds 29% of Americans Believe the US Dollar Is Still Backed by Gold.’ Prnewswire.com. 30 October 2019. https://www.prnewswire.com/ news-releases/new-genesis-mining-study-finds-29-of-americans-believe-the-us-dollar-is-still-backed-by-gold-300947883.html.

7 ‘Boost Productivity with a New National Investment Bank.’ Civitas: Institute for the Study of Civil Society. n.d. https:// www.civitas.org.uk/press/.

boost-productivity-with-a-new- national-investment-bank/.

8 Keen, Steve. 'Reducing Debt via a Modern Debt Jubilee.' Brave New Europe. 8 May 2021. https://braveneweurope.com/steve-keen-reducing-debt-via-a-modern-debt-jubilee.

9 Sheffield, Hazel. 'Younger Generation Priced out of Property Market.' Independent. 2 March 2015. https://www. independent.co.uk/incoming/younger-generation-priced-out-of-property-market-a150126.html.

10 Izoulet, Maxime. 'The Invention of Double- Entry Bookkeeping.' Available at SSRN 3853815, 2021.

11 Eichengreen, Barry. 'Understanding the Great Depression.' Canadian Journal of Economics/Revue Canadienne d' Economique 37, no. 1 (2004): 1– 27.

12 Galbraith, John Kenneth. Money: Whence it Came, Where it Went. Princeton University Press, 2017, 22.

13 Paraphrased from Minsky, Hyman P. and Henry Kaufman. Stabilizing an unstable economy. Vol. 1. New York: McGraw-Hill, 2008, 78–79.

14 Wang, Joseph. 'Two Tiered Monetary System.' Fed Guy. 29 August 2020. https://fedguy.com/two-tiered-monetary-system/.

15 Tankus, Nathan. 'What If the Federal Reserve Just . . . Spent Money?' Notes on the Crises. 24 March 2020. https://www.crisesnotes.com/what-if-the-federal-reserve-just/.

16 Tankus, Nathan. 'The Federal Government Always Money- Finances Its Spending: A Restatement.' Notes on the Crisis, 30 June 2020. https://nathantankus.substack.com/p/the-federal-government-always-money.

17 Kelton, Stephanie. The deficit myth: modern monetary theory and the birth of the people' s economy. Public Affairs, New York, 2020, 74.

18 Roche, Cullen O. 'Hyperinflation-It' s More than Just a Monetary Phenomenon.' Available at SSRN 1799102, 2011.

19 Eichengreen, Barry. 'Understanding the Great Depression.' Canadian Journal of Economics/Revue Canadienne d' Economique 37, no. 1 (2004): 1– 27.

20 White, Lawrence H. Free Banking in Britain: Theory, Experience and Debate, 1800–1845. Institute Of Economic Affairs, London, 2009.

21 Bordo, Michael D. 'A brief history of central banks.' Economic Commentary 12/1/2007.

22 'Keynes celebrates the end of the Gold Standard,' YouTube, 4 September 2010. https://www.youtube.com/watch?v=U1S9F3agsUA.

23 Eichengreen, Barry. 'Understanding the Great Depression.' Canadian Journal of Economics/Revue Canadienne d'Economique 37, no. 1 (2004): 1–27.

24 Kaldor, Nicholas. 1985. 'How Monetarism Failed.' Challenge 28 (2): 4–13. https://doi.org/10.1080/05775132.01.11470996.

25 McLeay, Michael, Amar Radia and Ryland Thomas. 'Money in the modern economy: an introduction.' Bank of England Quarterly Bulletin (2014): Q1.

26 'Inflation targeting', Wikipedia, https://en.wikipedia.org/wiki/ Inflation_targeting.

27 Patel, Rupal and Jack Meaning. Can't We Just Print More Money?: Economics in Ten Simple Questions. Random House, 2022, 242–245.

28 Frankel, Jeffrey. 'The Death of Inflation Targeting,' Project Syndicate, 16 May 2012. https://www.project-syndicate.org/commentary/the-death-of-inflation-targeting.

29 零利率下限（zero lower bound）可能沒有這麼嚴格，畢竟持有現金會帶來成本和風險。而且就算利率略降為負值，也不會降得太低。

30 Yu, Edison. 'Did quantitative easing work?' Economic Insights 1, no. 1 (2016): 5–13.

31 Coy, Peter. 'Economics Textbooks Are Finally Getting a Vital Update.' New York Times, 17 January 2024. https://www. nytimes.com/2024/01/17/opinion/economics-textbooks monetary-policy.html.

32 Blanchard, Olivier. 'It is time to revisit the 2% inflation target.' Financial Times, 28 November 2022. https://www.ft.com/content/02c8a9ac-b71d-4cef-a6ff-cac120d25588.

33 Boait, Fran. 'The Bank of England's Monetary Policy Has Made Inequality Worse – This Is How to Solve It.' Independent. 10 April 2018. https://www.independent.co.uk/voices/quantative-easing-bank-of-england-inequality-financial crisis-how-to-solve-it-a8297926.html.

34 Vestergaard, Jakob. 2022. 'What a Green Monetary Policy Could Look Like.' Institute for New Economic Thinking. 擷取日期：二〇二三年六月二十二日 https://www.ineteconomics.org/perspectives/blog/what-a-green-monetary-policy-could-look-like.

35 Coppola, Frances. The Case for People's Quantitative Easing. Polity, London, 2019.

36 Pigeaud, Fanny, Ndongo Samba Sylla and Thomas Fazi. Africa's Last Colonial Currency: The CFA Franc Story. Pluto Press, 2021.

37 Ibid, 64–66.

38 Williams, David and Henry Oks. 'The Long, Slow Death of Global Development.' American Affairs Journal. 20 November 2022. https://americanaffairsjournal.org/2022/11/the-long-slow-death-of-global-development/.

39 Patel, Palak. The Tyranny of Nations. Bifocal Press, New York, 2021, 2.

40 Ibid, 1–24.

41 另一個複雜的問題是，雖然歐元被視為穩定貨幣，但是歐元區的國家並沒有歐元的貨幣主權；正如序言所論，這對於希臘、義大利等較貧窮的國家而言，儼然是一個問題。

42 Tooze, Adam. Shutdown: How Covid Shook the World's Economy. Penguin Books, 2021, 125–26.

43 Bradlow, Daniel D. and Stephen Kim Park. 'A global leviathan emerges: The Federal Reserve, COVID-19, and international law.' American Journal of International Law 114, no. 4 (2020): 657–65.

44 Tooze, Adam. 'Chartbook 216: Heroic Periodization: Histories Of Bretton Woods & The "New Washington Consensus",' Chartbook, 29 March 2023. https://adamtooze.com/2023/05/29/chartbook-216-heroic-periodization-histories-of-bretton-woods-the-new-washington-consensus/.

45 Graeber, David. Debt: The First 5,000 Years. Melville House Publishing, New York, 2011, 46.

【第七章】為什麼通貨膨脹的影響這麼大？

1 'Inflation and Price Indices', ONS, https://www.ons.gov.uk/economy/inflationandpriceindices.

2 'Viral Twitter Thread Says Inflation Figures "Ignore the Reality of Cost of Living".' Independent. 21 January 2022. https://www.

independent.co.uk/life-style/jack-monroe-cost-of-living-viral-twitter-b1997795.html.

3 Harford, Tim. 'Why real inflation is so hard to measure.' Financial Times, 4 February 2022. https://www.ft.com/content/a3c1fd89-bfd5-4a41-aa21-e0886e621f2a.

4 'How public sector services are incorporated in the Retail Price Index (RPI) and other inflation data,' Office for National Statistics, 17 June 2024. https://www.ons.gov.uk/aboutus/transparencyandgovernance/freedomofinformationfoi/howpublicsectorservicesarei ncorporatedintheretailpriceindexrpiandotherinflationdata.

5 'Consumer price inflation basket of goods and services: 2022.' Office for National Statistics, 14 March 2022.

https://www.ons.gov.uk/economy/inflationandpriceindices/articles/ukconsumerpriceinflationbasketofgoodsandservices/2022

6 Harford, Tim. 'Why real inflation is so hard to measure.' Financial Times, 4 February 2022. https://www.ft.com/content/a3c1fd89-bfd5-4a41-aa21-e0886e621f2a.

7 'The use of democratic weighting I Household Costs Indices: methodology.' Office for National Statistics, 19 December 2017. https://www.ons.gov.uk/economy/inflationandpriceindices/methodologies/householdcostsindices methodology#the-use-of-democratic-weighting.

8 Harford, Tim. 'Why real inflation is so hard to measure.' Financial Times, 4 February 2022. https://www.ft.com/content/a3c1fd89-bfd5-4a41-aa21-e0886e621f2a.

9 'Consumer price inflation basket of goods and services: 2021.' Office for National Statistics, 15 March 2021. https://www.ons.gov.uk/economy/inflationandpriceindices/articles/ukconsumerpriceinflationbasketofgoodsandservices/2021.

10 'Research into the use of scanner data for constructing UK consumer price statistics,' ONS, 6 April 2021. https://www. ons.gov.uk/economy/inflationandpriceindices/articles/researchintotheuseofscannerdataforconstructingukconsumer pricestatistics/2021-04-06.

11 Jaravel, Xavier. 'Inflation inequality: Measurement, Causes, and Policy Implications.' Annual Review of Economics 13 (2021): 599–629.

12 Kaplan, Greg and Sam Schulhofer-Wohl. 'Inflation at the Household Level.' Journal of Monetary Economics 91 (2017): 19–38.

13 Handbury, Jessie. 'Are poor cities cheap for everyone? Non-homotheticity and the cost of living across US cities.' Econometrica 89, no. 6 (2021): 2679–715.

14 Kaplan, Greg and Sam Schulhofer-Wohl. 'Inflation at the Household Level.' Journal of Monetary Economics 91 (2017): 19–38.

15 Borio, Claudio, Piti Disyatat, Dora Xia and Egon Zakrajšek. 'Looking under the Hood: The Two Faces of Inflation.' VoxEU, 25 January 2022. https://voxeu.org/article/looking-under-hood-two-faces-inflation.

16 Walker, Andrew. 'Inflation targeting is 25 years old, but has it worked?' BBC News, 11 March 2015. https://www.bbc.co.uk/news/31559074.

17 Barker, Tim. 'A Socialist Primer on Monetary Policy and Inflation.' Jacobin, September 2021, https://jacobin. com/2021/09/socialist-primer-monetary-policy-inflation-federal-reserve-volcker-shock-class-tim-barker-interview.

18 Mason, Josh. 'The Fed Doesn' t Work for You.' Jacobin, January 2016. https://jacobin.com/2016/01/federal-reserve-interest-rate-increase-janet-yellen-inflation-unemployment/.

Mason, Josh. 'Inflation, Interest Rates and the Fed: A Dissent.' Jwmason.org, 25 March, 2022. https://jwmason.org/slackwire/inflation-interest-rates-and-the-fed-a-dissent/.

19 Garibaldi, Pietro. 'The asymmetric effects of monetary policy on job creation and destruction.' Staff Papers 44, no. 4 (1997): 557–84.

Karras, Georgios. 'Asymmetric effects of monetary policy with or without Quantitative Easing: Empirical evidence for the US.' Journal of Economic Asymmetries 10, no. 1 (2013): 1– 9.

Tenreyro, Silvana and Gregory Thwaites. 'Pushing on a string: US monetary policy is less powerful in recessions.' American Economic Journal: Macroeconomics 8, no. 4 (2016): 43–74.

Barnichon, Regis, Christian Matthes and Timothy Sablik. 'Are the effects of monetary policy asymmetric?' Richmond Fed Economic Brief (2017).

Angrist, Joshua D., Òscar Jordà and Guido M. Kuersteiner. 'Semiparametric estimates of monetary policy effects: string theory revisited.' Journal of Business & Economic Statistics 36, no. 3 (2018): 371–87.

Debortoli, Davide and Forni, Mario and Gambetti, Luca and Sala, Luca, 'Asymmetric Effects of Monetary Policy Easing and Tightening' (July 2020). CEPR Discussion Paper No. DP15005, 資料來源：SSRN: https://ssrn.com/abstract=3650120

Aastveit, Knut Are and André K. Anundsen. 'Asymmetric effects of monetary policy in regional housing markets.' American Economic Journal: Macroeconomics 14, no. 4 (2022): 499–529.

Barnichon, Regis and Christian Matthes. 'Functional approximation of impulse responses.' Journal of Monetary Economics 99 (2018): 41–55.

20 Storm, Servaas. 'Collateral Damage From Higher Interest Rates.' INET, 5 November 2022, https://www.ineteconomics.org/perspectives/blog/collateral-damage-from-higher-interest-rates.

21 Wearden, Graeme. 'Britons 'Need to Accept' They' re Poorer, Says Bank of England Economist.' Guardian, 25 April 2023. https://www.theguardian.com/business/2023/apr/25/britons-need-to-accept-theyre-poorer-says-bank-of-england economist.

22 Gonzalez, Sarah, Greg Rosalsky, Jess Jiang and Sam Yellowhorse Kesler. 'What has been driving inflation? Economists' thinking may have changed,' NPR Planet Money, 12 May 2023. https://www.npr.org/2023/05/11/1175487806/corporate-profit-price-spiral-wage-debate.

23 Calmfors, Lars and John Driffill. 'Bargaining structure, corporatism and macroeconomic performance.' Economic Policy 3, no. 6 (1988): 13– 61.

24 Olivier Blanchard @olivierblanchard, Twitter, 30 December 2022. https://twitter.com/ojblanchard1/status/1608967176232525824.

Olivier Blanchard @olivierblanchard, Twitter, 31 December 2022. https://twitter.com/ojblanchard1/status/1609283037568679938.

25 Monetary Policy Committee 'Monetary Policy Report,' Bank of England, May 2023. https://www.bankofengland.co.uk/monetary-policy-report/2023/may-2023.

26 MSE Team. 'Cost of living help guide,' MoneySavingExpert, 24 August 2022. https://www.moneysavingexpert.com/family/cost-of-living-survival-kit/.

27 Monetary Policy Committee 'Monetary Policy Report,' Bank of England, May 2023. https://www.bankofengland.co.uk/monetary-policy-report/2023/may-2023.

28 Baines, Joseph and Sandy Brian Hager. 'Profiting amid the energy crisis: the distribution networks at the heart of the UK' s gas and electricity system.' Common Wealth, March 2022.

29 Stiglitz, Joseph E. and Ira Regmi. 'The Causes of and Responses to Today' s Inflation.' Roosevelt Institute, 6 December 2022.

30 Jump, Rob Calvert, Jo Michell, James Meadway, and Natassia Nascimento. 'The Macroeconomics of Austerity' , Macroeconomics (2023).

31 Cribb, Jonathan and Laurence O' Brien. 'Recent trends in public sector pay,' The IFS, 26 March 2024. https://ifs.org.uk/publications/recent-trends-public-sector-pay.

32 Jones, Russell. Decade in Tory: An Inventory of Idiocy from the Coalition to Covid. Unbound, London, 2022, 31, 95, 136, 162.

33 Evans, S. 'Cutting the 'green crap' has added £2.5bn to UK energy bills' Carbon Brief, 20 January 2022. https://www.carbonbrief.org/analysis-cutting-the-green-crap-has-added-2-5bn-to-uk-energy-bills/.

34 Savage, Michael. 'Cameron's Decision to Cut "Green Crap" Now Costs Each Household in England £150 a Year.' Guardian, 19 March 2022. https://www.theguardian.com/money/2022/mar/19/david-cameron-green-crap-energy-prices.

35 Uxó González, Jorge. 'Inflation and counter-inflationary policy measures: The case of Spain.' No. 83-5. IMK Study, 2022.

36 Bolhuis, Marijn A., Judd NL Cramer, Karl Oskar Schulz and Lawrence H. Summers. The Cost of Money is Part of the Cost of Living: New Evidence on the Consumer Sentiment Anomaly. No. w32163. National Bureau of Economic Research, 2024.

37 Stock, James H. and Mark W. Watson. 'Slack and cyclically sensitive inflation.' Journal of Money, Credit and Banking 52, no. S2 (2020): 393–428.

38 資料來源： 'ASPUS' and 'FEDFUNDS' on https://fred.stlouisfed.org/.

39 'Bank of England raises interest rates to 4%.' BBC News, https://www.bbc.co.uk/news/live/business-64457377.

40 Weber, Isabella M., Jesus Lara Jauregui, Lucas Teixeira and Luiza Nassif Pires. 'Inflation in times of overlapping emergencies: Systemically significant prices from an input–output perspective.' Industrial and Corporate Change 33, no. 2 (2024): 297–341.

41 Mason, J. W. and Arjun Jayadev. 'Rethinking supply constraints.' Review of Keynesian Economics 11, no. 2 (2023): 232– 51.

42 Lynch, David J. 'Falling Inflation, Rising Growth Give U.S. The World's Best Recovery.' Washington Post, 29 January 2024. https://www.washingtonpost.com/business/2024/01/28/global-economy-gdp-inflation/.

【第八章】為什麼全球經濟會崩潰？

1 引用自 'Building resilient supply chains, revitalizing American manufacturing, and fostering broad-based growth: 100-day reviews under Executive Order 14017.' A Report by The White House (2021).'

2 Friedman, Milton. 'I, Pencil.' 2012. YouTube. https://www.youtube.com/watch?v=67tHtpac5ws.

3 Smith, Adam. Of the Division of Labour. In The Wealth of Nations. W. Strahan and T. Cadell, London, 1776.

4 Peaucelle, Jean-Louis and Cameron Guthrie. 'How Adam Smith Found Inspiration In French Texts On Pin Making In The Eighteenth Century.' History of Economic Ideas 19, no. 3 (2011): 41–67. http://www.jstor.org/stable/23723615.

5 Lynn, Barry C. 'Why Economists Can' t See the Economy.' American Prospect, 10 March 2020. https://prospect.org/features/economists-see-economy/.

6 Sheffi, Yossi and Barry C. Lynn. 'Systemic supply chain risk.' The Bridge (Fall) 22 (2014): 29.

7 此處我想表達的是，人體並不會充分運用兩顆腎臟的容量，大約只會用到三〇%，就算只剩一顆腎臟，它也能將運作量提到六〇%到七〇%之間。即便如此，剩餘容量還是滿多的。

8 Dayen, David. 'Re-Engineering Our Supply Chains.' American Prospect, 11 February 2022. https://prospect.org/economy/re-engineering-our-supply chains/.

9 'Building resilient supply chains, revitalizing American manufacturing, and fostering broad-based growth: 100-day reviews under Executive Order 14017.' A Report by The White House (2021), 26.

10 Economist, The. 'Taiwan' s dominance of the chip industry makes it more important,' The Economist, 6 March 2023. https://www.economist.com/special-report/2023/03/06/taiwans-dominance-of-the-chip-industry-makes-it-more-important.

11 Studwell, Joe. How Asia Works: Success and Failure in the World' s Most Dynamic Region. Profile Books, London, 2014.

12 Sheffi, Yossi and Barry C. Lynn. 'Systemic supply chain risk.' The Bridge (Fall) 22 (2014): 29.

13 Kuttner, Robert. 'China: Epicenter of the Supply Chain Crisis.' American Prospect, 7 February 2022. https://prospect.org/economy/china-epicenter-of-the-supply chain-crisis/.

14 ibid.

15 Behnassi, Mohamed and Mahjoub El Haiba. 2022. 'Implications of the Russia–Ukraine War for Global Food Security.' Nature Human Behaviour 6 (754–755): 1–2. https://doi.org/10.1038/s41562-022-01391-x.

16 Lynn, Barry C. 'Why Economists Can' t See the Economy.' American Prospect, 10 March 2020. https://prospect.org/features/economists-see-economy/.

17 ibid.

18 Alfaro, Laura and Davin Chor. Global supply chains: The looming 'great reallocation' .No. w31661. National Bureau of Economic Research, 2023.

19 Dayen, David. 'Re-Engineering Our Supply Chains.' American Prospect, 11 February 2022. https://prospect.org/economy/re-engineering-our-supply chains/.

20 Ting-Fang, Cheng, Lauly Li. 'The Resilience Myth: Fatal Flaws in the Push to Secure Chip Supply Chains.' Nikkei Asia. 27 July 2022. https://asia.nikkei.com/Spotlight/The-Big-Story/The-resilience-myth-Fatal-flaws-in-the-push-to-secure-chip-supply chains.

21 Alvarez, Omar. 'Real 'Supply Chain Crisis' Is Shortage of Companies Treating Truck Drivers with Respect.' USA Today, 12 January 2022. https://eu.usatoday.com/story/opinion/voices/2022/01/12/blame-truck-driver-shortage-shipping companies/9080637002/.

22 Meyerson, Harold. 'Why Trucking Can' t Deliver the Goods.' American Prospect, 14 February 2022. https://prospect.org/economy/why-trucking-cant-deliver-the-goods/.

23 Wiungrove, Josh, Jill R Shah and Brendan Case. 'Biden Races Clock and Holds Few Tools in Supply-Chain Crisis,' Bloomberg, 21 October 2021. https://www.bloomberg.com/news/articles/2021-10-21/biden-tackles-supply-chain-crisis-with-few-tools-clock-ticking?srnd=premium&sref=vuYGislZ.

24 Alvarez, Omar. 'Real 'Supply Chain Crisis' Is Shortage of Companies Treating Truck Drivers with Respect.' USA Today, 12 January 2022. https://eu.usatoday.com/story/opinion/voices/2022/01/12/blame-truck-driver-shortage-shipping-companies/9080637002/.

25 Meyerson, Harold. 'Why Trucking Can' t Deliver the Goods.' American Prospect, 14 February 2022. https://prospect.org/economy/why-trucking-cant-deliver-the-goods/.

26 ibid.

27 ibid.

28 Woody, Katherine. 'Brazil: Economic Impact of the Brazilian Trucker Strike.' USDA Foreign Agricultural Service, 6 July 2018. https://www.fas.usda.gov/data/brazil-economic-impact-brazilian-trucker-strike.

29 'State of Indian Trucking Industry: From Bad to Worse?' Logistics Insider, 16 May 2020. https://www.logisticsinsider.in/indian-trucking-industry-from-bad-to-worse/.

30 Alloway, Tracey and Joe Weisenthal. 'Transcript: Craig Fuller on Why the Trucking Industry Is Such a Mess Right Now.'

Bloomberg: Odd Lots, 22 June 2021. https://www.bloomberg. com/news/articles/2021-06-22/transcript-craig-fuller-on-why the-trucking-industry-is-such-a-mess-right-now?embedded-checkout=true.

31 Russon, Mary-Ann. 'The Cost of the Suez Canal Blockage.' BBC News, 29 March 2021. https://www.bbc.co.uk/news/business-56559073.

32 'Container Ship Crashes in Suez Canal.' Telegraph, 6 December 2023. https://www.telegraph.co.uk/business/2023/12/06/ftse-100-markets-latest-news-boe-sustainability-report-live/.

33 Dyane, David. 'The Inflation-Fighting Bill You Don't Know About.' American Prospect, 13 December 2021. https://prospect.org/economy/inflation-fighting-bill-you-dont-know-about/.

34 33 Stoller, Matt. 'Too Big to Sail: How a Legal Revolution Clogged Our Ports.' The Big Newsletter. 擷取日期：二〇二三年十月四日 https://www.thebignewsletter.com/p/too-big-to-sail-how-a-legal-revolution.

35 Kay, Grace. 'The Supply chain Crisis Propelled the World's Largest Shipping Company to Its Most Profitable Quarter in 117 Years.' Business Insider, 2 November 2021. https://www.businessinsider.com/largest-shipping-company-maersk-most profitable-quarter-supply chain-crisis-2021-11?op=1&r= US&IR=T.

36 Merk, Olaf, Jan Hoffmann, and Hercules Haralambides. 'Post-Covid-19 Scenarios for the Governance of Maritime Transport and Ports.' Maritime Economics & Logistics, March. https://doi.org/10.1057/s41278-022-00228-8.

37 Tankus, Nathan. '[PREMIUM TRANSCRIPT] Notes on the Crises Podcast #1: Joe Weisenthal on Supply Chains.' Notes on the Crises, 29 November 2021. https://www.crisesnotes.com/premium-transcript-notes-on-the-crises-podcast-1-joe-weisenthal on-supply-chains/.

38 ibid.

39 Federal Maritime Commission. 'US container port congestion and related international supply chain issues: Cases, consequences and challenges.' (2015).

40 Lind, Mikael, Wolfgang Lechmacher, Jan Hoffmann et al 'Synchronisation across Maritime Value Chains Can Ease Inflation.' Port Economics, 20 March 2022. https://www.porteconomics.eu/synchronisation-across-maritime-value-chains-can-ease-inflation/.

41 Galer, Susan. 'SAP Brand Voice: How to De-Risk Supply Chains in an Unpredictable World.' Forbes. 23 May 2023. https://www.forbes.com/sites/sap/2023/05/23/how-to-de-risk-supply-chains-in-an-unpredictable-world/?sh=e79d4e152d5b.

42 'About Us.' FlexPort, 擷取日期：二〇二四年四月八日 https://www.flexport.com/company/about-us/.

43 Alloway, Tracey and Joe Weisenthal. 'Transcript: Ryan Petersen on How Global Supply Chains Have Gotten Even Worse.' Bloomberg: Odd Lots, 14 Oct 2021. https://www.bloomberg. com/news/articles/2021-10-14/transcript-ryan-petersen-on-how-global-supply-chains-have-gotten-even-worse.

44 Kuttner, Robert. 'Flying Blind.' American Prospect, 21 December 2021. https://prospect.org/economy/flying-blind-fragmentation-information-global-supply-chain/.

45 Chua, Charmaine. 'Docking: Maritime ports in the making of the global economy.' In The Routledge Handbook of Ocean Space. Routledge, 2022, 126–37.

46 Sammon, Alexander. 'We Were Warned about the Ports.' American Prospect. 3 February 2022. https://prospect.org/economy/we-were-warned-about-the-ports/.

47 'Building resilient supply chains, revitalizing American manufacturing, and fostering broad-based growth: 100-day reviews under Executive Order 14017.' A Report by The White House (2021), 11.

48 ibid, 7.

49 Julien, Garphil and Garphil Julien. 'To Fix the Supply Chain Mess, Take on Wall Street.' Washington Monthly, 18 January 2022. https://washingtonmonthly.com/2022/01/17/to-fix-the-supply-chain-mess-take-on-wall-street/.

50 Davies, Christian, Song Jung-A, Kathrin Hille and Qianer Liu. 'The race between Intel, Samsung, and TSMC to ship the first 2 nm chip' , Ars Technica, 11 December 2023, https://arstechnica.com/gadgets/2023/12/the-race-between-intel-samsung-and-tsmc-to-ship-the-first-2nm-chip/.

51 Studwell, Joe. How Asia Works: Success and Failure in the World' s Most Dynamic Region. Profile Books, London, 2014.

52 'Building resilient supply chains, revitalizing American manufacturing, and fostering broad-based growth: 100-day reviews under Executive Order 14017.' A Report by The White House (2021), 11.

53 'Maersk Receives Subpoena in DOJAnti-trust Investigation of Carriers.' The Maritime Executive. 16 March 2022. https://maritime-executive.com/article/maersk-receives-subpoena-in-doj-anti-trust-investigation-of-carriers.

54 Curtis, Laura. 'The Backbone of Global Trade Faces Anti-trust Questions in US Congress.' Bloomberg, 28 March 2023. https://www.bloomberg.com/news/newsletters/2023-03-28/supply-chain-latest-container-lines-and-us-anti-trust exemption?embedded-checkout=true.

European Commission makes dramatic change in anti-trust rules for container shipping.' MDS Transmodal, 12 October 2023.

https://www.mdst.co.uk/european-commission-makes-dramatic-change-in-anti-trust-rules-for-container-shipping.

55 Ghosh, Jayati. ‘The Myth of Global Grain Shortages.’ Project Syndicate, August 2023. https://www.project-syndicate.org/commentary/there-is-no-global-grain-shortage-by-jayati-ghosh-2023-08.

56 Bailey, Andrew. ‘Supply matters speech by Andrew Bailey,’ Bank of England, 27 March 2023. https://www.bankofengland.co.uk/speech/2023/march/andrew-bailey-speech-at-london-school-of-economics.

【第九章】經濟的政治

1 Bisset, Victoria and Ellen Francis. ‘CEO calls for more unemployment to give companies upper hand over workers.’ The Washington Post, 13 September 2023. https://www.washingtonpost.com/world/2023/09/13/tim-gurner-unemployment/

2 Qiu, Linda and Daniel Victor. ‘Fact-Checking a Mogul’ s Claims about Avocado Toast, Millennials and Home Buying.’ New York Times, 16 May 2017. https://www.nytimes.com/2017/05/15/business/avocado-toast-millennials.html.

3 Kalecki, Michal. ‘Political aspects of full employment.’ In The Political Economy: Readings in the Politics and Economics of American Public Policy. Routledge, 2021, 27–31.

4 Wood, Ellen Meiksins. Democracy against capitalism; Renewing historical materialism. Verso, 2007, 181–203.

5 Turnbull, Tiffanie, and Natalie Sherman. ‘Tim Gurner apologises over call for more unemployment to fix worker attitudes.’ BBC News, 14 September 2023. https://www.bbc.co.uk/news/business-66803279.

6 ibid, 189.

7 ibid, 204–37.

8 Tankus, Nathan and Luke Herrine. ‘Competition Law as Collective Bargaining Law.’ In Cambridge Handbook of Labou in Competition Law, Cambridge University Press, 2022.

[9] Chang, Ha-Joon. Economics: the user' s guide. Bloomsbury Publishing USA, 2015, 185.

[10] Logue, John and Jacquelyn Yates. 'Productivity in cooperatives and worker-owned enterprises: Ownership and participation make a difference!' Geneva: International Labour Office, 2005.

[11] Moran, Cahal. 'Worker Democracy I Unlearning Economics' , December 2024 https://www.youtube.com/watch?v=yZHYiz60R5Q.

[12] Blasi, Joseph, Richard Freeman and Douglas Kruse. 'Do broad-based employee ownership, profit sharing and stock options help the best firms do even better?' British Journal of Industrial Relations 54, no. 1 (2016): 55– 82.

[13] Tankus, Nathan and Luke Herrine. 'Competition Law as Collective Bargaining Law.' In Cambridge Handbook of Labou in Competition Law, Cambridge University Press, 2022.

[14] ibid.

[15] Haldane, Andrew G. 'Climbing the public engagement ladder.' Speech at the Royal Society, 2018.

[16] Dutt, Devika, Carolina Alves, Surbhi Kesar, Ingrid Harvold Kvangraven. Decolonizing Economics: An Introduction. Polity Press, London, 2024.

國家圖書館出版品預行編目 (CIP) 資料

房價為什麼越打越高？：倫敦政經學院經濟學家，教你看懂當代七大社會問題背後的經濟脈絡 / 卡哈．莫蘭（Cahal Moran）著；林敬蓉譯. -- 初版. -- 臺北市：商周出版：英屬蓋曼群島商家庭傳媒股份有限公司城邦分公司發行，民 114.4 面；　公分（新商業周刊叢書；BW0866）

譯自：Why we' re getting poorer
ISBN 978-626-390-489-7（平裝）

1.CST: 經濟學 2.CST: 經濟社會學 3.CST: 國際經濟 4.CST: 社會問題

550　　114002576

新商業周刊叢書　BW0866

房價為什麼越打越高?

倫敦政經學院經濟學家，教你看懂當代七大社會問題背後的經濟脈絡

作　　者／卡哈．莫蘭（Cahal Moran）
譯　　者／林敬蓉
責任編輯／陳冠豪
版　　權／吳亭儀、江欣瑜、顏慧儀、游晨瑋
行銷業務／周佑潔、林秀津、林詩富、吳淑華、吳藝佳

總 編 輯／陳美靜
總 經 理／彭之琬
事業群總經理／黃淑貞
發 行 人／何飛鵬
法律顧問／元禾法律事務所　王子文律師
出　　版／商周出版　臺北市南港區昆陽街 16 號 4 樓
電話：(02)2500-7008　傳真：(02)2500-7759
E-mail：bwp.service@cite.com.tw
Blog：http://bwp25007008.pixnet.net/blog
發　　行／英屬蓋曼群島商家庭傳媒股份有限公司城邦分公司
台北市南港區昆陽街 16 號 8 樓
書虫客服服務專線：(02)2500-7718．(02)2500-7719
24 小時傳真服務：(02)2500-1990．(02)2500-1991
服務時間：週一至週五 09:30-12:00．13:30-17L00
郵撥帳號：19863813　戶名：書虫股份有限公司
讀者服務信箱：service@readingclub.com.tw
歡迎光臨城邦讀書花園　網址：www.cite.com.tw
香港發行所／城邦（香港）出版集團有限公司
香港九龍九龍城土瓜灣道 86 號順聯工業大廈 6 樓 A 室
電話：(825)2508-6231　傳真：(852)2578-9337
E-mail：hkcite@biznetvigator.com
馬新發行所／城邦 (馬新) 出版集團【Cité (M) Sdn Bhd】
41, Jalan Radin Anum, Bandar Baru Sri Petaling,
57000 Kuala Lumpur, Malaysia.
電話：(603)9056-3833　傳真：(603)9057-6622
email: services@cite.my

封面設計／兒日設計　　內文排版／林雯瑛
印　　刷／鴻霖印刷傳媒股份有限公司
經 銷 商／聯合發行股份有限公司　電話：(02)2917-8022　傳真：(02) 2911-0053
地址：新北市 231 新店區寶橋路 235 巷 6 弄 6 號 2 樓

■ 2025 年（民 114 年）4 月初版
■ 2025 年（民 114 年）5 月初版 2.1 刷
定價／540 元（紙本）　420 元（EPUB）
ISBN：978-626-390-489-7（紙本）
ISBN：978-626-390-492-7（EPUB）

Printed in Taiwan
城邦讀書花園
www.cite.com.tw